CW01666135

CINQ AMI(E)S AU SOLEIL

DE LA MÊME AUTEURE

Un coin d'azur pour deux, L'Archipel, 2019.

EMMA STERNBERG

CINQ AMI(E)S AU SOLEIL

roman

traduit de l'allemand
par Jean-Marie Argelès
et Laurence Richard

ARCHIPOCHE

Ce livre a été publié sous le titre
Fünf am meer
par Wilhelm Heyne Verlag, en 2016.

Notre catalogue est consultable à l'adresse suivante :
www.archipoche.com

Éditions Archipoche
34, rue des Bourdonnais
75001 Paris

ISBN 978-2-3773-5396-5

Copyright © 2016 by Wilhelm Heyne Verlag, division
du groupe Random House GmbH, Munich, Allemagne.
Copyright © L'Archipel, 2018, pour la traduction française.

1

La vie prend parfois des détours, dont on ne peut pas toujours dire d'emblée s'ils sont positifs ou non.

Exemple : un marchand de glaces délicieuses, à s'en relever la nuit, s'installe en bas de chez toi. D'un côté, tu te réjouis de pouvoir te régaler d'une glace au chocolat chaque fois que l'envie t'en prend. De la glace bien crémeuse, avec de gros morceaux de chocolat croquants ; bref, du bonheur en cuillère qui fond dans la bouche. Mais d'un autre côté, dès la toute première boule, tu sais que ce voisinage de tous les dangers peut, au choix, t'enseigner le lâcher-prise, voire le détachement (à ton corps défendant) ou encore te métamorphoser en bonhomme Michelin…

Autre exemple, tu déniches sur Internet une nouvelle boutique qui vend des centaines de jolies choses pour la maison : tableau à clés vintage, magnifiques coussins de canapé en seersucker, clips adorables pour refermer les sachets d'oursons en gélatine… C'est génial, comme sensation – à condition de t'abstenir de consulter le solde de ton compte en banque.

Ou encore, dans ta boîte, tu fais la connaissance d'une nouvelle collègue prénommée Katha, super sympa, belle, drôle, et dès votre premier déjeuner ensemble vous dépassez allègrement l'heure où la pause se termine, parce que c'est génial de parler avec elle. Alors tu peux dire adieu à toutes les bonnes résolutions que tu viens de prendre : être plus concentrée et travailler plus vite, histoire de garder un peu de temps le soir pour faire du sport après ta journée de travail.

Puis, un jeudi de début juin, tu rentres plus tôt du boulot, de quatre bonnes heures, pour cause de serveur en rade – de toute façon, Katha et tes autres collègues se sont fait porter pâles, victimes d'une méchante grippe estivale –, tu ouvres la porte de l'appartement que tu partages depuis trois ans et demi avec un homme dont tu aurais pu jurer qu'il t'aime vraiment, et là, debout dans le couloir, prête à suspendre tes clés au joli tableau à clés vintage, la porte encore ouverte derrière toi, tu entends, depuis le salon, cet homme dont tu aurais pu jurer qu'il t'aime grogner comme un cochon truffier du Périgord… L'instant d'après, saisie d'effroi, tu aperçois une paire de fesses rondes comme des melons s'élever et s'abaisser en rythme sur les genoux de l'homme en question. En une fraction de seconde, tu mesures ce qu'implique ce spectacle pitoyable : le pire du reste de ta vie vient de commencer – comme dirait mon amie Annika : « Pire que ça, ce n'est pas vraiment possible. »

Lentement, comme au ralenti, je porte ma main à la bouche pour réprimer un cri. Qui ne sort pas. La femme sur les genoux de Martin cesse de se tortiller, comme si elle avait senti qu'ils n'étaient plus seuls. Et lui, qui avait jusque-là les yeux clos, les ouvre légèrement. Son regard se pose sur moi.

Martin et moi, on est en couple depuis quatre ans trois quarts. On s'est rencontrés chez des amis communs lors d'un barbecue où il portait un polo au col boutonné. J'avais ressenti une antipathie immédiate pour lui, jusqu'à ce qu'on fasse plus ample connaissance près du buffet et qu'on constate qu'on partageait non seulement une profonde aversion pour la salade de pâtes avec des rondelles de cornichon, mais aussi pour les types qui boutonnaient jusqu'en haut le col de leur polo. Il était parti de chez lui à la hâte, sans se regarder dans le miroir, et avait éclaté de rire quand je lui avais dit que, toute la soirée, j'avais attendu qu'il sorte de sa poche, pour jouer avec, un porte-clés argenté en forme de balle de golf.

Au bout de deux semaines, il me présentait à ses parents, et deux semaines plus tard, au reste de sa famille – dit comme cela, bonjour la pression, mais c'est sans connaître les Kuhn, des personnes formidables et d'une gentillesse incroyable qui m'ont accueillie très chaleureusement. Un an plus tard, j'emménageais avec Martin, et comme il avait à cœur, autant que moi, de faire, si je puis dire, la connaissance de mes parents, il m'avait accompagnée à Gerndorf où ils sont enterrés.

Mes parents sont décédés à peu de temps d'intervalle l'un de l'autre ; j'étais encore enfant. D'abord ma mère, d'un cancer de l'utérus ; j'avais alors dix ans, puis mon père, deux ans plus tard, de chagrin, j'en suis sûre. J'ai passé la plus grande partie de ma jeunesse dans des familles d'accueil, ce qui parfois n'avait vraiment rien d'évident : se retrouver chez des gens qui, sans moi, fonctionnaient à merveille et parmi lesquels je devais trouver ma place, quelque part entre visiteuse, locataire et invitée plus ou moins temporaire. Quand j'ai rencontré Martin et les Kuhn, j'ai été si heureuse que, pas une seconde, je n'ai pensé que quoi que ce soit pourrait un jour se dresser entre nous.

Comme quoi.

On avait pour projet d'organiser une grande fête dans le jardin des Kuhn, en août, pour célébrer nos cinq ans ensemble. En toute franchise, j'avais secrètement espéré qu'on annoncerait aussi nos fiançailles à ce moment-là. Logique : on vit ensemble depuis trois ans et demi à Trudering, une petite ville de la banlieue munichoise, dans un très beau trois pièces ensoleillé, sous les toits, avec parquet et espaces verts à proximité. Depuis un an et demi, je travaille dans l'entreprise des parents de Martin, une agence spécialisée dans les voyages de noces, baptisée du nom pas très inspiré de «*HoneyKuhn*». Depuis quelques mois, on est passés à la méthode symptothermique, mode de contraception qui, par un contrôle de la température et de la glaire cervicale, permet de déterminer les jours les plus féconds de mon cycle. Nous sommes les heureux propriétaires de deux lampes en laiton assorties qui trônent sur nos tables de chevet – antiquités dénichées au marché aux puces –, d'un magnifique service en argent Art nouveau acheté sur eBay, d'un canapé d'angle super confortable en seersucker, ainsi que d'une table basse à roulettes provenant d'une ancienne chocolaterie.

Mais aujourd'hui, je sais qu'il n'y aura pas de contrat de mariage. Et rien d'autre non plus. Martin, qui était officiellement resté à la maison pour faire la déclaration de TVA, n'a pas spécialement l'air horrifié ni désespéré quand il me regarde depuis le canapé, le pantalon sur les chevilles, la paire de fesses rondes comme des melons sur ses genoux. À vrai dire, il semble plutôt déçu que son rendez-vous crapuleux ait tourné court.

— Oh ! s'exclame-t-il, d'un ton las.

«*Oh !*»

Ce «oh» insipide me tire de ma torpeur, m'assène le coup fatal, celui qui me met psychiquement à terre, le cœur meurtri, comme projeté contre un mur de béton dur et froid.

Malheureusement, ce n'est pas tout. Je le comprends en une fraction de seconde, quand la femme sur les genoux de Martin articule : « Quoi ? » Je connais cette voix, et avant même qu'elle ne se retourne, je sais à qui appartiennent ces longues boucles brunes.

« Pire, ce n'est pas vraiment possible » ? Tu parles.

— Katha, j'articule lentement.

— Linn, répond ma collègue préférée, qui ce matin encore éternuait au téléphone, victime de cette insidieuse grippe estivale, et à qui j'avais prodigué le conseil, certes superflu mais bien intentionné, de boire beaucoup.

Mon prénom vient du suédois et signifie quelque chose comme « soleil radieux ». Mais en cet instant, quand il sort de sa bouche, il a plutôt des allures d'éclipse.

— Linn, intervient Martin, qui s'efforce de faire descendre Katha de ses genoux – ce qui n'arrange rien, car son sexe est encore au garde-à-vous.

Les yeux rivés dessus, j'ai l'impression qu'il me regarde, borgne et sarcastique.

— Linn, ce n'est pas…

Je lève les yeux vers le visage de Martin.

— Ce n'est pas…, tente-t-il encore, avant de se taire, se rendant probablement compte que « ce n'est pas ce que tu crois » serait des plus malvenus, alors qu'il est assis sur le canapé à sa place habituelle, la queue raide, pendant que ma super collègue remonte sa culotte précipitamment.

— Je crois que vous feriez mieux de partir, j'articule péniblement – proposition que Katha s'empresse de suivre.

Elle attrape sa robe turquoise, celle que j'ai dénichée pour elle pendant les soldes, l'enfile à la hâte avant de saisir son sac à main en cuir beige, rapporté peu de temps auparavant d'un week-end prolongé à Berlin qu'elle a pu s'offrir uniquement grâce aux réductions obtenues sur les vols et les hôtels en tant qu'employée de *HoneyKuhn*. Les joues en feu, elle se faufile devant moi, enfile ses chaussures que je n'ai même pas vues en entrant, et s'éclipse par la porte d'entrée restée ouverte comme une plaie béante.

Je regarde de nouveau Martin, qui entre-temps a recouvré ses esprits et assez de décence pour remonter son pantalon.

— Toi aussi, dis-je, d'une voix d'outre-tombe.

— Linn…, commence-t-il, comme s'il était désireux de s'expliquer, avant de se raviser.

— Fiche le camp, lui dis-je, sans m'énerver.

— Linn, je vais tout t'expliquer.

Il reste un petit moment debout devant moi, le regard implorant. Jusqu'à maintenant, je fondais chaque fois qu'il me regardait avec ces yeux-là, même quand j'étais furieuse contre lui parce qu'il avait encore oublié notre rendez-vous ciné ou qu'il avait mis à la machine mon chemisier en soie. Aujourd'hui, devant ses yeux de chien battu, son visage anxieux et sa mèche de cheveux hyper craquante qui lui barre le front, je ne ressens… RIEN.

Que dalle.

À part de la colère et la blessure atroce de la trahison.

— Dégage, lui dis-je.

— Je prends juste mon ordi, murmure-t-il. Et le chargeur de mon portable.

Comment peut-il avoir encore la tête à penser à ses gadgets électroniques?

— Ah oui, c'est vrai, répliqué-je, sarcastique. La déclaration de TVA.

Il ne répond pas, se fige comme s'il réfléchissait à ce qu'il pourrait bien répondre à ma remarque assassine. Puis il marche d'un pas décidé jusqu'à la chambre où le chargeur de son portable dépasse de dessous le lit, avant de gagner la cuisine pour récupérer son ordinateur sur la table. Il attrape vite fait quelques affaires dans la salle de bains, puis… s'enfuit. Par la porte d'entrée encore ouverte.

Moi, je le regarde puis j'entends ses pas qui dévalent l'escalier, la porte de l'immeuble s'ouvrir et claquer derrière lui, le moteur de la Golf qui démarre en trombe avant de tourner en direction de la Wasserburger Landstraße.

C'est comme ça qu'il sort de ma vie.

Je referme la porte de l'appartement. Mon regard tombe sur le tableau à clés où sont accrochés nos trousseaux communs : les clés de la cave, de l'antivol du vélo, les doubles de la voiture. Sur le porte-parapluies en dessous repose, esseulé, le parapluie rouge à pois blancs cassé depuis des mois que je n'ai pas eu le cœur de jeter.

Entrant dans la chambre, je sors une valise de l'armoire et j'y jette une brassée de chemises. Puis, n'y tenant plus, je regagne le salon. Un instant, je contemple, devant la table basse où trône la télécommande, le canapé d'angle d'un bleu innocent où se dessine encore le creux laissé par les fesses de Martin. Sur ce canapé, lui et moi avons regardé, blottis l'un contre l'autre, tous les épisodes de *Breaking Bad*, toutes les saisons de *Six Feet Under* et même les douze films de la saga *Star Trek* – que j'avais accepté de voir en échange d'un nombre conséquent de portions de lasagnes maison préparées par Martin. Sur ce canapé, nous avons fêté la victoire de l'Allemagne quand elle a remporté la Coupe du monde de football, éternué dans une montagne de mouchoirs en papier les jours où nous étions tous les deux grippés, et bu jusqu'à l'ivresse un délicieux vin rouge rapporté du lac de Garde.

J'étais près de Martin sur ce canapé quand il se disputait au téléphone avec ses parents. Lui, il était près de moi quand je m'efforçais en vain de consoler ma meilleure amie, Annika – son mari venait de lui avouer être tombé amoureux d'une autre, alors qu'elle était enceinte de huit mois de leur fille Mia.

Sur ce canapé, témoin de notre vie de couple, nous nous sommes aimés. Si ce connard m'avait trompée dans notre lit, cela aurait été moins blessant. La marque de ses fesses m'est insupportable : elle me rappelle cruellement la scène dont j'ai été témoin. Alors, pour la cacher, je recouvre le canapé d'un plaid, et je gagne la cuisine.

Comme presque toutes les fois où je ne sais trop quoi faire de ma peau, j'ouvre le frigo. Ses yaourts à la framboise cohabitent avec les miens, à la fraise, juste au-dessus de son salami et de mon jambon préféré. Mon regard tombe sur une bouteille entamée de mon jus de pomme bio naturellement trouble, puis sur un pack de thé glacé à la pêche – et cette fois, j'ai presque un haut-le-cœur à l'idée qu'il arrive à s'envoyer ce jus de chaussette 100 % arômes artificiels. Mes yeux rencontrent ensuite le plat contenant les restes du dîner de la veille. Du gratin de pommes de terre, que nous voulions faire réchauffer ce soir.

À ce moment-là seulement, je comprends ce qui s'est passé. Mes yeux s'emplissent de larmes que je refoule de toutes mes forces. Peut-être un vestige de mon enfance. J'avais toujours peur que mes parents adoptifs me renvoient s'ils découvraient à quel point j'étais petite, vulnérable et imparfaite – j'ignore d'où me venait cette angoisse, mais elle n'a cessé de m'accompagner. Depuis, j'ai fait en sorte d'en montrer le moins possible en matière de faiblesse et d'insécurité – surtout quand je ne vais pas spécialement bien. La plupart du temps, je réussis même à me cacher à moi-même ce que je ressens.

Réprimant une fois de plus mes larmes, je me laisse tomber sur une chaise devant la table de la cuisine désormais débarrassée. Je reste ainsi de longues minutes, sonnée, les yeux dans le vide, à suivre du bout du doigt les veines du bois. Je m'efforce de mettre en ordre les événements des dernières minutes. Ce qu'il en ressort est d'une grande limpidité : l'homme auquel, dans mes rêves, j'étais déjà fiancée, m'a trompée avec une femme que je considérais comme une amie. Mais dans la vie, les choses les plus simples ne sont-elles pas toujours les plus inconcevables ? La naissance, l'amour, la mort…

Martin m'a trompée. L'homme le plus attentionné, le plus casanier, le plus câlin que j'aie jamais rencontré, dont j'étais persuadée que jamais il ne mangerait une glace au chocolat dans mon dos. Comment en est-on arrivé là ? Mentalement, je me repasse le film des derniers jours pour trouver un indice annonciateur, si infime soit-il. Y a-t-il eu des propos ambigus, des regards furtifs que je n'aurais pas remarqués ? D'aussi loin que je me souvienne, les rapports entre Martin et Katha ont toujours été agréables, empreints de la cordialité professionnelle qui sied, dans ce contexte, entre compagnon et collègue préférée…

Martin m'a trompée. Dans notre appartement commun, sur notre canapé d'angle à câlins rien qu'à nous.

Sans Martin, je suis seule. Je le réalise tout à coup. Puis je comprends autre chose. Un aspect plus pratique mais qui, dans ma situation, représente la goutte d'eau qui fait déborder le vase : je viens de virer Martin d'un appartement qui n'est pas notre bien commun. Il y a habité longtemps, bien avant moi. Ce logement appartient à ses parents. Si l'un de nous deux doit faire ses valises, c'est moi.

Cette prise de conscience fait battre mon cœur à tout rompre. Je dois vraiment prendre sur moi pour ne pas laisser la panique me submerger. Je respire profondément puis, un pas après l'autre, je regagne la chambre et je retire les chemises de la valise. À la place, je jette dedans une poignée de culottes. Je reste là, à regarder les petites pièces de tissu qui semblent esseulées dans un si grand volume. Alors j'ajoute deux ou trois soutiens-gorge, quelques T-shirts et tops. Puis, de nouveau, c'en est trop pour moi.

Je bats en retraite dans le salon. Et maintenant, que suis-je censée faire? J'imagine que je devrais appeler Annika. Elle reste ma meilleure amie et nous avons toujours partagé tous les moments importants, même si, ces derniers temps, j'ai parfois été déçue de voir que sa vie ne tournait plus qu'autour de sa petite famille. Mais à l'heure qu'il est, je sais qu'elle est partie chercher Mia à la garderie avant d'aller faire les courses – ce qui lui prendra une bonne heure –, afin de préparer un dîner princier pour Johannes. Celui-ci s'est naturellement empressé de mettre un terme à sa liaison et de regagner, bourrelé de remords, le foyer conjugal. L'espace d'un instant, je les vois tous les trois devant moi: heureux, complices, riant dans la lumière chaude de la suspension accrochée au-dessus de la table de la cuisine.

Je sais que je pourrais appeler Annika. Elle viendrait tout de suite me chercher. Mais ensuite? Me retrouver, moi, fraîchement trompée, à dîner avec un bébé et ses parents qui se sont remis ensemble après une crise presque fatale à leur couple? Et où, dans ce cas, passerais-je la nuit? Sur un matelas d'invité, par terre, à côté du petit lit de Mia, dans la lueur kitsch de la lampe projetant un ciel étoilé au plafond de sa chambre? Rien que d'y penser, je sens de nouveau les larmes me monter aux yeux. Je me retrouve si seule.

Soudain, je réalise que Martin ne me prive pas seulement d'amour mais de toute ma vie. Lui et moi travaillons ensemble. Katha et moi travaillons ensemble. Dans l'agence de voyage des parents de Martin. Que suis-je censée faire demain matin, au bureau, en croisant la mère de ce dernier? Comme si de rien n'était? Ou, allant contre ma nature, éclater en sanglots devant elle et tout lui raconter?

Ce serait comme m'asperger d'essence.

Pourtant, je me mets à pleurer. Je ne veux pas, mais c'est plus fort que moi. Mon couple est fini. Ma vie est finie. J'ai trente-trois ans et j'ai tout perdu: mon compagnon, mon boulot, mon amie, ma dignité – et sur mon compte, je n'ai plus grand-chose non plus.

Et voilà maintenant qu'on sonne à la porte.

Saisie d'effroi, je reste immobile. Ce doit être Martin. Qui d'autre? Sans doute a-t-il compris que ce n'était pas à lui de quitter l'appartement, et il veut me mettre dehors. Il est dans son bon droit; pour autant, il est bien le dernier que j'aie envie de voir.

Et s'il était revenu me supplier de lui pardonner? Me dire qu'il regrette et qu'il veut rester avec moi? À cette idée, mon cœur a un infime sursaut… mais, au même instant, je sens sans la moindre ambiguïté que je ne serais nullement disposée à l'excuser. Je pourrais pardonner beaucoup de choses, mais pas ça.

De nouveau, la sonnette retentit et tout mon corps tressaille. Je sais que je ne peux lui pardonner – pourtant, tout en moi n'aspire qu'à une chose, effacer les dernières heures, remonter le temps, redevenir la femme heureuse et insouciante que j'ai été. Les genoux tremblants, j'avance vers l'interphone. Je pose mon doigt sur le bouton orné d'un pictogramme «clé», sans pouvoir me résoudre à appuyer. Au même instant, je réalise que jamais Martin ne sonnerait: c'est son appartement, il a la clé. Alors, qui est-ce?

D'une main mal assurée, je décroche le combiné. J'entends un grésillement sonore suivi d'une sorte de gazouillis.

— Allô? dis-je, d'une voix faible.

— Mademoiselle Rosemeyer? demande une voix masculine.

— C'est pour quoi? réponds-je, étonnée.

La voix poursuit en anglais, avec un fort accent américain.

— Miss Rosemeyer, *I've got news for you.* J'ai des informations à vous transmettre. Puis-je entrer?

2

En une fraction de seconde, j'ai l'impression d'avoir basculé dans un film de David Lynch – ou dans une sitcom comique de début de soirée, je ne sais pas trop. Face à moi se trouve un homme assez petit et bien trop gros, le souffle court, vêtu d'un costume à carreaux aux couleurs criardes et d'un nœud papillon à l'avenant. Dans sa main gauche, il porte une mallette. Dans la droite, il tient une casquette de baseball avec laquelle il s'évente désespérément.

Tirée sur-le-champ de ma tristesse par ce drôle d'oiseau, je m'efforce de ne pas le fixer d'un air trop abasourdi.

— *Hi*, dis-je, presque fière d'avoir embrayé aussi rapidement sur l'anglais.

— *Hi*, répond-il d'un ton geignard, posant la mallette avant de tamponner d'un mouchoir en tissu rose sa tête aux trois quarts chauve. *Sorry*. Les ascenseurs, on dirait que ce n'est pas trop votre truc, à vous, les Allemands…

— *Well…*, me contenté-je de répondre.

Quand même, on habite seulement au troisième étage ! Construction récente, deux mètres soixante de hauteur sous plafond. Et d'abord, qu'est-ce qu'il me veut, ce type ? J'aimerais bien le savoir, plutôt que de débattre avec lui des différences entre les techniques de construction allemande et américaine à travers les âges. Quoi qu'il en soit, saisissant avec justesse mon expression sceptique, il semble se souvenir qu'il n'a pas pris la peine de monter jusqu'ici pour faire la causette dans l'escalier.

— Oh, *I am so sorry*. Je ne me suis même pas présenté. Je m'appelle Samuel Cunningham. Je suis généalogiste successoral à Manhattan, New York. Je suis vraiment ravi de vous rencontrer.

— Rosemeyer, réponds-je d'un ton un peu plus sec que je n'aurais voulu, en lui tendant la main.

Généalogiste successoral? Tout droit venu de New York? Je n'ai pas la moindre idée de ce que ce type me raconte. J'en reste comme deux ronds de flan, face à ce rond-de-cuir court sur pattes mais haut en couleur!

— Je suis une sorte de détective privé, s'empresse-t-il d'expliquer. Rassurez-vous, c'est moins pire que ça en a l'air. C'est même un boulot génial: quand, dans l'État de New York, quelqu'un de riche décède et qu'on ne parvient à identifier aucun descendant direct, j'entre en action... C'est à moi de découvrir s'il n'existe pas, quelque part dans le monde, un parent éloigné du défunt. La plupart du temps, on en trouve un. Le plus souvent, c'est quelqu'un qui ne connaissait pas du tout la personne décédée, et qui n'a donc aucune raison de s'attrister du décès, mais au contraire toutes les raisons de se réjouir de tout son cœur, car il devient soudain plus riche!

— Formidable, dis-je, sans me sentir vraiment plus avancée.

Je ne vois pas le rapport avec moi. Mes parents sont décédés depuis longtemps, mes grands-parents depuis plus longtemps encore, et je n'ai pas d'autre famille proche. De cela, je suis relativement sûre. Après la mort de mon père, l'aide sociale a désespérément cherché un membre de ma famille susceptible de m'accueillir. En vain. Mais peut-être ce monsieur Cunningham n'est-il pas là pour moi?

Du côté de Martin, le tableau est tout autre : ses parents ont chacun cinq frères et sœurs qui se sont tous mariés, ce qui donne un réseau impénétrable de tantes, oncles, grands-tantes, arrière-grands-oncles, auxquels s'ajoutent des cousins et des cousines à différents degrés, sans oublier les parrains et marraines... Pas improbable qu'il y ait eu parmi eux une vieille tante riche installée aux États-Unis, dont tous auraient oublié l'existence compte tenu de la nébuleuse familiale.

— Vous voulez sans doute parler à mon compagnon ? Malheureusement, il est absent. Le mieux serait que vous repassiez un autre jour, car j'ignore si aujourd'hui il...

— Non, pas du tout, me coupe-t-il. Ce n'est pas votre compagnon que je viens voir, c'est vous, ajoute-t-il, l'index pointé sur moi.

— Moi ? répété-je, surprise.

S'il était possible de rester comme quatre ou huit ronds de flan au lieu de deux, ce serait moi en cet instant.

Manifestement, le spectacle est assez réjouissant, car Mr Cunningham me regarde et son sourire, jusqu'aux oreilles, dévoile une dentition dont la blancheur et la régularité me font penser à des cuvettes de WC design sur une chaîne de montage.

— Ah ! s'exclame-t-il, radieux. *I love it !* C'est vraiment le moment que je préfère dans mon boulot.

De ma gorge monte un son étouffé, par lequel je tente de communiquer mon acquiescement.

— Mais dites-moi, Linn..., avant de baisser la voix : Êtes-vous sûre de vouloir parler de tout ça dans le couloir ? Dès qu'il s'agit d'argent, les portes des voisins ont des oreilles, si vous voyez ce que je veux dire.

De l'argent ? Des oreilles ? À ce stade, je pense avoir atteint le summum de l'hébétude.

— Puis-je entrer ? Vous savez, il ne s'agit pas d'une petite somme.

Je secoue la tête avant de répondre :

— Naturellement. Excusez-moi.

Un instant plus tard, Samuel Cunningham se retrouve assis pile poil à l'endroit où, quelques minutes plus tôt, s'est tenue la pire scène de toute mon existence. Il me remercie abondamment pour le thé glacé à la pêche que je lui sers en quantité généreuse.

— Merci infiniment, dit-il, avant de vider son verre d'un trait et de me le tendre à nouveau. C'est exactement ce dont j'avais besoin.

— *Great*, réponds-je poliment, avant de m'éclipser dans la cuisine pour remplir son verre.

Cette fois, je suis curieuse. Que me veut-il, ce type ? De quel héritage pourrait-il bien s'agir ? Je pensais n'avoir plus de famille. Ou alors, si ? En Amérique ? Les services d'aide à l'enfance ont-ils cherché là-bas ? Je crois me souvenir qu'ils avaient étendu leurs recherches à d'autres pays européens, mais aux États-Unis, probablement pas.

Je regagne le salon avec son verre plein, mais cette fois-ci, il n'y prête pas la moindre attention et commence à farfouiller dans sa mallette. M'asseyant près de lui, je l'observe avec curiosité. Un héritage… Je n'ai pas la moindre idée de sa provenance.

— Voilà, miss Rosemeyer… Comme je l'ai déjà mentionné, je suis ici en raison d'un héritage.

— En effet.

— Bien. Tout d'abord, je dois vous informer que je ne me suis pas déplacé jusqu'en Allemagne par pure charité chrétienne. Dans les enquêtes pour succession, la procédure est la suivante : avant que je puisse vous parler en détail de l'affaire qui m'amène, je dois vous demander de me garantir un petit pourcentage de cette succession – et ce, pour me permettre de couvrir mes frais.

— Ah ! m'exclamé-je, redevenant soudain méfiante.

Nous y voilà : il veut une provision. Je comprends mieux d'où vient la faïence immaculée qui lui sert de dentition.

— C'est une procédure des plus usuelles, m'assure-t-il d'un ton amical, qui se déroule à l'identique dans le monde entier, des centaines de fois par jour. Cette provision permet réellement de couvrir toutes mes dépenses, mes frais, mes déplacements, ainsi que les recherches dans les registres paroissiaux et les registres des naissances. Une fois réglée cette somme, vous ne me devrez plus rien. Il vous suffit de signer ce petit accord. Non que je ne vous fasse pas confiance, mais je fais ce travail depuis un certain nombre d'années, et vous n'imaginez pas le genre d'individus auquel on peut avoir affaire…

Consterné, il secoue la tête.

— Vous ne voulez tout de même pas me dire au moins de qui il s'agit ? demandé-je, prudente.

— Pour que vous me court-circuitiez, que vous alliez réclamer toute seule cet héritage et que je sois venu jusqu'en Allemagne pour rien ?

L'air outré, il pousse vers moi, sur la table basse, une feuille portant la mention *Contract*, imprimée recto verso et divisée en une douzaine de paragraphes. Par chance, adolescente, j'ai passé mes journées et mes nuits devant MTV et les chaînes d'info BBC et CNN, raison pour laquelle je n'ai pas de difficulté particulière à survoler le texte en anglais. Dans ses grandes lignes, il stipule de façon quelque peu alambiquée que, si je devais accepter de bénéficier d'un héritage dont j'ai eu connaissance par Mr Samuel Cunningham, je m'engage à verser un intéressement financier relatif au montant net perçu. Je relis le texte une nouvelle fois de manière approfondie afin de trouver le piège, mais je n'en découvre aucun. Le document mentionne plusieurs fois que cette provision n'est exigible que lorsque je suis entrée légalement en possession des biens de la succession. Pas d'héritage, pas de fric. Un cadre on ne peut plus clair, en effet.

— Il s'agit d'un contrat type que tous mes mandants signent, m'assure-t-il une nouvelle fois, en glissant un stylo vers moi.

Une seconde, j'hésite. Normalement, avant toute signature, j'en discuterais avec Martin et peut-être même avec ses parents, car je continue de trouver tout cela pas très catholique. Mais d'un autre côté, Martin n'est pas là. Ou plutôt, non seulement il n'est pas là, mais moi non plus je ne devrais plus y être…

Et si j'avais hérité pour de vrai ? Un héritage aux États-Unis ? À New York ? J'aurais alors une bonne raison de faire ma valise la tête haute, au lieu d'avoir l'impression de prendre la fuite. J'aurais aussi une bonne raison de ne pas aller travailler demain. En effet, quoi de plus urgent qu'un décès dans la famille ? Enfin, j'aurais une bonne raison de quitter la ville, le temps nécessaire pour y voir plus clair et savoir quoi faire de ma vie désormais – ou tout au moins dans les semaines à venir, ce qui serait toujours un début. Car, sans Mr Cunningham, je n'aurais pas la moindre idée de par où commencer.

En plus, je suis déjà allée à New York. Ma toute première famille d'accueil m'y avait emmenée. Je venais d'arriver chez eux et je m'étais promis d'être gentille et accommodante pendant tout le voyage, afin de ne pas être une charge pour eux. J'y suis parvenue la plus grande partie du séjour, et j'ai le souvenir merveilleux de ce moment sur le ferry, en route vers la statue de la Liberté, où ils ont demandé à une autre passagère de nous prendre en photo tous les trois, avec les gratte-ciel de Manhattan en toile de fond. Je me souviens encore leur avoir dit que New York était ma ville préférée, et qu'ils m'avaient ensuite payé une glace géante avec une tonne de chantilly, des vermicelles de couleur et de la sauce chocolat. En revanche, qu'ils se soient séparés peu de temps après et que, des mois durant, j'ai été persuadée d'en être la cause, j'aime autant ne pas trop m'en souvenir. Mais de New York... Je m'étais toujours promis d'y retourner, mais cela ne s'est jamais fait. Quand j'étais étudiante, je n'avais pas l'argent pour le faire, quand j'étais encore célibataire, je n'en avais pas trop envie, et quand Martin est entré dans ma vie, nous avons privilégié d'autres destinations. Nous aimions la mer, la plage, la côte, les petites criques isolées...

Je jette un œil au stylo posé sous mon nez. Il porte l'adresse d'un restaurant, 111 East 22nd Street. Je sens mon cœur s'accélérer. Quoi de plus urbain, d'américain, de si peu allemand que le quadrillage des rues de la Grosse Pomme, visible sur tous les plans et toutes les photographies aériennes de Manhattan? Un héritage! Dans la «ville qui ne dort jamais»! Je suis surexcitée rien que d'y penser. Et pourtant... je n'ai pas encore saisi le stylo et je regarde toutes ces petites lignes sur le contrat. N'aurais-je pas intérêt à le montrer au moins au mari d'Annika? Johannes a fait trois ans de droit, ce qui fait de lui la personne la plus compétente que je connaisse en la matière – je fais confiance à son jugement, qu'il s'agisse de contrats de travail, de factures d'artisans un peu salées ou du paiement de contraventions.

Au même instant, dans la rue, j'entends une voiture s'arrêter. Ce bruit me fait penser à la Golf de Martin – je reconnaîtrais entre mille le ronron de son moteur. Mon pouls s'accélère; la panique me gagne à l'idée de me retrouver nez à nez avec lui, qu'il veuille me parler, se remettre avec moi, me demander de quitter son appartement, me… je ne sais pas ! A la hâte, j'attrape le stylo de Mr Cunningham et appose ma signature sur la ligne pointillée.

— *Good girl*, commente-t-il avec un grand sourire, avant de m'arracher le stylo des mains.

Il range le document dans sa mallette, m'en tend un exemplaire signé par ses soins avant de sortir un mince dossier qu'il pose sur ses genoux. Je tends l'oreille pour guetter les bruits de la rue, mais tout est calme, et l'escalier aussi.

Moi, en revanche, je bous d'impatience.

— Maintenant, racontez-moi !

Alors, Samuel Cunningham se met enfin à m'expliquer…

3

Je crois que je n'ai encore jamais vu autant de maisons d'un coup. Certes, en traversant les lotissements du quartier de Trudering à Munich, on peut avoir l'impression que les rangées de jardins bien alignés sont interminables. Mais ce que je vois là, en dessous, c'est énorme ! Une marée de toitures, que nous survolons à altitude décroissante, s'étend jusqu'à l'horizon. Et encore, il ne s'agit pas de New York City elle-même, mais – du moins, c'est ce que je peux en déduire – de Long Island, l'interminable désert-banlieue de New York. Très loin devant, je distingue Manhattan, dans le brouillard qui l'enveloppe… D'ici, la montagne de gratte-ciel paraît minuscule, comme un tas de blocs de construction oubliés dans la rue.

Quelque part en bas doit aussi se trouver la maison. *Ma* maison ? Ma future maison ? C'est complètement dingue !

Pour le moment, je n'en sais guère plus sur cette maison, à part qu'elle doit valoir son pesant de fric – *beaucoup d'argent,* comme l'a dit Mr Cunningham en écarquillant les yeux. Elle aurait appartenu à une de mes tantes au deuxième degré, jusque-là inconnue de moi. Dorothy Webber. Cette tante, âgée de soixante-quinze ans, est morte il y a quelques semaines, comme ça, dans son sommeil, alors qu'elle ne souffrait d'aucune maladie particulière. Elle aurait été la petite-fille de mes arrière-grands-parents maternels, et donc une cousine de ma mère, si j'ai bien tout suivi – Mr Cunningham n'a pas su m'en dire plus.

À l'âge de vingt ans, il y a donc plus d'un demi-siècle, elle a quitté sa Haute-Bavière natale pour les États-Unis, ce qui expliquerait pourquoi ma mère ne nous a jamais parlé d'elle. Du moins, je *crois* qu'elle n'en a jamais parlé, car le nom de Dorothy Webber ne m'évoque rien – ni sa forme exacte, Dorothea Weber. De toute façon, quand je pense à ma mère, ce ne sont pas les histoires de cousines qui me reviennent en mémoire. Non, je pense à son sourire, à ses doux yeux marron, à la chaleur de sa main quand elle me caressait la joue en me souhaitant bonne nuit.

Quoi qu'il en soit, je ne connais pas cette tante au deuxième degré, et cette parenté me paraît si éloignée que je ne réalise pas complètement qu'il s'agit d'un membre de ma famille. Au risque de paraître irrespectueuse et sans cœur, la nouvelle de sa mort a provoqué chez moi un chagrin somme toute assez mesuré. Ignorant tout de cette femme, je ne me suis sentie touchée qu'un bref instant – et la compassion a cédé le pas à la surexcitation quand Mr Cunningham m'a appris que j'étais l'héritière en titre d'un bien immobilier à New York.

— Comment ça, j'ai hérité d'une maison? lui ai-je demandé, les yeux écarquillés.

Perplexe et plus que dubitative, je m'étais préparée à voir surgir d'un placard le présentateur télé d'une émission de caméra cachée.

— Oui, tout à fait, vous avez hérité d'une maison.

Mr Cunningham me regardait d'un air satisfait. Lentement, j'avais compris que je n'étais pas la victime d'une émission de gags, qu'il ne se fichait pas de moi: j'avais hérité d'une maison à New York! C'était de la folie! Mon pouls pétaradait comme une machine à coudre lancée à fond. Pas seulement parce que je nourrissais soudain l'espoir d'une vie d'opulence, mais parce que je comprenais la chance incroyable qui s'offrait à moi.

— Une *grande* maison? avais-je demandé, le souffle court.

— *Quite big*, dirions-nous. Assez grande, avait-il répondu avec un sourire. Elle a seize pièces.

— Seize pièces?!? Vous voulez dire que je pourrais y passer la nuit?

— Ah! s'était-il exclamé, surpris. Naturellement. D'ailleurs, c'était autrefois une maison d'hôtes, mais pour autant que je sache, elle n'a plus de pensionnaires depuis longtemps...

— Chut, l'avais-je coupé, entendant de nouveau dans la rue le moteur d'une voiture.

— Que se passe-t-il? avait demandé Cunningham, irrité.

— Mon compagnon, avais-je répondu dans un murmure.

— Oh!

Haussant les sourcils, il s'était penché vers moi en me tapotant la main.

— Linn, je peux volontiers attendre son arrivée si vous voulez lui annoncer la bonne nouvelle.

— Il ne manquerait plus que ça! m'étais-je écriée, épouvantée.

— Oh, vous ne voulez pas lui...?

À son tour, il m'avait regardée, épouvanté.

— Non, je ne veux pas, avais-je répondu, avant de songer que je ne devais aucune explication à Mr Cunningham, d'autant que la voiture s'éloignait déjà.

— Bien, dans ce cas..., avait-il déclaré d'un ton agacé, avant de se remettre à farfouiller dans ses dossiers.

Manifestement, il avait besoin d'un instant pour se ressaisir. En revanche, moi, je n'avais plus de temps à perdre. Dans ma situation, quelques jours à New York étaicnt *la* solution que j'attendais !

— Je peux la visiter, cette maison ? l'avais-je pressé.

— Bien sûr, avait répondu Mr Cunningham d'un ton enjoué, après quelques instants d'hésitation. Même si, en réalité, ce n'est absolument pas nécessaire.

— Pourquoi ?

— Parce que vous allez engager des dépenses totalement inutiles. *Je* peux me charger de vendre la maison – avec, dans la mesure du possible, une plus-value à la clé pour vous.

— Vous ?

La déception devait se lire sur mon visage sans ambiguïté, car Mr Cunningham s'était empressé d'ajouter :

— Voyez-vous, le hasard veut que, lors de mes recherches, j'aie rencontré une personne qui a exprimé un très fort intérêt pour ce bien. Chance inouïe, elle est disposée à l'acquérir pour un prix *plus* qu'honorable. L'avantage, c'est que vous vous épargneriez beaucoup de tracas – vous n'auriez même pas à délaisser vos affaires ici. Naturellement, il faudrait que vous vous rendiez aux États-Unis dans quelques semaines pour signer des documents au cadastre et peut-être aussi, par la même occasion, rencontrer l'acquéreur, afin de finaliser le contrat de vente. Mais nul besoin de prendre plus d'un jour de congé. Vous pourriez arriver un vendredi et repartir le samedi ou le dimanche, et quelques jours plus tard, vous vous retrouveriez avec une *montagne* de dollars sur votre compte.

Il m'avait gratifiée d'un sourire amical, persuadé que je serais heureuse de voir mon voyage se réduire au strict nécessaire et la montagne de dollars atterrir facilement dans mon coffre-fort.

— Vous n'auriez même pas besoin d'en informer votre compagnon, s'était-il empressé d'ajouter, me voyant de nouveau tendre l'oreille, l'air inquiet.

Cette fois-ci, c'était bien la Golf de Martin qui descendait la rue – j'en aurais mis ma main à couper. Je pouvais presque sentir déjà l'odeur de son après-rasage. Un accès de panique m'a gagnée : j'avais passé bien trop de temps sur ce canapé, à faire la conversation à Mr Cunningham.

Moi, y aller dans quelques semaines ? C'est comme s'il m'avait dit : « Ce sera pour votre retraite. »

— J'aimerais quand même bien la visiter, avais-je alors déclaré, d'un ton précipité.

— Comme vous voudrez, avait répliqué Mr Cunningham, déconcerté. Elle se trouve à Southampton. Depuis l'aéroport JFK, c'est juste un saut de puce.

— Super, avais-je répondu, en entendant la voiture s'arrêter dans la rue.

Une portière avait claqué d'un coup résolu, voire furieux. Je m'étais levée d'un bond.

— Alors, allons-y.

— À New York ? Maintenant ? avait-il demandé, incrédule.

— Exactement, avais-je répondu, m'efforçant de dissimuler ma nervosité.

— Mon vol de retour ne décolle pas avant demain matin, avait-il fait valoir. J'ai réservé une chambre d'hôtel à l'aéroport, et…

— Génial !

— Oh, eh bien…

Il s'était efforcé de se ressaisir mais paraissait quelque peu contrarié – comme si quelqu'un venait de lui imposer des heures supplémentaires en fin de journée. Il s'était imaginé cette visite tout autrement, mais je ne pouvais pas en tenir compte.

— Je doute que vous puissiez trouver une place sur ce vol au débotté. Certes, il arrive parfois qu'on ait de la chance, mais même dans ce cas… le prix du vol serait prohibitif, j'imagine.

— J'arrive, lui avais-je crié en guise de réponse, m'étant éclipsée dans la salle de bains où je jetais à la hâte quelques produits dans ma trousse de toilette.

Regagnant la chambre, j'avais ensuite lancé quelques affaires dans la valise ouverte contenant déjà des sous-vêtements. Je n'avais pas tergiversé longtemps à me demander si telle ou telle tenue serait appropriée pour New York : ce que j'aimais porter se trouvait en haut des piles. J'entendais déjà des pas dans l'escalier. J'avais pris mon passeport, un adaptateur universel et mon sac, vérifiant à la hâte que j'avais bien ma carte de crédit et tous mes papiers.

— Nous avons les moyens, avais-je répondu à Mr Cunningham, occupé à boucler sa mallette.

— Vous voulez vraiment prendre l'avion avec moi? avait-il demandé, encore surpris et un peu déconcerté, son sourire radieux passé à la trappe.

— On peut toujours essayer, avais-je répondu d'un ton léger, en prenant une veste d'été sur le portemanteau… avant de découvrir soudain Martin dans l'embrasure de la porte d'entrée.

Dans mon agitation, impossible de dire s'il était bourrelé de remords, furieux, triste ou rongé par la culpabilité ; je ne m'étais nullement attardée sur son expression. J'avais juste remarqué son air stupéfait quand il m'avait vue passer devant lui sans que je lui donne la moindre explication. Mr Cunningham m'avait emboîté le pas avec une réticence extrême. Puis il s'était arrêté, avait pris la main de Martin qu'il avait longuement serrée tout en lui assurant, en anglais et dans un flot de paroles, qu'il était *delighted* de le rencontrer, et qu'il regrettait de devoir repartir si vite…

— Mr Cunningham ! l'avais-je interrompu en le fusillant du regard, ce qui avait immédiatement mis fin à ses effusions.

Au guichet de l'aéroport, j'avais pu acheter une place côté hublot dans le même avion que lui, avec vol de retour une semaine plus tard. Certes, pas de réduction pour réservation anticipée, et la chambre au Hilton Munich Airport n'était pas à proprement parler donnée… Je préférais ne pas penser aux économies que j'aurais réalisées en passant par l'agence de voyages pour ces réservations. Mais d'une part, j'ignorais si le serveur fonctionnait de nouveau, et d'autre part, je n'avais pas le cran d'appeler là-bas, d'expliquer ma situation et de demander à une de mes collègues de m'aider. Je m'étais donc contentée d'envoyer un e-mail à la secrétaire de l'équipe, pour expliquer qu'un décès familial me contraignait à partir aux États-Unis et que je serais de retour dans une semaine… Curieux, comme sensation : dire la vérité tout en sachant que je racontais un bobard !

Quoi qu'il en soit, me voici à bord d'un vol American Airlines à destination de New York. Mr Cunningham a un siège en classe affaires, soi-disant parce que la classe économique n'est pas *plus-size-friendly* – je crois surtout qu'il n'a aucun scrupule à claquer la provision que je devrai lui verser bientôt.

Peu importe, ça me va. Je n'apprécie pas particulièrement de faire la conversation dans l'avion ; en outre, je suis bien trop fatiguée pour cela. À l'hôtel et pendant le vol, c'est à peine si j'ai pu fermer l'œil – pas tant à cause de l'héritage que de Martin. Jusque-là, j'avais plus ou moins réussi à ne pas y penser : lors de l'enregistrement à l'hôtel, au petit-déjeuner, lors des contrôles de sécurité au moment de l'embarquement – ces étapes du voyage m'avaient préservée de toute introspection, m'évitant de m'interroger sur mon ressenti.

Mais dans la cabine à l'éclairage tamisé, impossible de ne pas repenser aux événements de la journée.

Je me sentais trahie, bafouée, abandonnée! Agitée autant que triste, je ne savais plus comment me mettre. Après une éternité, la nuque de plus en plus douloureuse, je me suis sentie, l'espace d'un instant, emportée par le sommeil, et la lumière s'est rallumée dans la cabine… J'étais si épuisée de lutter intérieurement que j'ai presque accueilli cela avec gratitude: la vie continuait, une nouvelle journée commençait qui marquait aussi pour moi le début d'un nouveau chapitre, que je le veuille ou non. On m'a servi mon petit-déjeuner comme à tous les autres passagers, sans sympathie ni égard particulier lié à mon état émotionnel. Il y avait quelque chose de réconfortant à se retrouver ainsi avec plusieurs centaines d'autres passagers, à siroter du café tiède et à tenter de tartiner avec du beurre dur des petits pains à moitié congelés. Le quotidien reprenait ses droits; il se fichait pas mal des peines de cœur.

Manhattan, qui plus tôt ressemblait à une taupinière pixellisée, continuait de se rapprocher, émergeait lentement comme une chaîne de montagnes accidentée et ses sommets célèbres: le gigantesque One World Trade Center, les arcs empilés du Chrysler Building, l'aiguille du Bank of America Tower, le fier Empire State Building. Plus les gratte-ciel grossissaient, plus je sentais la nervosité me gagner, mélange d'anticipation joyeuse et d'épuisement dû à la nuit blanche et au café amer.

Martin avait-il réalisé que j'étais partie? Que son ex-future fiancée s'en était allée respirer l'air de la Grosse Pomme plutôt que d'emménager, le cœur en lambeaux, dans la chambre d'enfant de sa meilleure amie? Je l'ignore. Je sais seulement que penser à lui me donne l'impression qu'on me coud le cœur à vif avec du fil barbelé. Mais l'avion amorce sa descente; le signal indiquant de boucler sa ceinture s'allume, et la perspective d'avoir de quoi m'occuper pour me changer les idées me console un peu. Bientôt, je récupérerai mon bagage à main, j'emprunterai une passerelle et retrouverai Mr Cunningham avant de me diriger avec lui vers le contrôle des passeports. Bientôt, je n'aurai plus le temps de me morfondre comme cette nuit, de sentir en permanence qu'à la place de mon cœur se trouve maintenant un cratère béant. J'aurai un projet, et c'est presque toujours une bonne chose.

L'espace d'un instant, j'ai l'impression que le chagrin me submerge de nouveau. Je détourne les yeux vers le hublot sous lequel continue de défiler l'océan d'habitations. Jusqu'à présent, je me suis interdit de trop réfléchir à cet héritage, quelque part là-dessous. Je décide désormais de cesser de penser, pendant quelques minutes au moins, à ce qu'il s'est passé la veille, pour me concentrer sur ce qui m'attend, sur ce que je vais vivre dans les prochains jours. Je laisse libre cours à mon imagination, et au bout d'un moment, je vois surgir une maison.

Ornée d'une belle façade Art déco, elle a un auvent et un tapis rouge devant l'entrée, déroulé sur le trottoir jusqu'à la rue. J'ignore totalement si cette représentation est correcte. Une fois que Mr Cunningham a compris que je voulais voir la maison avant de prendre la moindre décision concernant sa vente, il a refusé de m'en dire plus. Je devais me laisser surprendre, je serais étonnée : « *You'll be astonished!* », avait-il dit en riant. Je ne connais pas New York et je ne sais pas où se trouve cette maison. Il n'est pas exclu que je me retrouve devant un taudis dans le Bronx, mais l'expression de Mr Cunningham ne semble pas le laisser entendre. En outre, s'il s'agit d'une ancienne maison d'hôtes, c'est peu probable qu'elle soit complètement en ruines aujourd'hui, non ?

Les yeux toujours fermés, je laisse l'image se préciser : la porte d'entrée avec le heurtoir en laiton étincelant, le vestibule largement éclairé, dans lequel un ascenseur pourvu d'une grille mène aux étages supérieurs. Même si Mr Cunningham ne pouvait rien promettre, il me sera peut-être possible de passer la nuit dans la maison et d'éviter ainsi d'aller à l'hôtel. J'en serais ravie ! Les chambres d'hôtel sont parfois les lieux les plus solitaires au monde, et le chagrin lié à la fin de ma relation avec Martin ne manquerait pas de me submerger. Dans ma propre maison, ce serait sûrement différent. Là-bas, je ne serais pas une simple cliente, j'aurais quasiment déjà une vie ! Tout près, il y aurait un très bon traiteur avec un comptoir défraîchi, dans lequel on déguste le midi de délicieux sandwichs au pastrami, ainsi qu'une pâtisserie, juive peut-être, où tout est resté comme il y a quatre-vingts ans et qui fabrique de vrais *bagels*.

Je prendrai le ferry jusqu'à la statue de la Liberté pour m'offrir là-bas une glace avec des pépites de chocolat, de la chantilly et de la sauce chocolat. Je monterai sur le toit de l'Empire State Building, et de là-haut je réussirai à me persuader que le monde et ses problèmes sont dérisoires. Je parviendrai plus facilement à échapper à mon chagrin. Et peu importe que je n'aie plus d'argent ou presque sur mon compte en banque. En voyage, je n'ai pas besoin de luxe. Et New York est tellement immense que ce serait bien le bout du monde qu'il n'y ait pas une petite place pour moi. Sur les immeubles en dessous de nous, je capte des centaines de détails : antennes satellite et toits de garage, pneus neige entassés, citernes… Plus s'approche la ville dans laquelle j'avais depuis si longtemps envie de retourner, plus je suis convaincue que ce voyage de dernière minute est une excellente idée. Peu importe ce que me réservent les jours à venir – je suis sûre qu'ils me feront oublier mon chagrin.

4

Ou peut-être pas.

Je ne me fais pas d'illusions sur mon sens de l'orientation : enfant, je me perdais régulièrement dans les bois derrière chez nous ; chez Ikea, je fais tours et détours pour trouver le libre-service alimentaire ; et lors du voyage de terminale à Paris, j'ai vraiment été à deux doigts de la crise d'hystérie quand, ayant perdu ma classe au Louvre, je me retrouvais systématiquement, en cherchant la sortie, dans la salle consacrée à la peinture du XIXe siècle. Mais je ne suis pas non plus totalement à l'ouest par rapport à ce qui m'entoure. Et je me rends bien compte, ici, que quelque chose cloche.

Cela fait déjà une bonne demi-heure que nous roulons, Mr Cunnigham et moi, dans sa Chevrolet jaune pétard récupérée sur le parking de l'aéroport JFK. Mais plus nous avançons, plus j'ai l'impression qu'on s'éloigne de Manhattan. Je ne prétends pas avoir compris du premier coup le tracé du réseau routier américain. Mais il est impossible que l'aéroport JFK soit aussi loin du centre ; en outre, bizarre qu'au bout d'une demi-heure de route, on n'aperçoive pas le moindre gratte-ciel à l'horizon… sans compter la bonne douzaine de panneaux que j'ai vus et qui, sans la moindre ambiguïté, indiquaient tous Manhattan, Brooklyn et le Bronx dans l'autre direction.

De plus, notre allure d'escargot a eu raison de ma bonne humeur. Je suis si fatiguée que j'ai le moral dans les chaussettes. L'interminable procédure d'entrée dans le pays, au cours de laquelle les autorités relèvent vos empreintes digitales comme si vous étiez un criminel, où l'on doit donner tous les détails sur son séjour pour terminer par un scan de l'iris, m'a mis les nerfs en pelote. Je rêve de prendre une douche, de m'allonger ne serait-ce qu'une demi-heure et, une fois reposée, d'aller enfin voir cette maison. En évitant si possible les excursions bizarres dans des banlieues étranges.

Quand je me résous enfin à demander à Mr Cunningham où nous allons, j'ai toutes les peines du monde à prendre une intonation joyeuse, à dissimuler ma mauvaise humeur et le début de panique qui me gagne.

Mr Cunningham me lance un regard de biais.

— Nous allons voir la maison, comme convenu.

— OK, réponds-je doucement. Mais j'avais cru comprendre que la maison se trouvait à New York.

— C'est le cas, répond Mr Cunningham, qui ne semble pas voir où est le problème. Comme je vous l'ai dit, elle se trouve à Southampton. Southampton, New York.

— Ah!

Il soupire.

— *État* de New York, naturellement.

Lentement, je comprends. Quand les Américains font référence à la ville de New York, ils disent «New York City». L'État de New York, en revanche, c'est tout autre chose. Comme pour Berlin et Brandebourg. Évident.

Southampton, *État* de New York. Southampton, Brandebourg.

Mon rêve de loft avec vue sur Central Park fond comme neige au soleil. Les ornements Art déco tombent en poussière, le tapis rouge est noirci de saletés, la façade en stuc succombe aux bulldozers impitoyables de la réalité. Au revoir, ma vie de rêve dans la Grosse Pomme ! Bye bye, Magnolia Bakery !

À la place, un immeuble d'habitation en province qui émerge des cendres et des gravats. Dans mon imagination surgit alors un bâtiment d'après-guerre à deux étages, avec des cartons vides de bouteilles de bière sur les balcons qui s'effritent, et aux fenêtres, des rideaux en dentelle qui jaunissent. Comble du chic, l'antenne satellite sur le toit, toute bariolée, avec le logo du club de foot Hertha BSC de Berlin. En lieu et place de l'auvent, je vois un local à poubelles assez mal entretenu, et l'ascenseur à grille est remplacé par une loge meublée en chêne, style années 1950, dans un couloir bien trop étroit. Mr Cunningham n'avait-il pas dit que cette maison avait autrefois été une pension ? Probablement pour les routiers d'Europe de l'Est, qui y ont aussi laissé leurs poids lourds.

Si c'est ce qu'il avait en tête en me disant que j'allais être surprise… franchement, je me marre. Soudain, je regrette d'être partie pour les États-Unis sur un coup de tête. Devais-je absolument en passer par un long voyage pour fuir le conflit avec Martin ? N'aurais-je pas mieux fait d'appeler Annika ? J'aurais sans doute dû m'installer dans la chambre de Mia, mais au moins, j'aurais dormi, au lieu de me retrouver à côté d'une Américaine qui avait peur en avion, au point de m'empêcher de fermer l'œil. Au petit- déjeuner, je me serais régalée de crêpes, au lieu d'avaler ce plateau repas insipide qu'on nous sert à bord. Et j'aurais toujours sur mon compte les 1 800 euros que j'ai dépensés pour le billet d'avion !

— Vous n'avez pas parlé de l'État de New York, murmuré-je, d'un ton gêné.

— *Of course I told you !*, s'écrie Mr Cunningham, indigné. Je vous ai dit que la maison se trouvait à Southampton ! *Come on*, Linn !

Je sursaute. Je ne m'attendais pas à ce qu'il se montre aussi véhément avec moi. Manifestement, le gros homme a d'autres facettes que celle de l'enquêteur successoral enjoué. Toutefois, maintenant qu'il me le rappelle, je me souviens qu'il l'avait bel et bien dit.

— J'ignore ce que vous avez, ajoute-t-il du même ton hargneux. Enfin, quoi ?! Allô la Terre, on est à Long Island, *baby* !

Je ne réponds rien parce que je suis un peu blessée par ses propos, mais aussi parce qu'il a raison. D'un autre côté, il n'a pas non plus été très explicite. Car enfin, doit-on s'attendre à ce qu'une jeune femme sortie de sa Bavière natale sache que Southampton n'est pas le dernier quartier à la mode de Brooklyn, mais qu'il s'agit d'une ville de campagne ? Tout juste : on ne doit pas !

Et puis, Long Island, ce n'est quand même pas cette périphérie interminable et horrible que j'ai aperçue depuis l'avion ? Et Mr Cunningham qui fait comme si on était aux Bahamas !

Contrariée, je regarde ostensiblement à travers la vitre. Mr Cunningham reste silencieux, absorbé par sa conduite. Il s'arrête, repart, freine et accélère, met le clignotant, tourne, klaxonne, comme si je n'étais pas à côté sur le siège passager. Peu à peu, la circulation se fluidifie, et maintenant que je ne suis plus occupée à scruter ce qui m'entoure à la recherche de preuves indiquant que nous allons dans la mauvaise direction, je parviens à regarder un peu le paysage.

Et… peut-être devrais-je réviser l'impression que j'ai eue depuis l'avion. Bien sûr, il y a eu des alignements de maisons sur des rues entières, mais nous les avons laissés derrière nous. Peu à peu, nous arrivons dans un coin plutôt joli qui prend bientôt des allures presque bucoliques, avec des champs et des maisons plus imposantes. De temps en temps, nous passons devant des propriétés immenses, comprenant des villas à la superficie tout aussi impressionnante.

— C'est toujours Long Island? demandé-je au bout d'un moment, surprise par la beauté du paysage qui se révèle peu à peu.

— Bien sûr, répond Mr Cunningham. Ou plutôt, rectifie-t-il immédiatement, ce sont déjà les *Hamptons.*

Il accentue le nom comme si j'étais censée le connaître, mais franchement… Ça m'évoque vaguement quelque chose, mais sur le moment, je suis bien incapable de savoir quoi!

Rien du tout.

— Ah! m'exclamé-je, sans grande originalité.

— Les Hamptons, ça ne vous dit rien? demande-t-il, abasourdi.

— Bien sûr que si, réponds-je, mentant sans l'ombre d'une hésitation, avant d'ajouter: enfin, plus ou moins…

Mr Cunningham laisse échapper un gémissement avant de lever les yeux au ciel, arborant une expression théâtrale.

— Ah! je comprends mieux.

Alors, il se met à m'expliquer. Peu après, moi aussi, je comprends mieux. Je me souvenais que les Hamptons étaient une région de bord de mer prisée des New-Yorkais pendant l'été. Mais j'ignorais quels New-Yorkais, tout comme j'ignorais le genre de vacances qu'ils y passaient.

Les Hamptons se trouvent aux portes de New York, à l'extrémité nord-est de Long Island, entre eaux de marées, criques et dunes. Mr Cunningham me raconte que la région a d'abord été habitée par de simples paysans, et on voit encore quantité de fermes en bois, de granges peintes en blanc, de palissades en bord de route. Cependant, la plupart de ces bâtisses n'appartiennent plus à des agriculteurs. Des haies de troènes dissimulent de luxueuses villas de week-end avec piscine et chambres dotées de cheminées. Les palissades ne délimitent plus des champs de pommes de terre mais des pelouses soigneusement entretenues, sur lesquelles sont installés de beaux meubles de jardin.

Mariah Carey a ici une maison de vacances, tout comme Tiger Woods et Steven Spielberg. On tourne dans les Hamptons des épisodes de « Gossip Girl » ainsi que des comédies romantiques avec Jack Nicholson et Diane Keaton. Évidemment, la plupart des gens normaux ne peuvent même pas se payer ici une simple place de parking, déclare Mr Cunningham avec un haussement d'épaules. Je comprends. Les Hamptons, c'est un peu comme l'île de Sylt, sauf que les riches y sont encore plus riches.

Mais ce n'est qu'une des facettes de cette bande côtière, me dit encore Mr Cunningham. La tradition des Hamptons remonte à une éternité, en tout cas à l'époque où intellectuels et artistes fuyaient la ville, en quête d'inspiration, de villégiature et de simplicité.

— L'influence de cette époque se fait toujours sentir, les Hamptons continuent d'attirer non seulement de riches New-Yorkais mais aussi des écrivains, des peintres et des compositeurs, explique Mr Cunningham. Par exemple, un des romans de John Irving se déroule ici. Mais le plus important, c'est que, grâce à ces nombreux artistes, il reste des endroits qui ne sont pas asphyxiés par le luxe – et ce, malgré les prix totalement aberrants de l'immobilier. Il y a quantité de fermes joliment rénovées, de granges aménagées et de hangars à bateaux romantiques avec pontons.

— Comme celle-ci ? demandé-je, alors que Mr Cunningham engage la Chevrolet dans une propriété, faisant crisser ses pneus sur une longue allée de gravier blanc.

— Oui, comme celle-ci, répond-il en arrêtant la voiture au bout de l'allée.

Je me penche un peu vers l'avant pour mieux voir la maison devant moi. Elle est tout droit sortie d'un conte de fées. D'un roman d'amour de Rosamunde Pilcher.

— Superbe ! m'exclamé-je d'un ton approbateur.

— Dans ce cas, descendons, suggère-t-il.

Je le regarde, étonnée.

— Non, ce n'est pas… ? demandé-je, stupéfaite. C'est cette maison ?!?

— Je vous l'avais bien dit, Linn, que vous seriez surprise !

5

Machinalement, j'ai défait ma ceinture de sécurité et bondi de la voiture – il fallait que je voie mieux.

Cette maison, il *faut* que je la voie.

Elle n'a que deux étages mais s'étire longuement dans deux directions – détendue, mais aussi, dans un certain sens, fière et sûre d'elle. Son toit n'en est pas un ; c'est une couronne de petits encorbellements, de cheminées, de pignons. Les fenêtres et les volets sont laqués de blanc, mais la façade est en bardeaux de bois érodés et non traités. Cela donne à la maison des allures de vieux bois flotté avec ses nuances gris argenté, sa chaleur et son authenticité.

En dépit de son volume, la demeure n'a rien de tape-à-l'œil. Comparée aux villas devant lesquelles nous sommes passés, elle ne paraît même pas particulièrement luxueuse. Au contraire : le parterre de roses, quelque peu à l'abandon, lui donne une touche plutôt romantique. Les nombreux encorbellements, tous différents, apportent une pointe de fantaisie, les fenêtres à croisillons font le reste, avec le lierre grimpant sur la façade. Certes, c'est une grande maison dans une zone résidentielle hors de prix. Mais, cela mis à part, elle ne possède aucun de ces raffinements qui évoquent le luxe ostentatoire et la frime. Les fenêtres auraient même bien besoin d'un coup de peinture, les marches du perron menant à la porte d'entrée s'effritent, et plus d'un bardeau est de guingois.

Elle n'est pas parfaite, et c'est justement ce qui lui confère une beauté si touchante.

Un instant, je promène mon regard sur la façade, j'observe la laque écaillée des fenêtres, les fleurs et les vases, les bougeoirs et les mouettes en bois, derrière les vitres, les bottes en caoutchouc alignées près du perron. Quelque chose, dans cette maison, me touche profondément.

Est-ce parce qu'elle ressemble à la maison du bonheur, telle qu'on la voit dans les livres d'enfant? Parce qu'elle est jolie, romantique, pleine de fantaisie? Ou parce qu'elle a tout de la maison dans laquelle habiteraient ensemble plusieurs générations d'une même famille, les quatre enfants et tous les grands-parents sous le même toit, avec la grand-mère qui, les après-midis, confectionne de délicieux gâteaux embaumant toute la maison?

Soudain, je la sens de nouveau, la main de ma mère; elle m'effleure la joue. Oh, nostalgie, quand tu nous tiens...

— Alors, qu'en dites-vous? me demande Mr Cunningham en s'avançant un peu.

Je n'avais pas remarqué qu'il était descendu de voiture.

— On peut entrer? demandé-je en me tournant vers lui.

Je suis prise du besoin irrépressible de me promener dans les pièces de cette vieille maison, d'en découvrir chaque porte, chaque fenêtre, chaque meuble.

Mr Cunningham m'adresse un sourire d'une grande délicatesse auquel je ne me serais pas attendue de sa part, qui glisse furtivement sur son expression de cordialité professionnelle.

— Bien sûr, répond-il en m'effleurant le bras, m'incitant à me tourner vers la portée d'entrée laquée blanc et sa minuscule fenêtre ovale, avant d'ajouter: du moins, je l'espère.

— Comment ça ?
— Bien évidemment, je n'ai pas la clé, répond-il. Mais il y a dans la maison une Mrs Collins qui s'occupe de tout. Je n'ai pas réussi à la joindre avant notre arrivée, mais je crois qu'elle est un peu sourde.
— Reste à espérer qu'elle nous entende sonner, répliqué-je.
Mr Cunningham écarte quelques branches de lierre. Il découvre un heurtoir au-dessus duquel trône une sonnette surmontée d'une petite plaque patinée, ornée de fioritures, où le nom de l'ancienne pension est presque effacé : *Sea Whisper Inn* – Pension aux murmures de la mer. Il appuie, déclenchant un gong à la sonorité grave et bienveillante. Nous tendons l'oreille pour écouter son écho dans les profondeurs de la maison. Rien ne se passe.
— Il n'y a personne, déclare Mr Cunningham.
— Réessayez, lui dis-je avec un signe de tête en direction de la sonnette.
Il obtempère. De nouveau, le gong retentit, mais cette fois, il résonne à mes oreilles de façon moins prometteuse. Je m'attends à ce que personne ne vienne nous ouvrir, et en effet, aucun bruit ne parvient de la maison.
Mr Cunningham tente d'actionner le loquet, sans succès.
— Fermé, déclare-t-il.
— Et maintenant ? demandé-je.
Il regarde autour de lui, hésitant, puis son visage s'éclaire.
— Venez.
Nous suivons une allée étroite contournant la maison, passons devant des fenêtres aux rideaux en pointe, devant un évier de jardin vieillot et rouillé, une petite pergola couverte de plantes et des chaises de jardin écaillées. À l'arrière de la maison, nous tombons

sur une grande terrasse dont le dernier contact avec un nettoyeur à haute pression ne date pas d'hier, à en juger par l'aspect verdâtre de la pierre. Elle est bordée de parterres envahis de fleurs, derrière lesquels s'étend un jardin rempli de buissons et d'arbres noueux.

Sans un regard pour le jardin, Mr Cunningham colle son nez contre la fenêtre d'une grande véranda contenant une vieille table en bois où sont disposés quantité de bougeoirs et d'objets de décoration argentés. À l'arrière-plan, quelques fauteuils, au mur, des tableaux de paysages ; les portes menant aux autres pièces sont ouvertes. On ne distingue pas grand-chose, mais l'atmosphère semble chaleureuse et douillette – pour autant, il n'y a personne.

— Hmm, commente Mr Cunningham, déçu.

Je plussoie. Nous nous tournons vers le jardin. L'herbe est si haute qu'elle semble ne pas avoir été tondue de l'été.

— Quelle est la superficie du terrain ? demandé-je, ne distinguant au loin aucune clôture.

À ma grande surprise, il reste en retrait, se contentant d'un vague geste de la main en direction d'un bosquet d'arbres au loin.

— Vous voulez voir ? me demande-t-il.

Quelle question !

Nous nous enfonçons dans l'herbe haute sur un sentier étroit. Nous découvrons un transat en bois recouvert par la végétation, ainsi qu'un banc en fer forgé invitant à une douce paresse. Nous continuons d'avancer, passant devant plusieurs rangées d'arbres, pour finalement atteindre une petite cabane agrémentée d'un escalier en bois descendant vers les dunes.

Le spectacle de la mer est une surprise totale. Bien sûr, depuis mon arrivée, j'ai entendu le cri des mouettes, mais je ne m'attendais pas à ce que la maison se trouve en bord de mer ! Une maison derrière les dunes. Tout le monde, ou presque, en rêve. C'est dingue !

En découvrant mon expression, Mr Cunningham éclate de rire.

— On ne s'en doute pas de l'extérieur, pas vrai ?

— À qui le dites-vous !

Je n'en reviens toujours pas.

Dans le bruissement des vagues, la mer ondoie, venant lécher le sable fin, chaud et étincelant sous les rayons du soleil. Mon cœur se serre, je suis submergée par l'envie d'appeler Martin et de lui décrire tout ce que je vois. Ces dernières années, c'est ensemble que nous allions à la mer, et c'est presque inconcevable pour moi d'admirer ce spectacle sans sentir sa main dans la mienne.

Puis je me ressaisis. Je devrais m'efforcer de rester factuelle, car il n'est pas question ici de Martin, mais d'une opportunité d'héritage purement matérielle, à considérer en toute objectivité.

— La plage est grande ? demandé-je, intéressée.

— Infinie, répond Mr Cunningham. Des kilomètres et des kilomètres.

Au temps pour l'objectivité. Des kilomètres ! Je comprends mieux pourquoi il n'y a âme qui vive sur la plage, à l'exception d'un promeneur qui lance des bâtons de bois à son chien dans les vagues.

— Génial, réponds-je, et pour la première fois, je m'interroge sur la valeur de cette maison.

Jusque-là, je n'ai associé à « beaucoup » aucune somme d'argent qui aurait fait de moi une personne riche, aucune représentation concrète, au-delà d'une poignée de vêtements de marque ou de vacances prolongées. Mais cette propriété en bord de mer… À combien se vendrait une telle maison ? Assez pour se payer un appartement à Trudering, dans la banlieue de Munich, ou carrément à Munich même ?

J'aimerais poser la question à Mr Cunningham mais le moment ne me paraît pas des plus opportuns ; en outre… je ne voudrais pas avoir l'air cupide.

— Cette propriété, c'est vraiment la crème de la crème. Deux hectares et demi de terrain, accès privatif à la plage, visible d'aucun côté. Ça, là – il montre la petite maison en bois juste à côté –, c'est la dépendance. Elle comprend un appartement d'invités avec deux chambres et une salle de bains privative. Par-là, en bas – il pointe le doigt un peu plus à droite –, il y a aussi un sauna. Certes, il n'est plus en fonction depuis longtemps, et sans doute obsolète, mais Mr Komarov envisage de le remettre en fonction.

— Mr *Qui*?

C'est la toute première fois que j'entends ce nom.

— Mr Komarov. Nikolai Komarov, répond Mr Cunningham, d'un ton pouvant laisser entendre que je serais un peu dure à la comprenette. Notre acheteur potentiel, explique-t-il.

— Ah oui ! Celui qui offre un prix plus qu'honorable.

— Tout à fait ! Mr Komarov a quelques idées pour donner à cette propriété une nouvelle splendeur. Naturellement, il souhaite conserver le jardin, mais plus bas, il envisage de construire un terrain de tennis. La dépendance sera elle aussi conservée, mais bien sûr, modernisée : chauffage par le sol, salle de bains spa, bancs de massage. Il songe à aménager ici, devant, une deuxième terrasse, peut-être avec un coin barbecue, un bar et un jacuzzi surélevé permettant, par des températures un peu plus fraîches, de profiter de la mer. Je trouve l'idée excellente, pas vous ?

— Tout à fait, murmuré-je en contemplant les dunes, la dépendance si joliment nichée en leur creux qu'on peinerait à imaginer le paysage sans elle.

Et ce Komarov voudrait aménager ici un jacuzzi? Une terrasse avec barbecue? Au cœur de ce lieu paradisiaque? Il ne pourrait pas tout bêtement enfiler une doudoune et poser ses fesses sur le banc pour admirer la mer quand il fait plus froid, comme toute personne normale?

C'est ce qui arrive quand on a assez d'argent pour se payer une propriété de ce genre : on n'est plus capable de vivre simplement, on s'imagine avoir besoin de tous les gadgets possibles et imaginables. Mais bon, c'est son affaire. S'il achète la propriété, il en fera ce qu'il voudra.

— Il projette aussi de faire construire une piscine chauffée, mais plus près de la maison, à peu près à l'emplacement de ces vieux rosiers.

— Il veut retirer ces belles roses? demandé-je, déçue.

— Je suis sûr qu'il en replantera à un autre endroit, rétorque Mr Cunningham d'un ton réconfortant. Cette propriété doit être la seule entre Westhampton et Montauk à ne pas avoir de piscine.

— Je comprends.

En fait, pas vraiment. Cela tient peut-être au fait que je n'ai jamais été riche. Car enfin, ce jardin est parfait, non? Et en bord de mer, qui a besoin d'une piscine? Franchement, ça me dépasse. Pourquoi se tremper dans un bassin chloré quand on peut se prélasser dans le sable et écouter le bruit des vagues?

Soudain, je ressens une immense fatigue et le besoin de m'allonger. Jacuzzis! Piscines chauffées! Salles de bains spa! Dans quel monde bizarre suis-je soudain plongée?

— On fait demi-tour? demandé-je d'une voix lasse.

— Bien sûr, Linn.

Nous rebroussons chemin en direction de la maison, Mr Cunningham devant, moi quelques mètres derrière lui. L'enquêteur successoral continue de développer par le menu les rénovations envisagées, mais j'ai un peu décroché. Il est question d'une cabane pour les enfants et d'une serre de style néogothique, dans laquelle le nouveau maître des lieux pourra enfin se mettre à la culture des orchidées.

Alors qu'il poursuit sa logorrhée, je comprends soudain la raison pour laquelle je ne veux rien savoir de tout cela. Le souvenir me revient, vivace. Comme si c'était hier.

Après la mort de ma mère, nous n'avions plus les moyens de conserver le vieux corps de ferme où nous avions toujours vécu. Seul, mon père ne gagnait pas assez pour rembourser l'emprunt. La ferme avait été rachetée par un architecte, et aujourd'hui encore, je me souviens de sa première visite chez nous. Il était entré, avait regardé autour de lui et ses yeux s'étaient illuminés – pas parce que les meubles anciens, les poutres en bois et les murs, en partie non crépis, lui plaisaient. Non, ce qui lui plaisait, c'était le potentiel qu'il y décelait pour faire de ses rêves une réalité. Immédiatement, il avait imaginé comment rénover les bâtiments à son goût. Il ne voyait pas – il ne le pouvait évidemment pas – que, dans cette maison, une famille entière avait vécu ; que chaque mur, chaque interrupteur, chaque fissure racontait des années de vie, de rires, d'amour.

J'avais été très blessée de le voir entrer dans ma chambre d'enfant au papier peint fleuri, montrer un mur et se mettre à bavasser sur la façon dont il projetait de le déplacer. Ce mur, c'était celui contre lequel mon lit avait été adossé toutes ces années, celui où j'avais accroché mes premiers dessins d'enfant puis des posters de chevaux, celui où je m'étais appuyée pour écrire des poèmes et des lettres ornées de tampons et d'autocollants. Je m'étais alors juré de ne jamais retourner voir cette maison après notre déménagement – je n'aurais pas supporté de voir avec quelle facilité un étranger enfouissait nos rêves sous les siens, flambant neufs.

Je n'ai emporté aucun souvenir de ces murs, aucune photo, aucune brique ; rien d'autre que la grande clé en fer forgé de ma chambre. Elle est toujours accrochée à mon porte-clés, et quand je joue avec dans le bus ou au café, c'est un peu comme si je me retrouvais transportée à cette période-là.

Bien sûr, quelques années plus tard, j'y suis retournée. Le trajet de retour d'une sortie dominicale au lac Staffel me faisait passer juste devant. Au départ, j'avais projeté de n'y jeter qu'un bref coup d'œil, mais finalement, je m'étais arrêtée. Descendant de voiture, j'avais regardé la clôture – la simple clôture en bois bancale de mon enfance avait été remplacée par une belle palissade en aluminium laqué.

Par la fenêtre, j'avais pu jeter un coup d'œil dans la cuisine. J'avais aperçu un îlot de cuisine éclairé par des spots halogène avec des plans de travail en acier inoxydable et un grill à pierre de lave. À la place du garde-manger (l'endroit le plus important de la maison, recelant pléthore de provisions), une cave à vin avec éclairage LED, dans laquelle le noble breuvage était stocké en bouteilles empilées à la perfection. C'est probablement de là que date mon aversion pour la nouveauté ainsi que ma prédilection pour les objets anciens et abîmés, à la patine et aux traces de vie tangibles, qui ne m'a plus quittée depuis. Pour moi, une vieille cuillère en argent est bien plus belle qu'une neuve en acier inoxydable, un vieux fauteuil à oreilles bien plus confortable qu'une *lounge chair* en suédine. Et un buffet de cuisine ancien possède plus d'âme qu'une cuisine équipée dernier cri.

Je peux comprendre sans peine que l'imagination d'un investisseur s'emballe devant pareille propriété à deux pas de la mer. Me rendre compte du potentiel qu'un architecte ou une épouse de dentiste versée dans la décoration d'intérieur peut y trouver. Je peux tout à fait entendre qu'on y projette avant tout la réalisation de ses propres désirs – car chacun aspire en définitive à se réaliser, pas à vivre les rêves des autres.

Mais je ne suis pas faite de ce bois-là. Moi, je conserverais la maison en l'état. Je passerais bien un bon coup de tondeuse sur la pelouse et de peinture sur les murs, mais guère plus. Est-ce à dire que je n'ai que peu de désirs propres ? Allez savoir. Peut-être est-il plus sain de désirer façonner le monde selon ses envies que de souhaiter le conserver à jamais tel qu'il est. Quoi qu'il en soit, après la mort de mes parents, j'ai ardemment souhaité que rien ne change, et de rester à jamais dans le bonheur et l'insouciance de l'enfance.

L'espace d'un instant, j'essaie d'imaginer ce que je ressentirais si je ne vendais pas la maison. Si je faisais un pied de nez à ce Komarov et si j'emménageais ici, purement et simplement. Mais l'éventualité de cette vie rêvée ne déclenche rien. Certes, l'idée qu'une piscine turquoise vienne bientôt remplacer les massifs de fleurs m'attriste, mais qu'y puis-je ? Je n'ai pas ma place ici. Toute ma vie est à Munich. Dans cette maison, je me retrouverais seule, sans amis, sans liens. Sans le moindre voisin direct.

Et puis, allez savoir, son entretien est peut-être un véritable gouffre. Il faudrait déjà vérifier l'état de la toiture. Et s'assurer qu'il n'y a pas de parasites dans le bois…

C'est déjà bien de pouvoir vendre rapidement la maison. Et Mr Cunningham a beau être un bavard invétéré, je suis bien contente de pouvoir me reposer sur lui.

— … et dans ce coin-là, il y aura une cuisine d'extérieur avec fumoir et four à pizza, explique-t-il au moment où, notre tour du jardin terminé, nous nous retrouvons au niveau de la terrasse et de la véranda.

Dans un coin, un robinet en laiton près duquel sont entreposés de vieux arrosoirs attire mon regard. Soudain, je me demande qui est ce Mr Komarov. Peu à peu, je commence à me faire ma petite idée. L'image d'un oligarque avec trois montres en or au poignet gauche et une bimbo au bras droit. Je pose alors la question qui me taraude.

— Et combien ce Komarov serait-il prêt à payer pour cette propriété? questionné-je.

Mr Cunningham me regarde d'un air très sérieux.

— Onze millions de dollars, répond-il à la hâte, comme si l'énoncé du montant lui brûlait les lèvres.

Ai-je bien entendu?

— Onze *quoi*? demandé-je, pour plus de sûreté.

Il acquiesce, avec une tête de six pieds de long.

— Onze *millions*?

Je le regarde, effarée, mais il approuve de plus belle.

Les bras m'en tombent.

Puis je vois Mr Cunningham esquisser un sourire, qui bientôt s'élargit et illumine tout son visage.

— Vous êtes riche, Linn. Pas mal, non?

Pas mal? *Pas mal?*

J'ai toutes les peines du monde à reprendre mes esprits. Ou à faire ce qu'on fait normalement quand on apprend qu'on est riche à millions.

— J'ai fait estimer la propriété. Onze millions, c'est un prix plus qu'honorable, ajoute Mr Cunningham, alors que je reste sans réaction. Bien sûr, nous pourrions négocier à la hausse de quelques centaines de milliers de dollars, si vous le souhaitez, mais en toute franchise… *si j'étais vous*, j'accepterais l'offre telle quelle avant que notre ami russe ne se ravise et décide de rechercher dans la région un bien équivalent, mais meilleur marché... *Take the money and run*, si vous voulez mon avis!

Je reste incapable d'articuler le moindre mot. J'ai déjà toutes les peines du monde à ne pas défaillir.

Onze millions!

De toute ma vie, je n'ai jamais souhaité devenir riche – j'avais d'autres priorités, il me manquait tant d'autres choses. Mais onze millions, c'est une somme énorme; inutile d'y réfléchir à deux fois.

Mr Cunningham semble habitué à son rôle de pourvoyeur de grandes nouvelles auprès de petites demoiselles, car il se désintéresse de ce que je peux ressentir. Il n'a pas tardé à se tourner de nouveau vers la serre, le nez contre la vitre.

— Où est passée Mrs Collins? murmure-t-il, mécontent, actionnant d'un geste rageur la porte de la terrasse qui s'ouvre sans crier gare.

— Voyez-vous ça! s'exclame-t-il, se tournant vers moi avec un large sourire.

Puis il ouvre plus grand la porte et, faisant un pas de côté, il m'invite à entrer – moi, qui flotte toujours onze millions de dollars au-dessus de la Terre. Très lentement, je parviens à atterrir, je recommence à sentir le sol sous mes pieds. La peinture écaillée, la vitre sale et le grincement de la porte y contribuent. J'ai peine à croire qu'une maison dans un état si pitoyable puisse avoir autant de valeur.

Combien mon père avait-il obtenu pour la vente de notre maison? Deux cent mille? De toute façon, à l'époque, l'argent était allé directement dans les caisses de la banque.

— Linn?

— Oui?

— On entre?

— Simplement, comme ça?

Soudain, je me sens prise d'un accès de mauvaise conscience. Car enfin, ce n'est pas chez nous. On n'entre pas chez les gens juste parce qu'on trouve la porte ouverte.

— Pourquoi pas?

— Et si quelqu'un arrivait?

— Cette maison est la *vôtre*, Linn, insiste Mr Cunningham.

Ce sur quoi il n'a pas tort. Je lui lance un dernier coup d'œil, mais son regard reste inflexible. Alors j'entre, l'enquêteur successoral sur mes talons.

À l'intérieur, je m'immobilise, ne sachant où aller. Quoi qu'en dise Mr Cunningham, cette maison n'est pas la mienne, je le perçois sans ambiguïté. Même si, instantanément, je me sens bien parmi les meubles anciens. Je lui emboîte le pas, veillant à ne pas renverser quoi que ce soit.

Mr Komarov a-t-il déjà visité la maison? La question me traverse l'esprit. Certes, elle possède un charme indéniable avec ses lambris, ses lampes anciennes et ses bibliothèques du sol au plafond, remplies d'ouvrages semblant classés à la va-comme-je-te-pousse, mais rien qu'une personne serait disposée à acquérir pour la coquette somme d'onze millions de dollars…

Dans la salle à manger, le papier peint gondole. À voir l'état des prises, on croirait qu'elles pompent plus d'électricité qu'elles n'en donnent. Quant à la douzaine de tableaux et d'aquarelles marines, leur auteur ne s'est apparemment jamais demandé si son talent justifiait qu'il en tapisse des murs entiers.

Dans la cuisine, le robinet goutte; la salle de bains semble ne pas avoir été rénovée depuis cinquante ans, les rideaux sont jaunis, les parquets ont besoin d'être décapés. À l'extérieur, le manque d'entretien conférait une touche romantique à la maison. À l'intérieur, c'est un peu comme chez une tante âgée qui ne recevrait plus beaucoup de visites et dont la vue serait trop mauvaise pour voir où il faudrait passer un bon coup de chiffon.

Je me demande bien ce que ce Russe fortuné trouve à cette maison. Soudain, je me réjouis presque qu'elle intéresse un acheteur. On peut dire qu'il aura du pain sur la planche.

C'est hallucinant que cette bicoque ait autant de valeur. Onze millions de dollars. Je dois me le répéter pour m'en convaincre.

— Le vestibule et l'escalier ne devraient pas être très loin, dit Mr Cunningham. Et de là, on sort de nouveau, ajoute-t-il en ouvrant une porte. Ah ! voyez ! je le savais.

Nous entrons dans une pièce haute d'où part un escalier en colimaçon qui conduit au premier étage. Un grand lustre ancien est suspendu à mi-hauteur, apportant à la pièce une touche élégante, presque luxueuse. Quelques fauteuils et des tables basses sont disposés dessous. Ici aussi, les murs sont ornés de tableaux. Un, en particulier, attire mon attention, qui dépeint la maison dans la perspective que nous avions depuis le jardin. L'espace d'un instant, je suis surprise par le rendu des murs, de la cheminée, de la serre et des treillages à rosier. Le tableau est accroché derrière un long comptoir en bois sombre qui occupe presque tout un côté de la pièce. En apercevant l'étagère à casiers pour le courrier, l'armoire où sont accrochées de grosses clés en laiton, je me rappelle que la maison s'est autrefois appelée *Sea Whisper Inn*… Nous sommes devant la réception de l'ancienne pension. Comme dans un vieux film, je m'attends presque à voir Katherine Hepburn surgir dans la pièce.

— Comme c'est charmant ! m'exclamé-je, heureuse que Mr Cunningham m'ait épargné les détails des rénovations en verre acrylique envisagées par Mr Komarov.

— Montons, voulez-vous ? propose-t-il avec un geste en direction de l'escalier.

— Je ne sais pas, réponds-je, avec le sentiment persistant d'être une intruse. C'est un peu malpoli. Et en plus, il fau…

Un bruit, à l'étage, m'interrompt. Levant les yeux vers l'escalier, je découvre sur le palier une femme d'un certain âge, à la silhouette trapue plutôt que fragile, vêtue d'une ample robe en coton ivoire et d'un gilet en angora bleu marine. Elle brandit un chandelier qu'elle agite de façon presque menaçante.

— Oh ! nous exclamons-nous, à l'unisson.

— Comment êtes-vous entrés ? demande la femme d'un ton vif et, bien entendu, en anglais. Que faites-vous ici ?

— Nous…, commence Mr Cunningham.

Mais la femme ne le laisse pas parler.

— Qui êtes-vous ?

— Je suis…

Mais elle l'interrompt de nouveau.

— Attendez, il me semble vous reconnaître.

— Samuel Cunningham, parvient à dire l'enquêteur successoral sans être coupé. Je suis venu il y a quelques semaines.

— Ah bon ? demande la vieille femme, et son regard s'assombrit.

Manifestement, elle n'en a aucun souvenir.

— À propos de la succession de Dorothy Webber, précise-t-il pour l'aider. Vous êtes Patricia Collins, je crois ?

Le regard de la femme s'éclaire un peu.

— Oui, oui, je me souviens maintenant. Vous vouliez retrouver la famille de Dotty en Allemagne.

— Et j'y suis parvenu, déclare Cunningham en me poussant devant lui. Mrs Collins, je vous présente Linn Rosemeyer, la nièce de Dorothy Webber au second degré, en provenance directe de cette *good old Germany.*

— *Hello, how are you?* lui demandé-je poliment, m'efforçant de paraître très avenante.

— Alors comme ça, vous avez réussi, soupire Mrs Collins, l'air triste, en abaissant le chandelier.

— Cela n'a pas été particulièrement difficile, répond Mr Cunningham, d'un ton frisant l'excuse.

— D'accord, ça va, répond-elle avec un nouveau soupir, avant d'esquisser un sourire crispé. Bienvenue, nièce au second degré.

Elle descend lentement l'escalier pour me serrer la main.

6

Il fait nuit quand je me réveille. Seule la lueur vaporeuse de la lune, qui filtre par les fentes des volets clos, éclaire un peu la chambre. La fraîcheur nocturne effleure le parquet et mon corps échauffé. J'ai besoin d'un instant pour réaliser où je suis. Puis tout me revient. La maison. La maison en bord de mer. C'est ici que je dors.

Je me rappelle ensuite comment je suis arrivée dans ce lit. Mrs Collins était là à notre arrivée, mais elle faisait la sieste et ne nous avait pas entendus sonner. Plus tard, elle avait été tirée de son sommeil en nous entendant entrer par la porte de la véranda. Elle avait alors pris peur, persuadée d'avoir affaire à des cambrioleurs.

Passé le premier moment, un peu abrupt, de notre rencontre, Mrs Collins s'était révélée une charmante vieille dame qui, en dépit de son visage strié de fines rides, avait conservé un charme juvénile derrière son expression résolue et un tantinet rustique. Sa défiance initiale vite oubliée, elle avait insisté pour nous offrir un thé. Son insistance avait peut-être quelque chose à voir avec cette défiance, justement – sans doute voulait-elle amadouer son ennemi avec une tasse de thé. Quoi qu'il en soit, elle nous avait conduits jusqu'à la salle à manger avant de disparaître illico dans la cuisine. Elle en était revenue avec une assiette remplie de macarons italiens, confectionnés par une de ses amies, avait-elle précisé. Ils avaient une délicieuse odeur de pâte d'amandes et d'amaretto, et fondaient dans la bouche sous leur croûte croustillante. Un vrai bonheur. Au point que, perdant bientôt toute maîtrise, j'attaquais déjà mon troisième quand Mrs Collins était ressortie une nouvelle fois de la cuisine avec une théière argentée. Elle avait rempli des tasses énormes d'Earl Grey fumant, nous avait proposé lait et sucre avant de me cuisiner de sa voix douce : d'où je venais, quel était mon travail, si j'étais mariée ou si j'avais quelqu'un dans ma vie.

J'avais botté en touche pour certaines questions, avec plus ou moins de réussite. Je n'avais rien voulu expliquer à Mr Cunningham de la situation entre Martin et moi, et j'avais des réticences à m'ouvrir à cette vieille dame, quand bien même je ressentais le besoin de confier enfin mes peines à quelqu'un. Pour autant, sur un point, je n'avais pas eu le cœur de lui mentir : oui, j'ignorais tout de l'existence de cette tante au second degré jusqu'à ce que Mr Cunningham débarque chez moi et me parle d'elle.

— Même le nom ne vous disait rien ? avait demandé Mrs Collins en me jetant un regard si distant que, l'espace d'un instant, j'avais eu le sentiment de voir ressurgir sa méfiance première.

J'avais secoué la tête.

— Mes parents sont décédés depuis longtemps et je n'ai pas de famille.

— Oh ! s'était exclamée Mrs Collins, alarmée, sa méfiance de nouveau évaporée. Ma pauvre !

— Ça ne fait rien, avais-je répliqué, de la voix contrôlée avec laquelle je parlais toujours de mes parents décédés.

Une voix censée faire comprendre à l'autre que la mort des parents est certes une perte, mais de celles que connaît tout un chacun, à un moment ou à un autre de sa vie, et pour laquelle je ne souhaitais aucune compassion particulière.

— Ah…, avait dit Mrs Collins, attendrie.

— Je vous assure, avais-je alors répliqué, soutenant son regard.

— Si vous le dites, avait-elle conclu en soupirant, et je lui avais souri.

J'ai l'habitude de parler de mon enfance – ce qui ne signifie pas pour autant que j'aie envie de m'étendre sur le sujet. Je préfère la version courte. Aussi courte que possible.

— Alors, avait dit Mrs Collins, tout ceci est plutôt une surprise pour vous, non?

— Oui, pour une surprise, c'en est une, avais-je répondu, réprimant péniblement un bâillement.

À cet instant, j'avais ressenti à quel point les dernières heures avaient été éprouvantes. Un jour plus tôt, j'avais encore une famille potentielle, un boulot et un reste de gratin de pommes de terre pour le dîner. Et je me retrouvais maintenant à savourer du thé et des macarons italiens dans une maison des Hamptons qui m'appartenait entièrement. J'avais dans les pattes un vol transatlantique, des heures d'attente dans des aéroports, un trajet en voiture. Alors, la fatigue que j'avais ressentie plus tôt dans le jardin s'était abattue sur moi de toute sa force.

— Ah, mon Dieu, ma pauvre! Quand êtes-vous arrivée aux États-Unis? avait demandé Mrs Collins, mesurant mon état de fatigue.

— À l'instant.

— J'ai fait la connaissance de Linn *hier* seulement, avait ajouté Mr Cunningham. De mon point de vue, elle aurait très bien pu remettre ce voyage à plus tard, mais il a suffi que je lui parle de la maison pour qu'elle décide de venir la voir sur-le-champ!

— J'étais curieuse, avais-je mollement protesté.

— Et maintenant ? Vous êtes déçue ? avait demandé Mrs Collins, amusée.

— Pas le moins du monde ! Mais je mentirais en prétendant avoir complètement réalisé ce qui m'arrive…

— Vous me semblez surtout complètement épuisée !

J'avais alors songé qu'elle me considérait peut-être autrement depuis qu'elle me savait orpheline. Elle se montrait soudain si compatissante et, je ne sais pas… peut-être même un peu maternelle.

— Je ne dirai pas le contraire ! avais-je reconnu, sans chercher cette fois à réprimer mon bâillement.

— Oh là là ! s'était exclamée Mrs Collins, en riant de bon cœur.

— On devrait *vraiment* vous envoyer vous coucher, Linn, avait déclaré Mr Cunningham, en repoussant sa tasse à moitié pleine et en me tapotant le bras. Je vous conduis à l'hôtel, vous pourrez dormir, et ensuite…

— Vous êtes descendus à quel hôtel ? avait demandé Mrs Collins.

— Je lui ai réservé une chambre à l'East Inn.

— L'East Inn d'East Hampton ? Je croyais qu'ils avaient fermé pour travaux.

— Non, je parle de l'East Inn dans la 44e Rue.

— Vous voulez retourner à Manhattan aujourd'hui ?!? C'est encore beaucoup de route !

Elle m'avait alors regardée comme si, en plus d'être orpheline, j'étais aussi tuberculeuse et dénutrie. Mais je m'étais contentée de hausser les épaules. C'est sûr, je n'avais plus envie de me lever de ce fauteuil confortable, ni *a fortiori* de me traîner jusqu'à la voiture. Cependant, je dépendais plus ou moins de Mr Cunningham ; c'était lui le chauffeur, lui aussi qui savait ce qu'il y avait à faire dans les prochains jours : rencontrer le ou les acheteurs, signer des contrats, etc.

— Si vous le voulez, vous êtes la bienvenue ici cette nuit, avait alors proposé Mrs Collins.

— Je ne sais pas…, avais-je répondu, indécise.

J'avais déjà rencontré quelques Américains, mais toujours brièvement, par exemple au salon du tourisme ITB de Berlin, à l'Oktoberfest ou en voyage. Tous ou presque avaient déclaré avec insistance que je devais absolument, oui absolument venir aux États-Unis où je pourrais loger chez eux, ça ne se discutait pas ; c'était une joie, un honneur, un cadeau. Bien sûr, je n'avais accepté aucune de ces propositions. Qui s'inviterait ainsi chez quelqu'un après avoir seulement passé quelques heures avec lui dans un wagon de train ? Ici, en l'occurrence, c'était un peu différent : cette maison était la mienne. Du moins, elle le serait sous peu. Du coup, la proposition n'en devenait-elle pas acceptable ? En plus, j'étais épuisée.

J'ai jeté un regard interrogateur à Mr Cunningham.

— Si nous n'avons pas d'autres projets…

— Jusqu'ici, rien de fixé, avait-il répondu. Mais cela peut bouger à tout moment.

— Dans ce cas, restez ! s'était exclamée Mrs Collins, s'empressant d'étendre son invitation : Et vous aussi, Mr Cunningham. Les chambres libres, ce n'est pas ce qui manque ! Mais, secouant la tête, il avait décliné.

— Je dois regagner New York. J'ai été absent quatre jours et j'ai quantité de choses à faire, avait-il grommelé.

— Mais vous, vous restez ! avait insisté Mrs Collins auprès de moi.

— Et si Mr Cunningham a besoin de moi ?

— Il y a cinq trains par jour pour Midtown Manhattan ! avait répondu ma nouvelle logeuse.

— Oui, tout à fait, avait approuvé Mr Cunningham. Faites comme vous voulez, Linn. Je peux annuler votre chambre d'hôtel.

J'avais réfléchi quelques instants : ce matin, j'avais prévu tant de choses pour la visite de Manhattan... Mais maintenant, avec le décalage horaire, je tombais de fatigue et n'étais plus bonne à rien. Et l'attention maternelle de Mrs Collins avait, sur mon corps et mon esprit fatigués, l'effet apaisant d'un bon lit chaud dans lequel il me tardait de me glisser.

— Dans ce cas, si vous êtes sûre que cela ne pose aucun problème..., avais-je lancé, d'un ton poli.

— Des problèmes ? Quels problèmes ? s'était exclamée Mrs Collins. Mon dos, lui, me cause des problèmes, mais vous ? Allons donc !

L'affaire avait été entendue. Nous avions terminé notre thé, emballé quelques macarons pour Mr Cunningham, avant de l'accompagner jusqu'à sa Chevrolet jaune et de le voir disparaître derrière la haie de troènes qui masquait la propriété depuis la rue. Puis, prenant une clé au tableau derrière le comptoir de la réception, Mrs Collins m'avait escortée jusqu'à une chambre du premier étage qui n'était cependant pas fermée à clé.

La pièce au parquet usé, d'apparence poussiéreuse, était meublée d'un grand lit placé sous la mansarde, d'une étagère remplie de vieux livres et d'un fauteuil de lecture grinçant, quelque peu usé aux arêtes. Une immense fenêtre à croisillons, aux vitres plutôt sales, donnait sur le jardin. La chambre était terriblement accueillante et confortable, mais on devinait qu'elle n'avait pas reçu d'hôte payant depuis un moment... Mrs Collins avait déposé la clé sur la table de chevet, avant de passer dans la salle de bains attenante pour me faire couler un bain chaud. Puis elle avait retiré le couvre-lit et sorti de l'armoire draps et couvertures. Posant ma valise, j'avais voulu l'aider, mais elle avait refusé.

— Vous êtes notre hôte, Linn. Et ici, les hôtes ne travaillent pas. Allez, zou, mon enfant ! Direction la baignoire !

Quelques instants plus tard, je m'étais laissé glisser avec bonheur dans une baignoire ancienne avec robinets en laiton et pieds en griffes de lion, remplie d'une mousse onctueuse à la fragrance citronnée. Engourdie par la chaleur bienfaisante de l'eau, je m'étais abandonnée au sommeil. Quand j'étais retournée dans la chambre, la peau rosie et humide, enveloppée dans une gigantesque serviette moelleuse, le lit était fait et Mrs Collins avait disparu.

M'approchant de la fenêtre, j'avais posé ma main contre la vitre froide, regardant à l'extérieur. D'ici, on pouvait voir la mer, cachée depuis la terrasse par des arbres et des arbustes, étendue argentée et plane contrastant avec la végétation luxuriante du jardin. Elle semblait tout à la fois très proche et très lointaine, au point que je m'imaginais entendre son murmure apaisant et hypnotique. Combien de milliers de kilomètres nous séparaient de l'Europe ? Combien de mois ou d'années aurait-il fallu pour y retourner, à la nage ? L'Europe, l'Allemagne, Trudering… tout cela était si loin ! Pourtant, ce qui se passait ici et maintenant n'avait rien de concret. La réalité se dérobait quand j'essayais de la saisir. Mr Cunningham, Mrs Collins, les onze millions de dollars, cette maison – tout me semblait irréel, comme dans un rêve étrange.

Mais peut-être mon état était-il à mettre sur le compte de la fatigue intense que je ressentais. Du décalage horaire.

N'ayant pas pris de pyjama, j'avais enfilé un T-shirt pour la nuit, m'étais glissée sous les draps frais, un peu rêches mais au léger parfum de lavande. Contre toute attente, je n'avais pas sombré immédiatement dans le sommeil. Un long moment, j'étais restée ainsi, allongée dans le noir, les yeux ouverts, malgré la nuit blanche et le voyage épuisant. Impossible de trouver le calme.

Quelque chose me travaillait, comme un repas qui me serait resté sur l'estomac.

Et maintenant, de nouveau éveillée, plissant les yeux dans l'obscurité de la chambre, je me demande combien de temps j'ai dormi. Posant la main sur la table de chevet, je me souviens que j'ai branché mon portable sur une prise de la salle de bains, la seule libre que j'aie pu trouver. J'ai la langue pâteuse. J'ai soif. Allumant la lampe de chevet, je vérifie si la très efficace Mrs Collins n'aurait pas apporté un pichet d'eau à mon intention. Malheureusement, non.

Glissant les jambes hors du lit, je pose avec précaution mes pieds sur la descente de lit. Une lame de parquet grince. D'un pas lourd, je gagne la salle de bains, cherche quelque chose pouvant faire office de verre, en vain ; puis je place ma main en coupe sous le robinet. L'eau a un goût de chlore si prononcé ; est-elle potable ? Bizarre, non ? Je me trouve dans l'une des régions les plus belles des États-Unis, si ce n'est du monde. Mais le goût de l'eau qui coule du robinet est pire encore que dans la maison de vacances que nous avons louée l'année dernière à Majorque. Là-bas, suivant les conseils avisés de notre logeuse, nous rincions même nos pêches avec l'eau de grosses bouteilles de cinq litres achetées au supermarché.

Après une courte hésitation, je décide de partir à la recherche d'une boisson… potable. Je jette un œil à mon portable. Il est déjà 22 h 30, heure à laquelle, habituellement, je commence à me préparer pour aller me coucher. Après un rapide calcul, j'en déduis que j'ai dû dormir cinq ou six heures. Pour autant, je me sens toujours à plat, comme un pneu crevé, tandis que j'enfile chaussettes, jean et pull-over avant d'ouvrir la porte.

Dans le couloir, tout est sombre. Je crois entendre un bruit mais je ne suis sûre de rien. Mrs Collins ne m'a-t-elle pas dit que la chambre attenante était celle de ma tante Dorothy? Ma logeuse ne m'a pas précisé où se trouvait la sienne, et je n'ai pas pensé à le lui demander.

Sans bruit, je remonte le couloir sombre, avant de descendre une à une les marches en bois pour gagner le vestibule éclairé par la lune. Je suis un peu mal à l'aise à l'idée que Mrs Collins s'aperçoive que je suis réveillée : je suis sûre qu'elle se sentirait obligée de me préparer un en-cas… alors que je veux juste un verre d'eau qui n'aurait pas le goût de chlore d'une piscine des années 1980 !

À la réception, je tâtonne pour trouver la porte menant à la salle à manger, puis je vois de la lumière dans la cuisine. M'approchant, je découvre la grisonnante Mrs Collins, debout devant le congélateur, occupée à jeter un glaçon dans un verre à long drink rempli d'un breuvage rose. Elle porte toujours le même gilet en angora mais, en dessous, point de robe romantique en coton : c'est une robe en soie totalement ringarde ou au contraire super tendance, à l'imprimé bariolé, avec un énorme nœud sur le décolleté. On dirait presque qu'elle s'est mise sur son trente et un pour faire la nouba.

— Oh, *good evening*! murmure-t-elle en me découvrant dans l'encadrement de la porte, les cheveux en bataille, vêtue de mon long T-shirt et d'un pull.

— *Hi*, Mrs Collins. Je venais juste chercher un verre d'eau.

— Mais faites donc, ma chère. Entrez ! Et s'il vous plaît, appelez-moi « Patty ». Je sais que vous, les Allemands, êtes volontiers un peu plus formels avec le « tu » et le « vous », mais nous, Américains, nous nous appelons tous par notre prénom, que l'on s'adresse au voisin, au serveur ou au dentiste.

— Volontiers. Je m'appelle Linn.

— Je ne suis pas vieille à ce point ! s'exclame-t-elle en riant, montrant son front ridé pour signifier qu'elle se rappelait très bien mon prénom.

Prenant un verre dans le placard, elle s'avance vers l'évier. L'espace d'un instant, je crains qu'elle ne prenne l'eau au robinet, mais elle se contente de rincer le verre avant de sortir une bouteille en plastique du réfrigérateur.

Je bois d'un trait, et je sens toutes les cellules de mon corps absorber l'eau comme une plante desséchée. Patty remplit de nouveau mon verre. Cette fois, je fais preuve d'un peu plus de retenue.

— Alors ? Tu as pu dormir un peu ? demande-t-elle. Je ne suis allée que trois fois en Europe, et à chaque fois, le décalage horaire a été un cauchemar !

— Oui, je viens de me réveiller, réponds-je, en la regardant couper un citron.

Elle en dépose un quartier dans le fond de son verre, avant d'en boire une gorgée.

Je ne suis pas une grande fan de long drinks, mais celui de Patty semble léger et rafraîchissant.

— Pardon, dit-elle en remarquant mon regard curieux. Tu en veux un ? C'est un Manhattan-grenade, la version « Hamptons » du Manhattan classique ! Avec du jus de grenade, donc. Délicieux.

J'hésite. D'un côté… Mais de l'autre, de toute façon, avec le décalage horaire, mon corps est complètement déréglé. Alors, au point où j'en suis…

— Volontiers.

— Ici, on aime beaucoup ce cocktail.

— Il a l'air délicieux.

Elle s'affaire avec les bouteilles – vodka, jus de grenade, et une autre dont je ne saurais dire ce qu'elle contient. C'est fascinant de regarder ses gestes si habiles. Elle doit bien avoir soixante-quinze ans, mais à la voir préparer le cocktail, c'est à croire qu'elle a fréquenté les bars branchés du quartier de Glockenbach à Munich.

— Tu étais très amie avec ma tante Dorothy? lui demandé-je soudain.

J'ai décidé de me limiter à «tante», au lieu de «tante au second degré», qui à la longue me paraît bien compliqué, d'autant que je n'ai pas la moindre idée de la façon de le traduire en anglais.

Patty lève la tête, surprise, puis sourit.

— Oui, très, répond-elle. À ce propos, tu peux laisser tomber le «Dorothy». Tout le monde l'appelait «Dotty».

— Dotty? Pourquoi?

— D'une part à cause de son prénom. Dorothy, Dotty, il y a comme une évidence à ce diminutif. En plus, ça lui allait bien, parce qu'en anglais ce mot signifie aussi *un peu fou* ou *excentrique*.

— L'était-elle?

— Oh ça, oui! acquiesce Patty. Absolument, mais dans le sens positif. Elle était toujours si féminine et élégante – je ne connaissais personne d'autre capable de fumer une cigarette avec autant de classe. Mais elle était aussi très indépendante, là-haut, je veux dire, précise-t-elle en se tapotant le front. Crois-moi, j'ai connu beaucoup d'esprits libres, mais Dotty était sans conteste le plus libre de tous. On ne pouvait pas lui imposer quoi penser ou quoi dire, et elle était en même temps la personne la plus fidèle à ses principes que j'aie jamais rencontrée.

— On dirait que vous vous connaissiez depuis longtemps, toi et Dorothy – je veux dire, Dotty.

— Ça oui, on peut le dire, réplique-t-elle en riant. Depuis près de cinquante ans, du temps où nous étions de toutes jeunes femmes. Quel dommage que tu n'aies jamais eu l'occasion de la rencontrer! Elle était tout à fait spéciale; elle avait le cœur tendre et toute sa tête…

Son regard se perd quelque part dans la pièce, derrière moi.

— Si…, ah ! je ne sais comment dire.

— Où vous êtes-vous connues ? Ici, à Long Island ?

— Oh non, ma chère. Long Island, nous nous y sommes installées il y a vingt ans. Avant, nous vivions toutes les deux à Manhattan, tout près de Bryant Park. Nous étions collègues dans un hôtel chic, le Hamilton. À l'époque, c'était un haut lieu de la ville, fréquenté par beaucoup d'artistes et d'écrivains. Ta tante gérait l'hôtel, et moi, le bar. Dotty et Patty, c'était nous !

Elle secoue mon verre comme un petit grelot, les glaçons s'entrechoquent. Je le lui prends des mains.

— Merci, dis-je en buvant une gorgée. Mmmh, on reconnaît la professionnelle.

Le cocktail est un pur délice : frais, pas trop sucré, sans toutefois qu'on sente trop l'alcool. Il se boit comme du petit lait. J'en reprends une gorgée, plus longue.

— Ma spécialité, explique-t-elle. Frank Sinatra aussi l'aimait beaucoup !

— *Frank Sinatra* est venu une fois dans ton bar ?

— Une fois ? Ah, ma chère ! Il est arrivé plusieurs fois que Frank passe des semaines entières chez nous, à l'hôtel, et pour tout te dire, on était contentes quand il remontait de temps en temps dans sa chambre ! Il lui arrivait de rester si longtemps accoudé au comptoir, à la même place, qu'on aurait pu le prendre pour une plante verte… J'avais presque un sursaut quand je le trouvais assis ailleurs – le genre de sursaut qu'on a quand son porte-monnaie ne se trouve pas à l'endroit habituel.

J'ai éclaté de rire.

— Vous avez eu d'autres clients célèbres ?

— Quelques-uns, répond Patty avec un clin d'œil. Pas mal, en fait. Audrey Hepburn a dit une fois que si un incendie devait se déclarer au Hamilton, le monde perdrait quantité de vrais génies, mais qu'on se débarrasserait aussi de près de quatre-vingts pour cent des casse-pieds les plus célèbres des États-Unis, ajoute-t-elle en riant. Et je peux te dire qu'Audrey elle-même, comme casse-pieds, elle se posait là.

Elle détourne le regard.

— Comme c'est glamour ! m'exclamé-je, très impressionnée.

Ma tante, Audrey Hepburn et Frank Sinatra ! Qui l'aurait cru ? Je me demande si ma mère savait tout ça ? J'imagine que non, sinon elle aurait parlé de sa cousine américaine glamour. Ça m'en bouche un coin... Non que je me sois fait une image précise de Dorothea Weber, mais malgré tout, je l'imaginais plutôt comme une petite mamie avec chignon et énormes lunettes de vue, arpentant les parterres de rose dans ses grandes bottes en caoutchouc. Et là, j'entrevois quelqu'un de totalement différent de moi : une grande dame avec fume-cigarettes et sourcils parfaitement arrondis, grains de beauté et collier de perles à plusieurs rangs. J'aimerais vraiment voir une photo d'elle. Je pourrais peut-être demander à Patty ?

— Glamour ? répète Patty, avec un soupir. Glamour, évidemment... Mais en même temps, beaucoup de nos hôtes étaient vraiment difficiles !

— Difficiles dans le sens où ils se comportaient comme des divas ?

— Oui, en quelque sorte. Tu sais, quand des gens sont centrés sur eux-mêmes, comme Truman Capote, par exemple, ou d'autres écrivains, ils croient souvent que tout tourne autour d'eux. Et ce genre de personnalités, on ne peut pas les servir comme on le ferait dans un bar normal... Et ils ne se contentent pas non plus de prendre une chambre comme des clients normaux. C'est un peu comme s'ils étaient en visite chez toi, comme si tu les avais personnellement invités et qu'ils te faisaient l'honneur de leur présence. Ils veulent de l'attention, que tu devines leurs désirs, que tu te souviennes de ce qu'ils t'ont susurré à l'oreille la dernière fois qu'ils étaient ivres morts à ton comptoir, mais aussi que tu *oublies* purement et simplement tous les détails embarrassants les concernant ! Si tu fais tout comme il faut, ces gens t'aiment et te vénèrent comme si tu étais leur propre mère. Je ne crois pas que le critique littéraire du *New York Times* possède autant d'éditions originales dédicacées que nous ici, au Sea Whisper Inn. Mais c'est aussi vraiment fatigant. Les artistes sont des artistes, avec la sensibilité que cela implique. Ils sentent immédiatement quand tu n'es pas bien lunée tel ou tel jour, et que ta sollicitude à leur égard n'est pas aussi prononcée qu'à l'accoutumée.

— Ça, je veux bien le croire, dis-je, en me faisant la réflexion que je ne connais pas d'artiste.

Pendant un moment, j'ai fréquenté le bassiste d'un groupe munichois ; est-ce que cela compte ? Il n'était pas spécialement autocentré, s'intéressant surtout à la musique, à sa Playstation et, bien sûr, à la bière. Notre relation n'a pas duré longtemps.

— C'est la raison pour laquelle vous avez quitté Manhattan toutes les deux ? Parce que c'était trop fatigant ?

— Grands dieux, non ! Ce n'était pas du tout ça. L'époque du Hamilton a été la meilleure de ma vie. On faisait de ces fêtes ! Et toute la nuit ! Sans parler de tous ces hommes à nos pieds. Surtout Dotty. Elle était submergée de demandes en mariage. Il y avait quelque chose chez elle qui faisait perdre la tête aux hommes. Jamais elle n'avait eu pour projet de séduire. Mais j'imagine que c'est ce qu'il s'est passé, car elle était ouverte et chaleureuse, et en même temps un peu froide et inaccessible…

— Beaucoup de prétendants, ça peut aussi être une pression, répliqué-je, comme si j'avais une quelconque expérience en la matière.

— Ne m'en parle pas, rétorque Patty. Mais je dirais que Dotty a plutôt bien réussi à le gérer : elle a simplement décidé de ne pas s'en occuper.

— Et malgré tout, il y a vingt ans, vous avez quitté New York, n'est-ce pas ?

— Oui. Disons que c'est la décision que nous avons prise à l'époque. Dotty voulait à tout prix quitter la ville… pour certaines raisons. Puis on lui a proposé d'acheter cette maison. Elle avait appartenu à une star du cinéma hollywoodien qui, après son divorce, voulait s'en débarrasser le plus vite possible. L'acteur a revendu la propriété à Dotty pour un prix plus qu'honorable, sans chercher à faire de profit. À l'époque, le marché de l'immobilier ne connaissait pas la surchauffe d'aujourd'hui. Dans les années 1980, encore, les anciens corps de ferme s'achetaient pour une bouchée de pain – toute proportion gardée, bien sûr. J'ai d'abord dit à Dotty qu'elle était folle de vouloir quitter la ville et d'ouvrir une maison d'hôtes en bord de mer, d'autant que ça ne manquait ni d'hôtels ni de pensions, dans le coin. J'ai cru qu'elle avait perdu la tête… Elle, une citadine, entre bois et champs de pommes de terre !

— Pourtant, tu es ici.

— Au début, j'ai vraiment résisté au projet !

— Je peux sans peine me l'imaginer.

Elle éclate de rire.

— Non, je suis sérieuse. Dotty est venue s'installer ici et a ouvert toute seule la maison d'hôtes. À New York, tout le monde lui a dit qu'elle aurait plié bagage en moins d'un an. Mais, contre toute attente, l'activité a très bien marché. Au début, seuls des amis de la ville venaient, plus par pitié que par réelle envie. Puis le bouche-à-oreille a fonctionné, et le nombre de clients n'a cessé d'augmenter. Alors j'ai voulu voir par moi-même. Avec mon conjoint d'alors, nous avons rendu visite à Dotty – c'était aussi pour nous persuader que nous étions bien mieux lotis à Manhattan. Mais, en arrivant ici, tout nous est apparu idyllique : le paysage, le ciel, le lever de soleil sur la mer ! Nous sommes revenus pour les vacances suivantes, puis pour celles d'après, et ainsi de suite. Dave, mon époux, trouvait ces séjours enchanteurs. Quand il est décédé, peu de temps après, j'ai eu envie de revenir dans ce lieu qu'il avait tant aimé. Puis New York a commencé à me sembler étroit et borné. J'avais besoin de clarté plutôt que de chaos, de calme plutôt que d'agitation, et surtout de vivre dans d'autres espaces que le quadrillage des rues et des stations de métro. Assez vite, j'ai commencé à ne plus trop supporter tous ces artistes, leur vanité, leurs éternels desiderata. Mais surtout, je voulais rejoindre Dotty. Avec la mort de Dave, c'était aussi beaucoup plus difficile financièrement. J'ai compris que, seule, je n'avais plus les moyens de garder notre vieil appartement sur Bryant Park. Alors, je suis venue m'installer ici… Voilà comment cela s'est passé !

Elle s'interrompt, joue pendant quelques instants avec le nœud de son chemisier, comme plongée dans les souvenirs de cette époque. Puis, relevant la tête, elle poursuit :

— Dotty m'a offert une chambre et m'a nommée directrice adjointe de la pension. Elle restait la cheffe, et je l'ai représentée seulement quand il lui arrivait de faire des déplacements. Mais officiellement, j'étais la directrice adjointe, les premières années du moins.

— Et aussi la cheffe du bar, non ?!?

— Comme tu peux le constater, réplique-t-elle en levant son verre. Plus tard, tout a changé, de toute façon. Quand nous avons été assez nombreux, nous avons décidé de renoncer à prendre des clients pour des nuitées. Dotty est certes restée à la tête de la pension – la maison lui appartenait –, mais elle ne se disait plus directrice, car nous avions opté pour une sorte d'autonomie de gestion.

Elle me regarde comme si j'étais censée comprendre, mais je n'ai pas la moindre idée de ce dont elle parle. Je remarque que mon verre est vide. Y aurait-il un lien de cause à effet? À mon expression sans doute un peu niaise, elle se rend compte que je n'y entends rien.

— Oh! tu n'étais pas au courant?

Je secoue la tête.

— Au courant de quoi?

— J'ai ici quelques colocataires!

— Des colocataires? Tu ne vis pas seule?

En riant, elle montre la vaisselle.

— Cela donne-t-il l'impression que j'habite seule?

Jusqu'à ce moment-là, je n'avais pas remarqué les piles d'assiettes et de verres. Mais maintenant, cela me saute aux yeux: il y a bien ici la vaisselle de cinq ou six personnes.

— Non, ma chère, pour le genre de pagaille qu'il y a dans cette maison, il faut être plusieurs.

— Maintenant que tu le dis… Mais alors, où sont-ils tous? On ne les voit jamais.

— Au salon, de l'autre côté de la maison, répond Patty. Quand tu es arrivée, j'étais juste en train de me préparer un verre.

— Et combien êtes-vous? demandé-je, encore stupéfaite.

Elle prend une inspiration pour s'apprêter à répondre. Mais elle se contente de soupirer, comme absorbée par ses pensées. Puis, d'un geste décidé, elle me prend des mains mon verre vide.

— Tu sais quoi? Je nous prépare deux autres Manhattan, et je t'emmène faire la connaissance des autres!

7

Quelques minutes plus tard, nous nous retrouvons dans le salon situé à l'autre bout de la maison. C'est une grande pièce avec, en son centre, une immense cheminée, autour de laquelle sont disposés deux canapés fort accueillants ainsi qu'une rangée de fauteuils plus petits et de tables basses. Quand je faisais le tour de la maison, cette pièce avait attiré mon attention, mais ensuite, elle m'était sortie de la tête – sûrement parce que nous n'y étions pas allés, Mr Cunningham et moi, lors de notre intrusion de l'après-midi. Ce salon est magnifique ; un véritable bijou. Si je vivais ici, je crois que j'y passerais beaucoup de temps, à lire, somnoler ou simplement regarder la pendule égrener les secondes au-dessus de la cheminée.

Les colocataires de Patty, eux, sont au contraire bien réveillés. En dépit de l'heure tardive, quatre personnes âgées discutent avec animation. Lorsque j'entre dans la pièce, le silence se fait. Tous les yeux se braquent sur moi, et je sens que je rougis très légèrement. Pour autant, mon apparition ne semble pas déclencher de grande surprise. Ils me regardent, un peu sceptiques. Sans doute Patty leur a-t-elle déjà raconté qu'ils avaient un hôte pour la nuit, et ils profitent de l'occasion pour se faire une idée sur cette étrangère surgie de nulle part.

— Chers amis, je vous ai déjà parlé de notre visiteuse. Je vous présente la nièce au second degré de

Dotty, et donc l'héritière de cette maison : Linn, qui nous vient d'Allemagne.

— Très heureuse, dis-je en gratifiant chacun d'un regard amical. Je me réjouis d'avoir déjà avalé un Manhattan, sinon je me sentirais plus intimidée encore que je ne le suis déjà.

Car ils sont tous là, les cinq locataires du Sea Whisper Inn, une pension qui n'en est plus une, mais plutôt une résidence pour personnes âgées vivant en autogestion– si j'ai bien tout suivi, ce dont je doute. Tous les cinq sont arrivés à un moment donné comme clients « normaux », et ils sont restés ici pour toujours. J'ignore si Mr Cunningham sait que cinq personnes âgées habitent cette maison, alors que, jusqu'à présent, j'avais cru qu'il n'y vivait qu'une dame âgée. J'ai peine à le croire. Sinon, m'aurait-il conseillé de vendre à Mr Komarov ? Ne m'aurait-il pas signalé ce « petit problème » ? Car c'en est sans doute un, à moins qu'il soit possible de vendre, comme ça, une maison habitée ? Aux États-Unis, j'imagine qu'il y a aussi un semblant de protection à l'égard des locataires et un délai de préavis !

Soudain, je me sens coupable de ces projets de vente que nous avons envisagés, Mr Cunningham et moi, avec une telle légèreté. Mais comment aurions-nous pu deviner ? Heureusement, Patty me tire de mes ruminations et, me poussant jusqu'à l'un des fauteuils, commence à me présenter tout ce petit monde.

— Alors, ici à gauche, c'est Ornella, notre Italienne, déclare Patty en désignant une femme un peu rondelette, à la poitrine généreuse, les pieds dans des pantoufles roses, qui me salue de sa voix rauque par un « Buona sera ! »

Ornella, je l'apprends alors, a travaillé dans le passé comme gouvernante à l'hôtel Hamilton, presque aussi longtemps que Patty et Dotty. Originaire de Naples, elle est arrivée à New York enfant, avec ses parents.

— Ornella est chez nous depuis des dizaines d'années et parle anglais presque à la perfection, mais avec un accent confondant – qui, soit dit en passant, n'est qu'un genre qu'elle se donne, explique Patty.

— C'est faux! s'écrit Ornella.

— *Bien sûr que non!* Je suis sûre que si elle le voulait, elle pourrait parler comme John Wayne.

— Comme John Wayne? répète Ornella d'un ton dédaigneux. *Mamma mia!*

— Tiens, qu'est-ce que je te disais? Elle peut jurer comme un gosse du Bronx, quand elle veut. Malheureusement, elle nous déteste, nous autres Américains vulgaires, et ne ménage pas ses efforts pour ne pas devenir l'une d'entre nous…

Ornella lève les yeux au ciel.

— N'écoute pas Patty, réplique-t-elle avec un sourire rusé. J'*adore* les États-Unis, pas toi?

— Si, bien sûr, je marmonne, ne sachant trop que répondre, même si «adorer» me semble un tantinet exagéré.

— Très bien, réplique Ornella, amusée, en me tendant la main. Tu sembles être du bon côté. Je m'en réjouis!

— Moi aussi, réponds-je, avant de m'empresser d'ajouter: *Piacere!*

C'est l'une des quelques expressions italiennes – sept, à tout casser – que j'ai retenues de nos vacances au lac de Garde. Ornella me regarde, surprise, avant d'éclater de rire – un rire sonore qui coule comme une fontaine.

— *Che bello!* s'exclame-t-elle, enthousiaste. Elle parle italien! *Parla italiano!*

— Non, absolument pas, je rétropédale. Juste quelques mots.

— *Ma sì!* insiste-t-elle.

— *No*, lui assuré-je en riant.

— *Parla italiano!* jubile-t-elle.

— *Insalata caprese!* répliqué-je.

Ornella me regarde, surprise, avant de comprendre enfin que je connais juste quelques formules utiles aux touristes.

— *No*? redemande-t-elle malgré tout, d'un ton déçu.

— *Pizza prosciutto*, réponds-je en haussant les épaules, navrée.

— Dommage. J'avais espéré…

— *Mi dispiace.* Je suis désolée.

— Ah, bah, ça ne fait rien, dit-elle d'un ton désolé.

Quoi qu'il en soit, avec mes quelques bribes d'italien, j'ai l'impression de l'avoir conquise, pour l'instant du moins. Elle m'observe désormais d'un regard bienveillant.

Ensuite, je fais la connaissance d'Eleonore.

— El-li-nohr, prononce Patty, et le prénom semble rebondir sur sa langue, léger et joyeux, bien qu'El-li-nohr, dans son apparence, n'ait absolument rien de guilleret. Au contraire : maigre, elle a toute l'apparence d'une dame âgée, bien qu'à voir son visage, elle semble plus jeune que les autres.

Sa coupe courte, visant à « faire jeune », souligne plutôt la vanité de cet effort. Elle porte un chemisier en coton orange et une longue jupe large en feutrine, qui cache tout ce qu'il pourrait y avoir de féminin en elle. Patty affirme qu'Eleonore serait anglaise – ce qui ne m'étonne guère, car elle est la seule à boire du thé et non du vin, comme les autres. Et elle le fait dans une tasse qu'elle tient avec une affectation que je n'avais vue, jusque-là, que dans des comédies sur la famille royale britannique : par l'anse, avec trois doigts seulement.

Elle ne ressemble en rien à Ornella ni à Patty. En outre, elle affiche une expression laissant entendre sans la moindre ambiguïté qu'elle ne compte pas s'abaisser à m'accueillir cordialement. C'est à peine si elle réagit à la présentation de Patty, se contentant de lever son nez en trompette. Ses lèvres fines, maquillées de rouge, sont si pincées qu'elles ressemblent à un bouton de rose au milieu de son visage.

— Ne fais pas attention, dit Patty, en voyant Eleonore me tendre avec réticence sa main toute maigre. Eleonore lit trop de romans policiers. Elle voit dans chaque nouveau facteur un escroc lorgnant sur les pauvres économies qu'elle cache sous ses jarretelles, dans sa commode.

— Merci, Patty, réplique Eleonore d'un ton acerbe. Que dirais-tu de révéler tous mes secrets dans une coupure du *New York Times*?

— Je te l'avais bien dit, intervient Ornella, ce qui lui vaut un regard plus pincé encore d'Eleonore.

— En outre, il est totalement faux d'affirmer que je ne lis que des romans policiers, ajoute-t-elle, offensée. Mes centres d'intérêt sont d'une incroyable diversité. Hier, justement, j'ai commencé un merveilleux roman qui se passe dans une pension des Alpes.

— Ça a l'air intéressant, dis-je, d'un ton amical. J'aime la montagne.

— Vraiment? réplique Eleonore, me jetant un regard soupçonneux.

On n'est pas rendu. Elle ne semble pas avoir la moindre confiance dans cette inconnue venue d'Allemagne. Je me mets à sa place: si je voyais arriver une jeunette affirmant être l'héritière légale de la maison dans laquelle je vis, je crois que je n'aurais pas envie de l'accueillir à bras ouverts.

— Oui, beaucoup, lui assuré-je.

— Quand j'aurai fini de le lire, je pourrai te le prêter, dit-elle avec – oh! incroyable – l'esquisse d'un sourire.

— Bien volontiers !

C'est ce qui s'appelle un pieux mensonge. Car franchement, un roman sur une pension dans les Alpes… Je ne vois pas très bien quand j'aurais le temps de lire cette cucuterie !

Le quatrième de la bande se prénomme Maxwell, mais tout le monde l'appelle Max. C'est un grand homme aux jambes maigrichonnes sous un ventre rond, avec un nez crochu et une abondante chevelure grise qui retombe sur son front en une superbe mèche. Il donne l'impression d'avoir été autrefois un homme robuste qui passait beaucoup de temps au grand air. Il porte une chemise de bûcheron aux manches retroussées sur un pantalon de velours, avec un gros gilet de laine épaisse, comme s'il était sur le point de partir en balade.

— Bonsoir, me salue-t-il d'une voix qui laisse entendre que le verre de vin, devant lui, n'est pas le premier de la soirée.

Il me serre la main avec une certaine raideur. Se retrouver aussi soudainement face à l'héritière de Dorothy Webber… Lui non plus ne doit pas savoir qu'en penser. Cependant, à la différence d'Eleonore, il s'efforce de m'accueillir avec sympathie.

— Ravi de faire ta connaissance, dit-il avec un sourire.

— Moi aussi, réponds-je.

— Maxwell est aussi avec nous depuis près de vingt ans, explique Patty. Avant, il était professeur dans un collège du Queens.

— Et vous enseigniez quelle matière ?

— La biologie.

— Comme tu pourras bientôt t'en apercevoir, intervient Ornella.

— La biologie, aïe aïe aïe ! m'exclamé-je. J'étais vraiment nulle. La photosynthèse, les lois de Mendel…

J'étais incapable d'en retenir quoi que ce soit, et si je m'en suis sortie, c'est avec des… comment dit-on en anglais, déjà ? Ah oui, des « antisèches ». C'était horrible !

Maxwell semble prendre ma franchise comme une sorte d'encouragement.

— Si tu le souhaites, je peux tout à fait te les réexpliquer, réplique-t-il soudain, avec un regain d'obligeance. En fait, les *lois de Mendel* sont…

— Max ! le reprend Patty. L'école, c'est du passé, mon cher.

— Mais, pour comprendre, il suffit souvent d'expliquer correctement, se défend-il. D'autant que les lois de Mendel n'ont rien de compliqué.

— Je m'y replongerai sûrement à l'occasion, lui assuré-je ne reculant pas devant un nouveau pieux mensonge.

— Max a conservé une véritable passion pour son ancien métier, explique Patty.

— Mais pas pour l'enseignement, rectifie Maxwell.

— Du moins, la plupart du temps, corrige Eleonore avec répartie.

— Pour quoi, alors ? demandé-je.

— Max fait pendant sa retraite ce qu'il n'a jamais pu se permettre quand il était enseignant au quotidien dans une grande métropole : de la recherche. Sur la flore du littoral, la faune ornithologique, les différentes sortes d'insectes que l'on trouve dans la région…

— Pour les gamins du Queens, quelques feuilles de laitue à la cantine, c'était déjà trop de nature, grogne Max.

J'éclate de rire, comme les autres.

Ce moment agréable contribue à dissiper un peu de la méfiance des locataires à mon encontre, et l'espace de quelques instants, il n'y a plus ni *eux* ni *moi* : nous rions ensemble, au sein d'un même groupe. C'est si plaisant que je mesure soudain à quel point j'aspire à être appréciée de ces cinq personnes. Quelque chose, dans ce groupe, me fascine. Quoi qu'il en soit, tous vivent dans la maison dont je serai bientôt propriétaire.

— L'avantage d'avoir quelqu'un comme Maxwell chez soi, ironise alors Patty, c'est qu'on peut toujours se tourner vers lui quand on trouve une araignée dans son lit.

— C'est bon à savoir, dis-je en riant, bien que je n'aie pas une très grosse peur des araignées.

Il y en avait dans chaque recoin de la maison de mes parents, et nous ne leur accordions pas plus d'attention qu'aux moutons de poussière.

— L'inconvénient, poursuit Eleonore sur sa lancée, c'est que l'araignée, c'est probablement lui qui l'a apportée.

— Ou capturée et élevée pour, à un moment ou à un autre, oublier de fermer son terrarium, termine Ornella.

— Oh, que oui ! s'exclame Eleonore. Nous nous souvenons tous de l'adorable famille d'araignées – quatre bestioles – installées dans la chambre de Maxwell et qui, une nuit, après avoir été nourries, ont eu envie de se dégourdir les pattes jusqu'à nos chambres…

— Pourquoi remettez-vous sans cesse cette histoire sur le tapis ? se défend faiblement Maxwell. Ça fait une éternité que je ne fais plus d'expériences avec les arachnides !

— Que *tu* dis, réplique Eleonore. Mais sait-on ce que tu fabriques en haut, dans ton grenier ? Il ne laisse personne y entrer, m'explique-t-elle. Il pourrait tout aussi bien fabriquer du crack ou faire des expériences avec des armes biologiques, nous n'en saurions rien !

— Qu'est-ce que tu ne vas pas encore chercher, Elli ! s'exclame Maxwell, levant les yeux au ciel

– manifestement, il n'est plus d'humeur à poursuivre ces chamailleries.

— Bref, conclut Patty en se tournant vers le dernier du groupe, un homme un peu trop petit, un peu trop maigre, un peu trop pâle, qui jusque-là a gardé le silence. Il semble être dans les âges de Patty.

— Et voici Frederic.

— Bonsoir, me dit-il timidement, me tendant sa main fine.

À la différence de Maxwell et d'Eleonore, il ne semble pas soupçonneux ni sceptique vis-à-vis de moi. Il semble plutôt éprouver une certaine appréhension.

— Bonsoir, réponds-je d'une voix douce, pour apaiser ses craintes.

— Frederic vit à l'extérieur, dans la dépendance, la plupart du temps.

— Oh, vraiment? demandé-je. J'espère qu'on ne vous a pas dérangé cet après-midi, on était presque dans votre jardin!

— Je n'étais pas là, répond-il d'un ton sec.

— Aujourd'hui, c'était le marché des antiquaires de Bridgehampton, explique Patty. Je suis la seule à être restée ici. Je pensais profiter de ce calme pour faire la comptabilité, trier les factures et les documents de la semaine dernière.

Elle me regarde d'un air suppliant, comme pour me prier de ne rien dire aux autres du petit roupillon dont Mr Cunningham et moi l'avons tirée.

— Je comprends, dis-je, l'air sérieux. C'est ce qui explique qu'il n'y ait eu personne, à part toi.

— Nous aimons bien nous rendre sur les marchés des environs, explique Patty. Certains sont extraordinaires.

— Surtout celui de Bridgehampton, ajoute Ornella. C'est le plus beau.

— Tu devrais nous y accompagner, un jour! s'exclame Patty d'un ton amical.

— Bonne idée !

Cette perspective me réjouit, car *j'adore* les marchés d'antiquités. Je remarque alors qu'un silence un peu tendu s'est installé dans le groupe : tout le monde ne semble pas convaincu que l'idée soit si bonne.

— Si, bien sûr, l'occasion se présente, m'empressé-je d'ajouter.

La pendule, sur la cheminée, égrène de longues secondes. Maxwell toussote.

— Quoi qu'il en soit, c'est bien que notre Frederic ait fait une exception aujourd'hui, persifle Eleonore. Normalement, il ne nous accompagne jamais sur ces marchés.

— Vraiment ? demandé-je.

— Frederic est poète, explique Patty, désireuse de reprendre la main.

J'entends dans sa voix comme une pointe d'admiration.

— Il aimerait bien !

— Eleonore ! s'écrie Patty. Tu veux bien arrêter un peu ?

— Mais si c'est ce qu'il prétend ! ajoute Eleonore, toujours provocante.

— Je vais nous chercher à boire, déclare Frederic, que la conversation met mal à l'aise. Quelqu'un veut-il encore du vin blanc ?

— Volontiers, répond Patty. Et toi, Linn ?

— Si vous reprenez tous quelque chose…, réponds-je, désireuse de ne pas leur offrir d'autres motifs de défiance. Pourquoi pas ? Un verre de vin blanc, oui, volontiers !

— Et pour moi, ce sera un autre verre de vin rouge, annonce Maxwell de sa voix grave.

— Rouge pour moi aussi, renchérit Ornella.

— Tu n'as qu'à rapporter les bouteilles, tranche Eleonore. J'en resterai au thé.

Frederic s'éclipse.

— Avec Frederic, ce n'est jamais simple, explique Patty à mi-voix. On le connaît tous, ou presque, depuis une éternité. Il faisait déjà partie, à l'époque, de ce groupe qui fréquentait le Hamilton, ou du moins… disons qu'il aurait bien aimé en faire partie. Mais il est toujours resté en marge. Il s'est retrouvé dans une situation stupide, cherchant à approcher les écrivains célèbres qui, eux, ne l'ont jamais vraiment pris au sérieux, se contentant de le tolérer plutôt que de l'accepter.

— Il ne vivait pas de son art. Il travaillait dans une compagnie d'assurances, explique Eleonore. Il passait ses journées sur des dossiers de clients et à taper des déclarations de dommages. Il ne pouvait écrire ses poèmes que le week-end, quand il montait dans son grenier.

— Tu fais preuve d'un tel mépris ! intervient Ornella. Ses poèmes étaient formidables !

— Possible, concède Eleonore d'un revers de la main.

— Je t'assure qu'ils l'étaient, surenchérit Patty. Et ses recueils ont toujours reçu d'excellentes critiques de la presse. Mais les autres étaient si vaniteux ; ça les arrangeait d'en trouver un dans le groupe qu'ils puissent regarder de haut…

— Le seul moyen pour eux de se sentir importants, confirmé-je, ayant eu à subir ce type de comportements à Munich. Je mets bien l'accent sur « se sentir ».

— Oui, m'approuve Patty, en me regardant d'un air si amical que je comprends soudain qu'elle est de mon côté, indifférente à ce que pensent les autres.

— Ce qu'il y a de tragique chez Frederic, intervient Maxwell, c'est que, maintenant qu'il a tout son temps pour s'adonner corps et âme à l'écriture, il n'a plus tellement d'inspiration Il reste parfois des heures devant sa machine à écrire, le regard dans le vide, sans taper une seule ligne.

— C'est pour cela qu'il a emménagé dans la dépendance, dit Patty. Il espère que la proximité de la mer l'inspirera.

— Et? demandé-je.

— Bof, répond Eleonore. Il passe le plus clair de son temps devant le piano qu'il a fait transporter là-bas récemment.

— Aïe, dis-je, le pauvre. Vous connaissez la raison de ce blocage?

— Moi, oui, affirme Ornella en croisant les bras, sûre de son triomphe.

— Ornella sait toujours tout, persifle Eleonore.

— Dans le cas présent, j'ai moi aussi ma petite idée, intervient alors Patty.

— Qui serait? s'informe Eleonore.

— Il se sent trop bien, répond Ornella la première. Nous l'aimons bien tel qu'il est, sans nous demander si ses poésies sont bonnes ou non. Il n'a plus rien à prouver, voilà pourquoi il coince!

— C'est bien que tu sois tellement au fait de ce qui se passe, lance Frederic qui apparaît soudain à la porte, portant deux bouteilles et deux verres.

— Je pense néanmoins que c'est ça! insiste Ornella, pourtant penaude d'avoir été prise en flagrant délit.

— Comment pouvez-vous penser que je me sens trop bien? Vous ne me connaissez en rien!

— On te connaît mieux que tu ne le crois, *carissimo*, lui répond Ornella.

Frederic est vexé, je le vois fort bien. Sans piper mot, il nous donne, à Patty et à moi, les deux verres vides. Il sert du vin rouge à Ornella et à Maxwell, puis du vin blanc à Patty et à moi, et enfin il remplit son propre verre.

— Depuis combien de temps vivez-vous ici, les uns et les autres?

J'ai envie de changer de sujet.

— Oh, s'écrie Patty, manifestement heureuse de ma diversion et réfléchissant tout haut : Dotty a donc acheté la maison il y a une vingtaine d'années. J'ai emménagé ici un ou deux ans après elle. Puis est arrivé Maxwell, ensuite Ornella. Et Eleonore… C'est Eleonore qui est arrivée la dernière. C'était quand, au fait?

— En 2001, répond Eleonore du tac au tac.

— Elle n'a que soixante-neuf ans, c'est donc la petite dernière du groupe, dit Maxwell avec tendresse, en lui passant amicalement la main dans les cheveux.

— Arrête! s'exclame-t-elle, remettant sa coiffure en ordre.

— Elle déteste qu'on touche ses cheveux, rigole Maxwell.

— Toi aussi, tu détesterais, répond Eleonore, fielleuse.

— Surtout avec ton postiche, glousse Ornella.

— Ce n'est pas un postiche! Ils sont naturels, se défend Max.

— Exact, confirme Patty.

Tout le monde éclate de rire et j'en fais autant. La glace continue de fondre entre les cinq et moi. Seule Eleonore a encore les lèvres pincées. Elle a vraiment la méfiance dans la peau. Étrangement, je n'arrive pas à lui en vouloir. Je trouve à présent plutôt drôle sa manière de rester dans son coin et de glapir à tout propos, tel un chihuahua géant.

Je lance un nouveau ballon d'essai :

— Toi aussi, tu es venue ici après avoir pris ta retraite?

— Quelque chose comme ça, répond-elle, toujours sur la réserve. Mais je connais le gang du Hamilton depuis bien plus longtemps. Maxwell n'est ici que sur ma recommandation ; il cherchait un joli endroit pour ses vacances.

— C'est vrai. Sans Eleonore, je ne serais pas ici.

— Eleonore était aussi enseignante, m'informe Patty.

— Professeure d'art, précise l'intéressée.

— Dans le même établissement que Maxwell, ajoute Ornella.

Frederic n'est pas en reste :

— Elle l'a d'abord logé ici, avant de le rejoindre quatre ans plus tard.

— Ce n'est pas à cause de lui que je suis venue, proteste Eleonore. Je ne suis pas ici à cause de Max.

— Mais si, dit l'intéressé, en lui lançant, espiègle, un regard langoureux.

Ornella ne peut s'empêcher de ricaner.

— Allons, les enfants, tenez-vous un peu mieux ! intervient Patty. Nous avons de la visite. Et c'est quoi, le principal, dans ce cas ?

— De bien se tenir, répond Maxwell, faisant mine d'être horripilé.

— Et quoi encore ?

Les autres se regardent. Patty leur met les points sur les « i ».

— Eh bien, ne pas laisser le vin se réchauffer !

— Puisqu'il en est ainsi, dit Maxwell, levons donc notre verre !

8

Le lendemain matin, je souffre moins du décalage horaire, mais ce soulagement est réduit à néant par une épouvantable gueule de bois.

J'ai la réputation de tenir assez bien l'alcool, d'être celle qui apporte le vin dans les dîners mais, surtout, qui n'en laisse pas une goutte dans les bouteilles. Je suis toujours la première, en vacances, quand il s'agit de prendre l'apéro, et la dernière à quitter le restaurant, le soir.

Mais ces petits vieux, hier… mes aïeux ! J'ai pu constater qu'ils s'entraînaient ferme depuis des dizaines d'années ! Privés d'Internet et de télévision, il ne leur reste apparemment rien d'autre à faire, le soir, qu'à se rassembler autour de la cheminée et s'amuser en compagnie. Après que nous avons sifflé deux bouteilles supplémentaires, Patty nous a gratifiés d'une tournée de Manhattan, à laquelle même la buveuse de thé, Eleonore, a fait honneur. À la fin, oubliant de pincer les lèvres, elle riait comme tout le monde à gorge déployée. Et moi aussi. J'en aurais presque mal à la mâchoire !

Je suis au lit et mon corps, las, n'est pas disposé à quitter la chaleur des draps. Tout au contraire, je roule sur le dos, je croise les bras derrière ma nuque et j'examine la pièce avec nonchalance. Je me sens soudain terriblement bien, nonobstant la gueule de bois et le décalage horaire.

Le mode de vie de ces petits vieux, dans cette maison, est vraiment étrange ! Je ne vois pas du tout à qui les comparer. Ce serait une sorte de vieux couple à cinq têtes ? Une bande de frères et sœurs mangeant ensemble le soir et ne cessant de se chamailler, de se taquiner, de se mettre en boîte ? Cinq potes qui, dans le garage des parents, fabriquent en cachette des boules puantes et du poil à gratter ?

Cette communauté hors du commun a un peu de tout ça, mais aucune comparaison ne touche vraiment juste. Il est peut-être d'ailleurs stupide de toujours vouloir tout comparer. Car, ce faisant, on oublie que bien des choses sont uniques dans la vie.

Et ces cinq-là sont uniques en leur genre. Ça, c'est certain !

Il y a une autre dimension encore dans la relation de ces cinq retraités. Un aspect qui n'est pas seulement amusant. Je ne l'ai pas remarqué d'emblée, mais à la fin de la soirée, les autres ayant regagné leur chambre, c'est Patty qui a attiré mon attention sur ce point. Tous sont célibataires. Non seulement célibataires, mais seuls. Aussi seuls qu'on peut l'être quand on a eu quelqu'un avec qui on ne l'était pas.

Chacun des habitants a eu, un jour, un grand, grand amour ; quelqu'un de remarquable avec qui il a été heureux. Maxwell fut marié mais, alors qu'il était encore très jeune, sa femme est morte d'une hémorragie interne en accouchant de leur premier enfant mort-né. Le grand amour de Frederic l'a quitté pour un autre, peu avant leur mariage. Patty perdit son Dave qui mourut, en très peu de temps, d'un cancer du pancréas. Le mari d'Ornella est lui aussi mort très jeune. Seule Eleonore a gardé quelque chose des temps heureux, à savoir un fils adulte. Mais tous les autres seraient absolument seuls sans leurs colocataires. Le Sea Whisper Inn est en réalité une communauté de vie de veuves et de veufs, une communauté de cœurs solitaires, un foyer pour gens ayant perdu le leur.

Ils constituent beaucoup plus qu'un groupe réuni pour une colocation utilitaire, beaucoup plus aussi qu'un groupe d'amis. Ils forment, peu ou prou, une famille. Une famille qui serait réduite à la génération des grands-parents, puisqu'ils ont entre soixante-neuf et quatre-vingts ans.

Une fois que j'ai compris cela, cette curieuse histoire me touche beaucoup plus encore. Certes, j'espère toujours trouver un jour ma place aux côtés d'un homme qui me conviendrait. Même si cette perspective vient de s'éloigner à mille lieues de moi et que cette idée est plus douloureuse que tout le reste, je ressens encore le désir de fonder une famille, d'avoir des enfants et des beaux-parents avec qui je m'entendrais. Mais l'idée que, même sans cela, la vie peut être belle, n'est-elle pas réconfortante ? Qu'il soit possible, y compris à un âge avancé, de rencontrer des gens dont on se sent proche, de former avec eux une communauté suivant d'autres principes que le schéma classique du père, de la mère, de l'enfant ?

C'est en tout cas ce qu'ont réussi ces cinq personnes âgées : elles ont trouvé ici leur place, un havre de paix. Si elles se taquinent sans cesse, c'est vraisemblablement parce qu'elles s'aiment bien, qu'elles ont confiance les unes dans les autres, se sentent en sécurité. Elles veillent à ce qu'aucune d'entre elles ne sombre dans la tristesse ou ne s'apitoie sur elle-même. Car comment vivrait chacune d'elles, sans les autres ? Ces femmes et ces hommes seraient-ils aussi joyeux s'ils étaient seuls ?

Je ne peux le penser une seconde. De manière générale, j'ai du mal à admettre qu'on puisse être seul et heureux malgré tout. Il paraît qu'il existe des gens qui n'ont besoin de personne, ni d'amis, ni de famille, qui se suffisent à eux-mêmes. Je n'appartiens en aucun cas à cette catégorie d'individus. À la simple idée de devoir passer seule une vie entière, sans lien véritable, sans ancre, sans port d'attache, le vertige s'empare de moi comme si, sans corde ni rambarde, je contemplais un abîme insondable.

J'ai été toute seule quelquefois dans ma vie : devant la tombe de ma mère, devant la tombe de mon père, et aussi le jour où j'ai dormi pour la première fois chez mes parents adoptifs, quand, le matin, je n'ai pas eu le courage de me lever pour aller à la cuisine où, au milieu des cris et des hurlements de mes nouveaux frères et sœurs, m'attendait mon petit-déjeuner. La dernière fois, ce fut à l'instant où, debout à l'entrée du salon, j'ai vu Martin, le pantalon sur les chevilles, couché sous le derrière de Katha qui montait et descendait en cadence. Si j'ai alors senti la terre se dérober sous mes pieds, c'est moins parce que Martin m'avait trompée qu'à l'idée de me retrouver une fois de plus dans la situation où je retombe toujours : la solitude.

Alors que j'avais si fermement cru trouver, moi aussi, une place dans l'existence.

Tout à l'heure, au réveil, j'avais encore le sourire aux lèvres. Mais d'un seul coup, d'avoir pensé à Martin, je me sens effroyablement triste. Dans la nuit, entre vin et cocktails, Ornella m'ayant interrogée sur ma vie privée, j'ai très simplement parlé de la tragédie. J'ai éprouvé un soulagement fou à montrer ainsi ma faiblesse. Non seulement parce que le regard des vieilles personnes s'adoucissait devant ma franchise – désormais, ils voyaient un peu plus en moi la jeune femme que l'héritière allemande –, mais aussi parce que chacune d'elles a trouvé des mots de réconfort, des mots qui m'ont donné de la force, qui m'ont obligée à rire.

Mais maintenant, de nouveau seule dans mon lit, je prends conscience qu'en réalité je suis fort loin d'être consolée. Je comprends tout ce que j'ai perdu en même temps que Martin. Pas seulement un homme et un foyer, pas seulement le job que j'avais accepté parce qu'il était évident que nous reprendrions, un jour ou l'autre, l'agence de voyages, mais aussi ses parents, sa famille. Les Kuhn m'avaient si chaleureusement accueillie quand il m'avait pour la première fois emmenée chez eux. D'emblée, j'avais eu le sentiment d'entrer dans une nouvelle famille. D'un seul coup, j'avais des parents, des frères et sœurs mais aussi des cousins, des cousines, des oncles et des tantes. Ce matin, je réalise à quel point toute cette tribu avait gagné mon cœur. Quand je m'imagine à quoi ma vie va ressembler sans les Kuhn, j'ai l'impression de contempler un parterre de fleurs dont toutes les plantes auraient été déracinées.

Mon portable vibre, m'arrachant à ma tristesse. Son appel est faible car il est resté dans la salle de bains. Néanmoins, il éveille quelque chose dans mon esprit, une nostalgie dont j'ignorais qu'elle sommeillait encore en moi. Soudain, j'ai une envie folle que ce soit Martin qui m'appelle. Bien sûr, il m'a trompée et je nourris toujours colère et déception à son encontre. Mais là, en cet instant, je regrette tant l'endroit où j'avais enfin atterri, que je serais disposée à l'écouter. Tant de choses nous unissent. Beaucoup trop pour qu'elles se dissolvent comme ça, dans l'air.

Le portable vibre de nouveau et, sortant de mon indolence, je trouve brusquement l'énergie de me lever et de gagner pieds nus la salle de bains. Au-dessus du lavabo, mon téléphone m'attend, comme un petit chien nerveux tremblant au bout de sa laisse. Je n'ai à présent plus le moindre doute : c'est Martin. Ayant peut-être appris entre-temps que j'avais dû partir aux États-Unis en raison d'un décès, il s'inquiète et désire savoir ce qui s'est passé. Je me demande un bref instant quelle attitude avoir en le reconnaissant au bout du fil : dois-je être triste ? Occupée ? Abattue ? Joyeuse ? Ou bien vaut-il mieux lui laisser sentir que je ne suis pas près de lui pardonner, qu'il peut s'estimer heureux que je le prenne au téléphone ? Je penche pour la deuxième attitude. Mais, jetant un œil sur l'écran, je découvre un numéro qui ne commence pas par « +49 », l'indicatif de l'Allemagne, mais par « +1 ».

Ce n'est pas Martin, c'est une certitude. Une seule personne me vient à l'esprit : Cunningham. Mes espoirs explosent aussi vite que des bulles de savon. En revanche, mon mal de tête de tout à l'heure est revenu et s'est même accentué.

Cunningham, mon Dieu ! Qu'est-ce qu'il peut bien me vouloir encore, ce type ? Je commence à deviner peu à peu. Il veut certainement savoir quand je pourrai être à Manhattan pour organiser une rencontre avec cet acheteur potentiel. Komarov, le Russe plein de projets : le jacuzzi, le barbecue, le terrain de tennis.

Il m'est soudain impossible de poser le doigt sur la touche et d'accepter la conversation. Mon portable, un minuscule Samsung bon marché, pèse dans ma main aussi lourd qu'une brique.

Je ne peux m'empêcher de repenser à hier soir, à ces cinq petits vieux qui vivent ici en communauté, si heureux. Que vont-ils devenir si je vends la maison ? Mr Komarov ne va-t-il pas les mettre à la rue ? Si, il le fera, c'est comme si c'était fait. Il voudra même, sans doute, que je règle ce problème à sa place. Qui acquiert une villa dans laquelle réside, quasiment en union libre, une troupe de retraités ?

Personne, bien entendu.

La mauvaise conscience me submerge, telle une vague. Où iront les cinq s'ils ne peuvent rester ici ? Aucun d'eux n'a de partenaire ni de famille. La colocation est leur chez-eux, la maison un refuge pour cœurs solitaires. Il leur faudrait déménager ensemble ; ce serait l'unique solution. Mais en auraient-ils les moyens financiers ? Si j'ai bien compris, aucun d'eux ne paie de vrai loyer ; ils contribuent juste aux dépenses courantes, l'électricité, l'eau et le gaz. Et puis, peut-on vraiment obliger des gens si âgés à déménager une nouvelle fois ?

On ne transplante pas un vieil arbre, disait déjà mon père quand nous avons dû quitter notre maison. Il le disait d'une voix si abattue, si infiniment triste ! La maison était sa vie, il y tenait de tout son cœur. Et il n'avait pas soixante-quinze ans, juste la quarantaine bien tassée.

Je sens le désespoir monter en moi, un poids peser au creux de mon estomac.

Que faire ? Conserver la propriété ? Renoncer aux onze millions de dollars, rentrer en Allemagne et laisser ces vieilles gens continuer à vivre ici ? Mais jouer les bons Samaritains pour des gens qu'on ne connaît ni d'Ève ni d'Adam, n'est-ce pas un peu stupide ?

Le portable vibre une troisième fois. Toujours le même numéro. Je n'ai pas l'intention d'accepter l'appel. Que dirais-je à ce Cunningham ?

Je respire profondément, une fois, deux fois, avec lenteur. Le portable, dans ma main, vibre obstinément. Je décide de ne pas me laisser mettre la pression. Pour le moment du moins. Je débranche le câble de recharge et j'emporte l'appareil avec moi dans la chambre. Quand j'arrive près de la fenêtre, la vibration cesse. Je me doute que cette paix retrouvée ne durera que quelques minutes. Cunningham ne va pas lâcher prise.

Mais que faire ? Que lui dire ?

Je regarde au-dehors. À l'horizon, la mer semble respirer. Tels les flancs d'un gigantesque animal endormi, elle se soulève et retombe.

Et moi aussi, je respire. J'inspire, j'expire, doucement, à fond. Au bout d'un moment, je sens mes idées devenir plus légères dans ma tête, les perspectives se déplacer. Je vois de mieux en mieux ce que je veux.

Soudain, je reprends mes esprits. Il faut que je vende la maison, je le sens. Ce serait stupide de la conserver pour l'unique raison que cinq personnes âgées y vivent, des personnes dont j'ignorais l'existence il y a douze heures. Je ne peux tout de même pas tirer un trait sur mes projets parce que j'ai vécu une agréable soirée qui m'a apporté un peu de réconfort après mon chagrin d'amour. J'ai, en revanche, un besoin urgent d'argent, car, apparemment, je n'ai plus de job ni d'appartement. Cette somme m'aiderait à me reconvertir.

J'achèterai un appartement, je ferai un long voyage et je réfléchirai ensuite à ce qui me tente vraiment. Annika et moi avons toujours rêvé d'ouvrir un petit salon de thé, un rêve que nous trouvions irréaliste. Mais qui sait? Il ne l'est peut-être plus, maintenant que j'ai la chance de vendre une maison dans les Hamptons… En tout cas, cet argent sera mon capital de départ pour une vie nouvelle, que je pourrai modeler à mon gré.

D'un autre côté, onze millions pour redémarrer dans la vie, c'est beaucoup, vraiment beaucoup. Bien plus que ce dont j'ai besoin. Ne serait-il pas possible de renoncer à une toute petite partie de cette somme, si ce Komarov acceptait certaines conditions?

Des conditions. C'est, en définitive, le mot clé dans toute cette histoire.

Et quelles seraient ces conditions?

Je regarde toujours par la fenêtre, concentrée. Rien ne change devant mes yeux mais tout devient peu à peu plus clair dans ma tête. Quelque chose comme un sourire s'épanouit sur mon visage, tandis que j'échafaude mon plan.

Mon portable sonne une nouvelle fois. Je suis prête. Je décroche.

9

— Ah, enfin, vous êtes là, Linn !

C'est la voix tonitruante de Mr Cunningham. Il ne perd pas une minute à me saluer, donc.

— *Morning*, Mr Cunningham, lui réponds-je d'une voix flûtée et enjouée. Avez-vous bien dormi ?

— Merci, répond-il à son tour, bourru. Et vous-même ?

— Ma foi, j'ai à vrai dire…

J'ai l'intention de raconter ma rencontre nocturne avec Patty afin de ménager une transition élégante avec ce que j'ai en tête. Mais Cunningham coupe court à mes manœuvres avant même que je les aie entamées.

— Linn, je suis désolé de vous interrompre mais il y a un problème : vous devriez prendre vos dispositions et monter dans le premier train en partance pour l'aéroport JFK, afin d'y être à 11 heures.

— À l'aéroport ? Mais pourquoi ?

— La belle-mère de Mr Komarov a eu hier soir un grave AVC auquel elle ne survivra pas, selon toute vraisemblance. Aussi doit-il, avec sa femme, partir d'urgence pour la Russie, sans savoir combien de temps il restera absent. À l'heure actuelle, il est impossible qu'il soit de retour avant votre propre départ, la semaine prochaine. C'est pourquoi il s'est aimablement déclaré prêt à nous rencontrer tout à l'heure, à JFK, afin de faire votre connaissance et de discuter des conditions, pour que votre venue aux States n'ait pas été totalement vaine…

— Ah bon, mais c'est… Je cherche mes mots, car ce n'est pas exactement le cours que j'envisageais pour cet entretien.

— Linn? D'après l'horaire en ligne, le train part dans une heure. Vous devriez donc vous dépêcher un tant soit peu, d'accord?

— Le problème, c'est que…

— Peut-être pouvez-vous demander à Mrs Collins d'appeler un taxi.

— Mr Cunningham, je…

Bon Dieu, ce type n'est vraiment pas d'un commerce facile.

— Et n'oubliez pas que vous devez changer à Jamaica Station et prendre l'Air Train, compris? Le train ne va pas jusqu'à l'aéro…

— Mr Cunningham! J'insiste, fermement cette fois.

— Qu'y a-t-il? demande-t-il, apparemment excédé.

J'explose à mon tour.

— Mr Cunningham, saviez-vous que cinq personnes âgées logent dans cette maison?

— Cinq quoi?

Il a l'air sincèrement étonné.

— Cette maison abrite une communauté de cinq retraités qui vivent ici ensemble depuis des années, voire des dizaines d'années.

— D'où tenez-vous ça?

— J'ai pris une cuite avec eux, hier soir.

— Vous en êtes sûre?

— Qu'est-ce que vous vous figurez? Que j'ai vu des petits éléphants roses?

— Non, bien entendu, dit-il, stressé. Je suis juste un peu surpris. Cinq personnes, dites-vous?

— Deux hommes et trois femmes. Tous infiniment gentils et joyeux.

— Pourquoi Mrs Collins ne m'a-t-elle pas parlé d'eux?

Bonne question.

— Vous ne voyez vraiment pas? Elle avait peut-être peur de devoir déménager. Je veux dire que ce n'est plus une pension et que la propriétaire est décédée.

— C'est possible. Bien que très étrange.

— Elle avait probablement mauvaise conscience que tant de gens habitent dans un bien n'appartenant plus à personne.

— Elle n'avait pas totalement tort, insinue-t-il.

— «Pas totalement tort», je trouve ça un peu exagéré.

— L'un d'eux possède-t-il un contrat de location en bonne et due forme?

— Si j'ai bien compris, non! Ce sont tous d'anciens pensionnaires qui, pour une raison ou pour une autre, ne sont pas repartis. Et ils étaient si nombreux que ma tante n'a plus accueilli de pensionnaires normaux.

— C'est parfait, dit Mr Cunningham.

— Parfait?

— En l'absence de contrat de location, vous êtes déliée de toute obligation attachée à ce type d'habitat. Dès que la succession sera intervenue officiellement et que vous serez propriétaire, vous pourrez faire de cette maison ce que bon vous semble. Que quelqu'un y vive sans contrat n'est en définitive pas votre problème, ce n'est un problème que pour l'occupant illégal.

Je reste muette.

— C'est peut-être dur, mais c'est la réalité.

Cunningham a raison. C'est dur. C'est si dur que j'en ai le cœur serré.

— Et si c'était néanmoins un problème pour moi?

— Alors, ce serait que vous avez vous-même un problème, répond-il avec cynisme.

— Ha! Ha! Ha!

— C'est comme ça.

Est-ce à cause de ma gueule de bois ou bien de la dureté avec laquelle Mr Cunningham parle des cinq occupants de la maison? En tout cas, je n'ai plus d'idées. Quand j'ai accepté la communication, je me sentais très forte. Tout s'est désormais envolé. J'ai totalement oublié ce que j'avais l'intention de lui dire, tant il m'a désarçonnée avec son baratin juridique. J'ai l'impression d'être un lapin qui se retrouve à l'improviste sur une autoroute.

— Alors, nous nous voyons à l'aéroport? demande-t-il, m'arrachant à mes pensées.

À l'aéroport? Non!

— Je… bafouillé-je, cherchant désespérément à me souvenir de mon projet.

C'était pourtant ce fameux mot clé, c'était quoi, déjà? Je remue et remue mes méninges mais, momentanément, je ne retrouverais même pas le nom de mon premier cochon d'Inde.

— Bien, dit Mr Cunningham. Je vous envoie un SMS avec les indications précises. À tout de suite.

J'émets de vagues croassements, la connexion s'interrompt. Soudain, c'est le silence, tandis que je contemple toujours l'écran de mon portable. Il me faut un petit moment avant de pouvoir lever les yeux. Par la fenêtre, je vois la mer qui se soulève, retombe, se soulève. Je m'aperçois que Cunningham a réussi à m'emberlificoter, et je suis furieuse qu'il ait pu le faire aussi aisément.

Je n'ai rien dit de ce que je voulais dire. Rien. Soudain, la mémoire me revient. Putzi! C'est comme ça que s'appelait mon cochon d'Inde. Et quel était le mot clé, déjà?

Conditions! Ah, c'est ça!

Mes doigts se mettent à bouger d'eux-mêmes et composent le numéro de Mr Cunningham. Ça sonne… et je l'ai de nouveau en ligne.

— Linn? J'étais justement en train de vous envoyer le SMS avec les indications quand vous...

Il essaie encore de me noyer sous son flot de paroles, mais cette fois, c'est moi la plus rapide et je l'interromps.

— Mr Cunningham, cette rencontre n'aura pas lieu.

— Hein? Mais pourquoi donc?

— Parce que j'ai un problème.

— Un problème? s'étonne-t-il, avant de piger de quoi je parle. *Oh, come on*, Linn! Sérieusement, vous ne comptez tout de même pas renoncer à onze millions de dollars à cause de quelques seniors?!?

— Si! Si c'est nécessaire, c'est bien mon intention, lui réponds-je du ton le plus cool que je peux, sans vraiment parvenir à paraître tranquille.

— Non, vous n'en avez pas l'intention, dit-il d'un ton indulgent, comme parlant à un petit enfant.

Et il a raison. Je n'en ai pas l'intention. Mais je suis certaine que je ne serai pas obligée d'en passer par là. Car cette maison avec son terrain est le rêve absolu, un morceau de roi, y compris dans les Hamptons qui ne manquent pas de coins idylliques; c'est ce que Mr Cunningham lui-même m'a dit. Je suis certaine que des centaines de personnes intéressées vont se manifester, et qu'on peut tranquillement profiter de cette position favorable. Si Komarov ne veut pas de ma maison à mes conditions, eh bien, c'est un autre qui l'aura! On peut jouer de ça, non?

— Je n'avais pas cet argent il y a peu, donc il ne me manquera guère, dis-je, bluffant un peu.

— Allons, Linn, ne soyez donc pas stupide! gémit-il.

— Je ne suis pas stupide, répliqué-je d'un ton acide.

— Non, bien sûr que non. Ce n'est pas ce que je voulais dire. Pas du tout. Mais, savez-vous, Linn... que diriez-vous d'une petite rencontre tranquille entre Mr Komarov, vous et moi? Apprenez à vous connaître! C'est réellement un type bien, pas du tout ce que vous vous imaginez d'un oligarque russe. Parlez, et je suis certain qu'ensemble vous trouverez une solution très simple à votre problème. Peut-être Komarov n'aura-t-il pas besoin de vider la maison dans l'immédiat; il pourra sans doute attendre l'été prochain Qu'en dites-vous?

— Pour être honnête, je ne veux pas trouver de solution *avec lui.*

— Quoi, alors? Je devine la peine qu'il se donne pour masquer dans sa voix une pointe d'énervement.

— Eh bien, il suffirait qu'il *me* propose une solution.

Je retiens mon souffle. J'ai engagé la conversation dans la voie prévue. Je me sens dans la peau d'une joueuse de poker lancée dans un bluff extravagant.

Cunningham pousse un soupir de soulagement.

— Bon, d'accord, Linn. Et à quoi pourrait ressembler cette solution? À un droit de rester sur les lieux à vie, peut-être? Croyez-moi, personne n'acceptera cela, ni Mr Komarov, ni aucun autre acheteur, si c'est ce que vous imaginez.

— Ce n'est pas ce que j'ai en tête, dis-je, d'une voix un peu cassée.

— C'est quoi, alors?

— Je voudrais qu'il leur propose un autre logement, une belle maison dans les environs où ils pourraient demeurer ensemble.

— Linn, gémit-il, comme s'adressant à une enfant de quatre ans.

— Et à vie.

Je me dépêche de glisser cette expression que je n'avais pas du tout envisagée avant que Mr Cunningham ne la formule. Il soupire.

— Et devrait-il s'agir d'un logement en toute propriété, ou bien une location suffirait-elle ? s'enquiert-il sur un ton sarcastique.

— Je pense qu'une location serait bien, réponds-je avec grand sérieux.

— Un autre souhait ?

— Oui, il faudrait un jardin et suffisamment de place pour que les cinq puissent avoir leurs aises.

— Peut-être aussi du personnel ? Un maître d'hôtel ?

— Mr Cunningham, je parle sérieusement. Je ne mettrai pas ces gens à la rue.

— Je parle sérieusement moi aussi, Linn. Il est possible que ces seniors soient absolument adorables et joyeux, mais vous ne pouvez vraiment pas faire d'eux un problème pour Mr Komarov.

— Et pourquoi donc ?

— Parce qu'ils ne le sont pas. Y compris d'un point de vue légal. Je veux bien qu'il en aille autrement dans votre État-providence, mais en Amérique, aucun pensionnaire n'a droit à quoi que ce soit. À part peut-être au paiement par carte et au petit-déjeuner !

— Mais maintenant, ces vieilles personnes sont devenues son problème, dis-je d'un ton sec.

— Et pourquoi ? demande-t-il, avec, dans la voix, un désespoir manifeste. Linn, je vous le répète : ces gens ne sont pas des locataires en règle. Ils n'ont aucun droit à rester dans cette maison, et encore moins à un dédommagement sous forme d'un logement alternatif. Nous pouvons envisager une petite compensation financière, une sorte d'aide au déménagement, mais ce serait alors sur une base volontaire et…

Je l'interromps à nouveau. Cette fois, il la boucle instantanément.

— Mr Cunningham, je vais à présent vous dire pourquoi ces vieilles gens sont le problème de Mr Komarov.

Je savoure le silence tendu à l'autre bout du fil.

— Pourquoi, Linn? finit-il par demander à voix basse.

— Parce que…, dis-je en élevant la voix, pour qu'il soit bien clair que ma décision est irrévocable et ne souffre pas d'être discutée plus longtemps… parce que, sinon, je ne vends pas la maison. Soit ces personnes obtiennent un endroit confortable pour y vivre, soit elles conservent celui-ci. Telles sont mes conditions!

10

J'ai le cœur qui bat à tout rompre tandis que je range mon portable. Il est rare que je ne fasse pas ce qu'on me dit, que je me rebelle contre les conventions, quelles qu'elles soient. Mais à présent, ayant agi comme je croyais qu'il me fallait agir, je me sens merveilleusement bien. Un sentiment d'excitation, de révolte, d'indépendance. Et il ne s'est pourtant rien passé de grave ! Certes, Mr Cunningham a un peu râlé quand il a compris que mes exigences étaient à prendre ou à laisser, mais il a fini par accepter de parler avec Mr Komarov – si on peut interpréter comme un accord le grognement qu'il a émis à la fin de notre conversation.

Ce n'est pas seulement par rapport à ma petite personne que je me sens si bien. Ma mauvaise conscience envers les occupants de la villa me pèse beaucoup moins. Je trouverai une solution pour cette communauté, j'en suis convaincue. Une conviction qui est, elle aussi, fort agréable. Je décide néanmoins, sous la douche, de ne pas évoquer ce coup de fil devant les vieilles personnes. Tout se passera bien, j'en suis sûre, mais je crains de paraître jouer les généreuses si je leur parle de mes projets. Non, aussi important soit-il qu'elles ne voient pas en moi une héritière cupide venue s'enrichir en un clin d'œil, aussi désagréable serait-il qu'elles apprennent comment je me plie en quatre afin de trouver une solution qui leur convienne.

Et puis, je ne veux pas créer d'inquiétude inutile tant que je ne saurai pas plus précisément comment se déroulera la vente de la maison.

Quand, un peu plus tard, je descends au rez-de-chaussée et que j'entre dans la salle à manger, mon cœur se remet à cogner. La soirée d'hier a certes été très sympathique, et j'ai le sentiment d'avoir fait la conquête, au moins, de Patty et d'Ornella. J'ai, de plus, évoqué avec franchise mon histoire avec Martin, et les cinq ont aussi beaucoup parlé d'eux. Mais ils étaient tous bien éméchés, et aujourd'hui le monde pourrait leur apparaître différent, comme c'est souvent le cas au petit matin d'un « coup du soir », alors qu'on se retrouve soudain dégrisé.

Pourtant, l'humeur est bonne à la table du petit-déjeuner. Les cinq sont présents, et aucun ne semble souffrir des suites de la soirée. Seule Eleonore a l'air toujours aussi pincé qu'hier, peut-être même un peu plus. Sa bouche n'est pas plus grande qu'une cerise et, quand elle boit son thé à petits coups, on a l'impression que ce n'est pas son breuvage favori qu'elle absorbe, mais quelque chose de répugnant.

— Bonjour !

— *Buongiorno*, Linn ! me répond Ornella, radieuse. As-tu bien dormi ? Assieds-toi !

— Merci, lui réponds-je à mon tour en obéissant, heureuse qu'elle soit toujours aussi aimable. Franchement, je n'ai pas eu de peine à digérer mes Manhattan !

— Le premier réveille, le second égaie, le troisième fatigue énormément, dit Patty. Il faut savoir s'arrêter à temps.

— C'est comme pour tout, énonce Maxwell en riant, balançant en rythme sa crinière grise.

— Veux-tu un *caffè* ? me demande Ornella.

— Volontiers !

— *Un espresso* ?

— Je préférerais plutôt un crème, si c'est possible?

Ornella fait une grimace de dégoût.

— *Caffè latte*, c'est ce qu'on sert en Italie aux femmes enceintes. Ou aux petits enfants.

— Ornella, s'exclame Patty, se mêlant de la conversation, voilà que tu recommences à évangéliser! Ornella ne boit que des expressos, m'explique-t-elle.

— Parce que tout le reste, c'est pour les débutants, se défend Ornella. Elle disparaît dans la cuisine pour en revenir, quelques instants plus tard, avec un énorme verre plein de lait chaud, sur lequel flotte un merveilleux expresso bien noir.

— Ça va m'aider à émerger, dis-je joyeusement. *Grazie mille!*

— Dois-je, pour ce soir, te concocter un autre cocktail? plaisante Patty.

— En aucun cas! Et peut-être que, cette fois, je m'abstiendrai aussi de boire du vin blanc.

— Ma foi, c'est aussi ce que je te recommanderais, dit-elle. Tiens, prends un verre de jus d'orange, ça te fera du bien. Si je travaillais encore, je te conseillerais un Bloody Mary, mais…

— De l'alcool, encore? Grands dieux!

Je me dépêche de boire mon jus, après quoi je me sens un peu mieux, assez bien pour sentir la merveilleuse et suave odeur de farine et de beurre chaud qui flotte dans l'air.

— Qu'est-ce qui sent si bon?

— Ce sont les scones d'Eleonore. Ils seront prêts dans une seconde.

Des scones! J'adore ces gâteaux anglais servis au petit-déjeuner!

Peu après, nous nous affairons tous à tartiner des petits pains chauds et moelleux de confiture de fraise confectionnée par Ornella. Il n'y a pas la crème caillée qui accompagne d'habitude les scones frais, mais un beurre savoureux qui vient du marché fermier du village. Il glisse, tel du sirop, sur la pâtisserie chaude. Dès ma première bouchée, je suis à ce point soulagée d'être ici, et non avec Cunningham et Komarov dans un bar de l'aéroport, que les dernières brumes de ma gueule de bois s'évanouissent. Mon inquiétude quant à l'accueil que vont me réserver mes vieux hôtes m'abandonne, tel un paquet de neige tombant de son toit. On verra bien, me dis-je. Autant profiter des bonnes choses tant que je suis ici, et tout ira bien, c'est sûr et certain !

Effectivement. Le « délicieux » que je lance en guise d'hommage aux talents culinaires d'Eleonore arrache à celle-ci un sourire. Un sourire infime, certes, qui illumine son visage aussi longtemps qu'un rayon de soleil la crête d'une vague, mais tout de même !

— Merci, *my Dear*, dit-elle. Je ne suis pas une cuisinière très douée, mais chaque plat de pâtes que prépare Ornella me rend heureuse, et j'ai grand plaisir à confectionner des scones.

— Sincèrement, ils sont plus que délicieux, dis-je, n'hésitant pas à me répéter. Il faut que tu me donnes la recette, sans faute !

— D'accord, Linn, répond-elle aimablement, si bien qu'un instant je nourris l'espoir d'avoir gagné son cœur.

Je m'empiffre de pâte moelleuse, morceau après morceau, puis je reprends un scone et recommence mon manège, sous le regard curieux de Maxwell qui se met soudain à rire.

— Qu'y a-t-il, demandé-je, mâchant toujours.

— C'est vraiment incroyable, dit-il.

— Quoi ? demande alors Ornella.

— Sa manière de manger les scones !

— Que voulez-vous dire ?

Je me refrène un peu, m'attendant à ce qu'il se moque de ma voracité, mais il se contente de continuer à sourire.

— C'est vrai, finit par dire Patty.

— Ah, moi aussi je le vois, maintenant! renchérit Eleonore.

Ornella part d'un grand rire.

— Mais qu'y a-t-il?

Posant mon couteau à beurre, je les regarde tour à tour.

— Tu manges les scones exactement de la même manière que ta tante Dotty, m'éclaire Frederic, qui n'avait encore rien dit.

— C'est-à-dire?

Jusqu'à présent, je n'avais jamais remarqué que je mangeais les scones d'une manière particulière.

— Habituellement, on coupe les scones en deux, explique Eleonore. On les tartine et on les mange comme un petit pain.

— Et moi?

Ma question est superflue car la réponse se trouve devant moi, sur mon assiette. J'ai rompu chaque moitié en petits morceaux, tartinés de beurre et surmontés d'une couche de confiture.

— Exactement comme Dotty, confirme Patty, fascinée.

— Ah bon?

Peu encline à surestimer la chose, je calme le jeu. Concernant le chocolat, il y a ceux qui le mâchent et ceux qui le laissent fondre. Les goûts et les couleurs…

— Elle lui ressemble d'ailleurs un peu, observe Maxwell. Vous ne trouvez pas?

Les autres me scrutent mais ne semblent pas d'accord entre eux: Ornella et Patty, de la tête, disent non. Eleonore, en revanche, opine du chef.

— Tout à fait, dit-elle, surtout le menton.

— Les yeux aussi, renchérit Maxwell.
— Vous croyez?

Je suis un peu incrédule. Il est assez étrange de s'entendre dire qu'on ressemble à quelqu'un qu'on ne connaît pas. Vous avez soudain l'impression que votre interlocuteur voit en vous quelque chose que personne n'a encore jamais vu, et que le monde entier est toujours passé à côté de cette ressemblance. Et quand on vous dit que vous ressemblez à une parente dont vous ignoriez l'existence quelques jours plus tôt, c'est bien plus bizarre encore. Je me sens subitement liée à quelqu'un que je n'ai jamais vu.

— Eleonore a parfois un penchant à l'exagération, me rassure Patty, qui a lu le trouble sur mon visage. Elles ont beau avoir la même manière de manger, ce n'est pas pour autant qu'elles se ressemblent. Mais c'est vrai qu'il y a un petit quelque chose. Je te montrerai des photos tout à l'heure!

— Oh oui, s'il te plaît. Absolument!

Une fois les scones avalés, la table nettoyée et la vaisselle lavée, je ne pense plus à tante Dotty. Le soleil qui brille à travers la fenêtre m'attire irrésistiblement. Il faut que je sorte. Je décide donc de faire encore un tour dans le jardin, pour parcourir la propriété sans que quelqu'un vienne sans arrêt me parler de jacuzzis et de barbecues.

— Prends tes affaires de bain, me conseille Patty. L'eau est froide, mais elle est formidable!

Je n'ai bien entendu pas d'affaires de bain. Jusqu'à hier, je pensais que je passerais quelques jours au milieu des gratte-ciel. Par chance, au fond de ma valise, je trouve un simple soutien-gorge noir et un slip assorti. De loin, ils passeront pour un bikini. Je les enfile, me coince une serviette sous le bras et, traversant la terrasse, je me retrouve en plein soleil, dans la chaleur et la lumière.

Cette fois, je sens aussitôt l'odeur de la mer. Comment, hier après-midi, au même endroit, a-t-elle pu m'échapper? Je m'arrête une seconde, je renifle et me demande de quoi l'on parle quand on dit qu'on sent l'odeur de la mer. Ici, il n'y a pas d'eau qui stagne, pas de sel dans l'air, pas de relents d'algues ni de pipi de mouette. Alors, cette odeur marine, c'est quoi? Franchement, je n'en sais fichtre rien, mais elle est bien là, sur la terrasse noyée dans la verdure, entre les chaises de jardin sales. En fait, il est impossible de ne pas la sentir. Je devais être vraiment fatiguée, hier, pour être passée à côté.

Le sentier me paraît plus court aussi. Le jardin n'en continue pas moins de m'intimider, avec ses vieux bancs, ses arbres géants, la dune parcourue d'un long escalier de bois en mauvais état qui mène à la plage. Je le descends et, en bas, je me déchausse. Mes pieds s'enfoncent dans le sable chaud, mes orteils ne trouvent aucun appui dans la poussière qui scintille.

Puis-je laisser mes souliers ici? Je regarde à gauche et à droite mais, à part une dame d'un certain âge qui promène son chien à quelques encablures, il n'y a pas âme qui vive. Posant mes chaussures sur la dernière marche, je décide de me déshabiller sans attendre. Mon T-shirt et mon jean gisent bientôt sur le bois chaud. Un vent frais agite mes cheveux, plus vif que je ne l'aurais cru, mais il en faudrait davantage pour m'arrêter. Je me frotte les bras pour en chasser la chair de poule dont j'ai été prise au spectacle des vagues qui déferlent et se brisent sur le sable, écumantes d'abord, puis lisses et paisibles. J'ai un court moment d'hésitation avant de perdre à nouveau mon appréhension.

J'oublie que je n'aime pas l'eau froide, j'oublie qu'à Munich je ne vais quasiment pas à la piscine, j'oublie la maison derrière la dune, j'oublie pourquoi je suis ici. J'oublie tante Dotty et Mr Cunningham, j'oublie jusqu'à Martin. Je fonce droit dans l'eau et je cours à la rencontre de la première vague qui me fouette, glacée.

11

— Tu voudrais toi aussi un verre de jus? me demande Patty quand j'entre dans la cuisine, ma couverture de pique-nique sous le bras.

— Oh que oui! réponds-je.

Patty prend quelques oranges dans une grande coupe et met en route le presse-fruits, qui hurle si fort que toute conversation devient impossible.

Ce n'est pas grave, je n'ai pas particulièrement envie de parler. J'ai passé l'après-midi sur la plage à rêvasser et à lire, comme hier, comme avant-hier et avant-avant-hier, comme j'aimerais pouvoir le faire tous les jours.

Patty m'a invitée à passer toute la semaine dans les Hamptons, et je n'ai pu qu'accepter son invitation. J'avais pourtant une folle envie d'aller à New York, mais je n'ai pu m'imaginer quittant cette maison en bord de mer. Passer son temps ici est tout simplement merveilleux. N'avoir pour horloge que le soleil dans le ciel, pour seuls rendez-vous que ceux dictés par l'appétit, voir pâlir un peu les images de Martin et de Katha. Au moins, la douleur et la blessure ne reviennent plus sans cesse. Et, lorsque c'est le cas, j'ai tôt fait de les chasser grâce à une baignade en mer, une petite balade ou la lecture d'un vieux roman de Saul Roth que j'ai trouvé sur une étagère dans ma chambre (avec une dédicace de l'auteur: «Pour le vin. Pour la vérité. Pour Dotty!»).

Je n'ai guère entrepris d'activités plus sérieuses ces derniers jours. Bien que je ne sois là que depuis peu, il s'est installé comme une routine : le matin, je prends mon petit-déjeuner avec les autres, puis je sors dans le parc pour y lire. À midi, je me faufile dans la cuisine pour voir si quelqu'un n'aurait pas préparé un sandwich au pastrami (Maxwell) ou au concombre (Eleonore), ou encore une assiette de *pasta* (Ornella), et s'il serait heureux de partager son repas. L'après-midi, plage, et un brin de lecture encore. Quand le soleil se retire derrière les dunes, je rentre à la maison où Patty mixe déjà le premier apéritif. Je lis un peu au salon avant d'aider Ornella à préparer le dîner. Une fois ce dernier avalé, on boit encore un verre en compagnie.

Aujourd'hui, pourtant, j'ai quitté la plage un peu plus tôt. Le temps était bizarre ; la mer, d'un vert inquiétant, moutonnait, nerveuse. Des bourrasques ne cessaient de projeter un sable insidieux entre les pages de mon livre, dans mes cheveux, entre mes lèvres. À un moment donné, j'en avais tellement avalé que même ma bouteille d'eau minérale n'a pas suffi à faire disparaître ma sensation d'avoir la bouche sèche. Aussi est-ce un plaisir divin de voir Patty débrancher son appareil et me tendre un verre où le jus brille de mille feux – à croire qu'une ampoule y est cachée.

— Tiens, c'est pour toi.

— Merci infiniment !

Je bois goulûment, n'en revenant pas de la douceur et de la saveur des oranges qu'Ornella a rapportées hier du marché. Elles ne viennent bien entendu pas de Long Island, mais de Floride ; elles sont néanmoins si bonnes qu'on a l'impression de boire le nectar des dieux !

— Dis donc, tu as déjà drôlement avancé, me dit Patty en montrant le livre posé sur le buffet. Il te plaît ?

— Beaucoup. Il est captivant, fascinant même, si l'on songe à ce que tu m'as raconté hier, que Saul Roth a vraiment écrit cette histoire chez vous, au Hamilton! Parce qu'il décrit la nature et les villages au bord du Mississippi de manière si évocatrice qu'on a l'impression d'y être! C'est miraculeux qu'un auteur réussisse à nous entraîner dans un si long voyage, alors que lui-même se trouve dans une simple chambre d'hôtel à Manhattan…

— Tu sais, petite, en fait, tout cela est dans nos têtes! Il est tout aussi miraculeux qu'il suffise, pour nous donner faim, que quelqu'un parle avec passion de crêpes au sirop. Ou qu'on puisse être amoureux de quelqu'un vivant à l'autre bout du monde.

Elle prend le livre pour regarder une fois de plus la couverture vieillotte, représentant un bateau à aubes sur le Mississippi. Elle aperçoit alors mon signet provisoire, entre deux pages. C'est l'une des photos de tante Dotty que Patty est allée chercher dans sa chambre, il y a deux jours, pour me les montrer: en noir et blanc, relativement abîmée, elle m'a tellement émue que je lui ai demandé si je pouvais la garder quelques jours. Depuis, je n'ai cessé de la contempler, lors d'une pause entre deux chapitres, pendant un moment de distraction ou en prélude à un petit somme.

Patty me regarde, semble se demander si elle a eu raison de me laisser la photo et s'il n'est pas temps de la remettre à l'abri de son album, dans sa chambre.

— Merci encore, dis-je, un peu maladroitement. Je ne peux m'empêcher de la regarder sans arrêt.

Je tire la photo d'entre les pages jaunies, et une jeune femme au sourire impatient nous fixe. Elle se tient debout à l'entrée d'un bar de New York, sur le point de pénétrer à l'intérieur, élancée, les chevilles fines, les épaules minces. Très chic, très femme du monde. Elle porte une courte robe noire avec des talons aiguille, le tout d'une grande élégance. Elle a aussi une cigarette à la main et elle la tient comme un accessoire raffiné, et non à la manière d'une intoxiquée à la nicotine.

— Cela me fait plaisir, ma chérie.

— Elle me rappelle beaucoup ma mère, dis-je, bien que l'ayant déjà dit avant-hier, puis hier.

C'est vrai, même si les deux femmes ne présentent pas, au premier coup d'œil, une ressemblance foudroyante : ma mère avait les cheveux lisses, tante Dotty était frisée ; ma mère avait les lèvres pleines, alors que la bouche de Dotty évoque plutôt la sévérité ; ma mère possédait un visage en forme de cœur, tandis que celui de sa cousine était plutôt mince. Et ma mère n'a jamais eu cette élégance ! Il y a pourtant un trait autour de ses yeux, une certaine façon de regarder le monde ou la caméra qui me fait très fort penser à celle qui me manque le plus, celle que je regrette infiniment. C'est pourquoi je ne peux m'empêcher de tirer cette photo d'entre les pages, encore et encore. J'ai à ce point l'impression d'y trouver quelque chose de ma mère que j'en suis étonnée.

La femme de la photo me ressemble d'ailleurs un peu aussi, les pensionnaires ont raison. Comme elle, je ne suis pas vraiment jolie, mais il se trouve toujours quelqu'un pour m'attribuer une « beauté » insolite. Comme Dotty, je suis frisée et mon visage est mince. Nos yeux aussi se ressemblent. Si on plaçait côte à côte nos trois photos, on remarquerait aussitôt notre parenté. Notre ressemblance n'est pas celle de deux sœurs ni celle d'une mère et de sa fille, mais chacune de nous a, en elle, un peu des deux autres.

— C'est frappant, oui, dit Patty. Je sais.

Nous examinons ensemble la photo de cette jeune femme, séduisante à sa manière. Quoique riant, elle garde un air sérieux, comme si elle ne voulait pas tout montrer d'elle-même, comme si elle avait peur de trop dévoiler son intimité. Il semble qu'il y ait un mur entre elle et celui qui la regarde, un mur qui permet de la voir mais pas de la toucher. Ma mère, parfois, avait aussi ce regard ; par exemple, quand elle réfléchissait ou qu'elle était triste. Mais, chez elle, il disparaissait presque sur-le-champ, et elle était de nouveau présente, avec toute son affection pour sa petite famille. Alors que chez Dotty, on remarque cette étrange absence sur toutes les photos d'elle que j'ai pu voir jusqu'ici. Une absence qui ne me laisse pas en paix : qui était cette femme ? Bien sûr, elle a eu cette vie trépidante à l'hôtel, les fêtes, les célébrités… mais aussi cette vie paisible, ici, dans les Hamptons. Cette vieille maison, le murmure de la mer, la coexistence avec ces êtres étranges.

Qui était-elle en réalité ? Tout au fond d'elle-même ? D'où provient ce sentiment de proximité que j'éprouve alors que cette dame, sur la photo, est pour moi une parfaite étrangère ?

J'aimerais interroger sa meilleure amie à ce propos, mais j'ai peur que ma curiosité passe pour de l'indiscrétion, voire de l'impudeur. Aussi, je m'abstiens. Patty sent que quelque chose est là qui n'arrête pas de susciter mon intérêt pour ma tante, qui m'obsède :

— Tu sais quoi ? dit-elle soudain, en me regardant dans les yeux.

— Non ?

— Je suis entrée à plusieurs reprises dans la chambre de Dotty ces dernières semaines, pour ranger un peu, mais je n'ai guère avancé. La pièce est pleine de livres, de classeurs, d'albums et de caisses qu'il faudrait trier, pour jeter les vieux papiers et garder ce qui mérite d'être conservé. Tu aurais envie de m'aider ?

— Vraiment ?

Je la regarde avec surprise. Je suis heureuse, bien entendu, qu'elle me propose de pénétrer avec elle dans le saint des saints, dans l'intimité de sa vieille amie. C'est un signe de confiance extraordinaire qui me remplit de fierté. Mais je redoute aussi un peu de fouiller dans les affaires d'une inconnue décédée récemment. N'est-ce pas une intrusion?

— Tu le penses sérieusement? insisté-je, mal à l'aise.

— Oh, c'est uniquement si tu le veux bien, Linn! Mais ce pourrait être très intéressant et t'éclairer un peu sur la personnalité de ta tante Dotty. Et moi, ça m'aiderait. Les autres n'ont pas du tout envie d'entrer là-haut ni de farfouiller dans ses affaires. Moi non plus, d'ailleurs, surtout seule. Néanmoins, je trouverais étrange de tout laisser jaunir et s'empoussiérer, en l'état. Dotty n'aurait certainement pas été d'accord, elle était trop pragmatique pour cela. Qu'en penses-tu?

Je la regarde dans les yeux.

— Si cela t'aide vraiment... alors, volontiers!

Là-dessus, nous montons au premier étage où se trouvent les chambres des femmes, Frederic logeant dans la dépendance et Maxwell s'étant retiré dans les combles. À côté des quatre chambres à coucher, il y a aussi trois pièces inhabitées, d'anciennes chambres d'hôtes de la pension qui n'abritent plus personne depuis longtemps.

Juste à côté de ma chambre, Patty ouvre avec précaution une porte qui grince doucement. Nous voici dans le domaine de Dorothy Webber, de ma tante Dotty.

Cela sent le renfermé, les volets sont clos et, dans les rares rais de lumière qui traversent la pénombre, scintillent les particules de poussière que notre entrée a soulevées. Le mur percé de fenêtres est plus large encore que celui de ma chambre. Patty ouvre les doubles battants et une fraîche brise marine pénètre dans la pièce. La lumière semble dorer les cheveux gris de Patty.

— Ah, on se sent mieux, dit-elle.

— Absolument! dis-je, regardant autour de moi. Tout paraît aussitôt plus accueillant.

On voit que cette chambre a été habitée par la femme qui a aménagé toute la maison. C'est son style, un style qui se retrouve dans les autres pièces. Comme dans ma chambre, il y a un vieux fauteuil en cuir enseveli sous des coussins et des couvertures, un bureau encombré, des étagères pleines de livres et de classeurs montant jusqu'au plafond et un lit à baldaquin sans baldaquin, au-dessus duquel, posés sur des tasseaux de bois, ne se trouvent que quelques pans de tissu. Il y a enfin une commode antique, aux boutons de porcelaine blanche. Je constate une nouvelle fois la différence entre la mode branchée du vintage et le vrai mobilier ancien: d'un côté, on sent la mise en scène; de l'autre, la vie. J'ai un penchant pour l'un et pour l'autre. Mais bien sûr, les meubles qui ont une véritable patine sont plus jolis. Ils racontent une histoire, plutôt que d'avoir été laqués puis usés artificiellement.

Il y a sur la commode quelques photos, quelques-unes en noir et blanc, d'autres d'un sépia défraîchi. Dotty ne se trouve que sur peu d'entre elles. Sur la plupart, je vois des visages inconnus qui rayonnent de bonne humeur, rient et boivent, s'amusent. Sur l'une d'elles, je reconnais Patty, vêtue d'une robe à paillettes étincelantes, en train de danser avec Dotty. À l'arrière-plan, des hommes et des femmes en tenue élégante fument, appuyés à un comptoir rempli de bouteilles, de verres et de petites lampes de prix.

— C'était ton bar?

— Oui, tard dans la nuit, après une soirée d'anniversaire.

— Vous donnez l'impression de vous être bien amusés.

— Ah, Linn , dit-elle d'une voix rêveuse. Certains soirs, nous dansions jusque tard dans la nuit, comme si les matins n'existaient pas, parfois jusqu'à l'aube. Moi, ça ne me dérangeait pas, car je ne reprenais le travail que l'après-midi. Mais Dotty devait souvent être opérationnelle à l'heure du petit-déjeuner. Elle se changeait alors à toute allure et se rendait directement au buffet. Je la charriais sans arrêt, lui demandant si elle se dopait, ce qu'elle ne faisait pas, bien entendu, ou du moins en se limitant aux drogues douces, cocktails au champagne et nicotine. En réalité, je savais combien elle dormait mal. Durant toutes ces années à New York, elle restait longtemps éveillée le soir, ne trouvant le sommeil qu'une petite heure avant son lever. L'après-midi, elle s'adonnait souvent à des siestes clandestines, à côté de moi, derrière le comptoir, ou bien, lors de ses «rondes», dans une chambre vide. Le propriétaire du Hamilton, Mr Fitzgerald, n'était de toute façon jamais là. Et comme, en dehors de Dotty, il n'y avait pas d'autre cheffe, nous pouvions nous permettre pas mal de choses, dans la mesure où le travail était accompli et le chiffre d'affaires correct. Du reste, une petite sieste n'est pas une mauvaise chose. Je m'en offre maintenant, avec beaucoup de plaisir. Ça maintient en forme!

— Je sais, dis-je, réprimant un sourire tandis que je me rappelle notre première rencontre: Patty, un chandelier à la main, prête à nous assommer avec.

— Ah oui, c'est vrai, reconnaît-elle, un sourire flottant sur ses traits, tu es au courant!

Puis elle reprend son sérieux et me regarde d'un air songeur.

— Mon Dieu, il n'y a vraiment que quatre jours que tu es arrivée? Combien de temps restes-tu encore?

— Jusqu'après demain.

— Plus que deux jours, vraiment? Ça alors! J'ai l'impression que tu es là depuis des semaines!

— Moi aussi, dis-je.

Ça me fait soudain chaud au cœur. Patty, pardessus le marché, pose une main sur mon épaule et la presse doucement.

— Je suis heureuse que ce soit toi qui aies hérité de cette maison, Linn, et pas n'importe qui.

— Merci, dis-je d'une voix soudain rauque, m'efforçant de lui offrir un sourire chaleureux qui ne soit pas le reflet de mon trouble.

Ma mauvaise conscience, qui ne me laisse pas en paix ces derniers jours, est de retour. J'ai profité du temps qui passe, sans me préoccuper de la vente de la maison. Je savais pourtant, au fond de moi, que je ne pourrais indéfiniment laisser croire aux occupants que tout continuerait comme avant. Il était clair que le sujet arriverait tôt ou tard sur le tapis. Le moment est venu.

— T'es-tu déjà demandé ce que tu ferais de ton héritage? s'enquiert Patty avec prudence.

Je soupire de manière audible et je la regarde d'un air timide.

— Pas vraiment, dis-je, consciente de ce que mon ton a d'évasif.

Mais que dire d'autre? Mr Cunningham ne s'est plus manifesté depuis notre coup de fil, et je ne peux parler à Patty de projets qui n'existent pas encore. Pourquoi mettre le feu aux poudres alors que rien n'est décidé?

En outre, je me sens nerveuse à l'idée que Cunningham n'a toujours pas donné de nouvelles. Il devrait pourtant avoir parlé avec Komarov depuis belle lurette! Mes exigences l'ont-elles effarouché? N'a-t-il plus envie de faire affaire avec moi? Ai-je trop fait monter les enchères? Pourtant, même si c'était le cas,

Cunningham ne se serait-il pas manifesté depuis longtemps avec un nouvel acquéreur? Pour une maison comme celle-ci, il doit tout de même y avoir quantité de gens intéressés!

À moins que?

À moins que?

J'éprouve soudain le besoin de dire la vérité à Patty. De lui dire que j'envisage de vendre la maison et qu'ils devront très vraisemblablement déménager. Mais je n'en ai pas le cœur.

— Pas vraiment, dis-je à nouveau, et j'ajoute, d'une voix résolue: mais il ne se passera rien qui vous crée des difficultés, sois-en certaine.

— Je suis heureuse de te l'entendre dire, répond-elle à voix basse.

— Ne vous faites pas de souci.

Je me détourne afin qu'elle ne remarque pas le rouge qui m'envahit les joues, et je regarde autour de moi, en quête d'un nouveau sujet de conversation. Et soudain, je le trouve.

— C'est curieux, il n'y a rien d'allemand, ici.

— Rien d'allemand?

— Eh bien oui, elle était allemande tout de même, non? Mais, dans toutes ses affaires, rien ne l'indique.

Je regarde une nouvelle fois autour de moi et je m'étonne alors pour de bon. Non que je me sois attendue à ce que tante Dotty couche sous un immense drapeau bavarois, mais il est néanmoins curieux que rien, mais vraiment rien, ne rappelle ici ses origines: pas de photo, pas de livre en allemand, pas de carte postale de Bad Tölz ou de la vallée de l'Isar, pas de cœur en pain d'épices ni de Wolpertinger en peluche.

— Tu as raison, dit lentement Patty. Cela doit s'expliquer par le fait que Dotty n'avait pas gardé de l'Allemagne un bon souvenir.

— Ah bon? Et pourquoi ça?

— Ah, tu sais, répond Patty. Un instant, elle semble vouloir se lancer dans une longue histoire, puis la tension s'efface de son visage et elle a un geste de dénégation : Je te raconterai une autre fois. Cela n'a pas grande importance.

C'est elle, maintenant, qui inspecte la chambre. Elle veut elle aussi changer de sujet, je le sens. Et je ne suis pas contre.

— Bon, alors, par quoi on commence ? demandé-je, revenant au motif de notre présence dans cette chambre.

— Je ne sais pas trop, dit-elle avec un hochement de tête en direction des rayonnages. Il vaut sans doute mieux ne pas commencer par les livres.

— Oui, ce serait un boulot gigantesque. De plus, ils sont rangés et ne nous embarrassent pas.

— C'est vrai, approuve-t-elle, en même temps que ses yeux tombent sur le secrétaire. Et si on commençait par le contenu du meuble à tiroirs ? propose-t-elle, montrant une espèce de caisson poussé sous le bureau. Je crois que ça ne posera pas de gros problèmes, car nous saurons à peu près ce qui peut encore être utile, ce qui est à jeter et ce que nous pourrions peut-être vendre. C'est du moins ce que j'espère, ajoute-t-elle, avec, un instant, l'air d'avoir envie de se défiler de la corvée qu'elle s'est infligée à elle-même.

Sur ses indications, je vais chercher, au rez-de-chaussée, dans une sorte de cambuse servant de dépôt pour des matériels de toutes sortes, trois cartons de déménagement. Dans l'un, nous mettrons les affaires qui pourront servir dans la maison, dans l'autre, ce qui se jette, et dans le troisième, les effets que Patty destine au marché aux puces et aux antiquités.

— J'ignorais que vous vendiez au marché, dis-je.

— De loin en loin, élude Patty en faisant disparaître dans le carton destiné au marché une lourde poinçonneuse de métal laquée de noir, un outil hors d'âge.

— Tu crois que vous allez toucher quelque chose pour cette vieillerie?

— Tu n'en croirais pas tes yeux. Les New-Yorkais adorent flâner dans les marchés, durant leurs congés d'été, afin de renifler un peu de naturel et de nostalgie. C'est pour cette raison qu'ils trouvent la Vieille Europe si romantique et attrayante. Quand ils tombent sur de vieux machins comme celui-ci, ils disjonctent et ont l'impression d'emporter chez eux un brin de vie authentique. On va à coup sûr empocher huit dollars pour cette poinçonneuse, si ce n'est dix. Et puis, ajoute-t-elle en haussant les épaules, l'argent, c'est de l'argent, non?

— C'est vrai, dis-je en riant.

Patty essaie de sourire elle aussi, mais le résultat n'est guère convaincant.

— Qu'y a-t-il?

— Oh, rien. L'argent, c'est toujours un sujet déplaisant.

— Exact. Je veux lui donner l'occasion d'ajouter quelque chose, mais elle garde le silence. Je reprends: Alors celle-là va forcément dans le carton du marché aux puces, en tirant de sous le bureau une vieille machine à écrire portable dans son coffret.

— Ah oui, parfait, elle va nous rapporter un bon petit quelque chose, c'est certain.

— Et ce très joli crayon marqueur qui n'a jamais servi, comme neuf?

— Marché aux puces!

Nous vidons ainsi peu à peu le caisson de Dotty. Nous trouvons pour le marché une vieille caméra Pentax, un joli dévidoir de bandes adhésives, une agrafeuse. Les trombones et les stocks de papier non jaunis rejoignent dans leur carton les objets que Patty veut encore utiliser, tout comme un vieux tampon adresse, un paquet de crayons et une petite provision de cartes-lettres portant, imprimées, les coordonnées de l'expéditeur. Nous jetons dans le carton aux rebuts les enveloppes qui ne collent plus, les prospectus publicitaires de restaurants ayant fermé, des extraits de comptes bancaires périmés depuis longtemps, des élastiques fichus, des tubes de colle et des tampons encreurs séchés.

Derrière une pile de classeurs que Patty écarte en vue d'un « examen ultérieur », comme elle dit en soupirant, on aperçoit une photo. Une photo qui, au premier coup d'œil, n'a rien à voir avec celles de la commode. Elle est beaucoup plus ancienne, date sans doute des années cinquante, avec un simple cadre argenté, et montre un jeune homme blond dans un uniforme qui semble assez raide, regardant au loin avec fierté et un certain amusement.

— Oh, lâche Patty en la prenant.

— Qui est-ce ?

Patty ne répond pas. Elle examine la photo sans un mot ; elle donne l'impression d'y lire.

— C'est George, dit-elle au bout d'un moment.

Puis elle se tait de nouveau.

— C'est qui, George ?

Elle reste muette, ne lève pas les yeux de la photo.

— George a été le grand amour de Dotty, soupire-t-elle.

— Raconte-moi.

12

Le récit de Patty terminé, nous ne sommes guère plus avancées dans notre opération nettoyage. La chambre est encore encombrée de babioles ; les caisses ne sont remplies qu'à moitié et, dans le caisson à tiroirs, traînent des bouts de papier, des trombones et autres bricoles. Nous décidons néanmoins d'en rester là pour aujourd'hui. L'histoire d'amour de ma tante m'a bouleversée.

Patty aussi a l'air étrangement retournée.

— Tu descends avec nous? me demande-t-elle, en gardant dans sa main un petit paquet d'enveloppes qui aurait dû rejoindre la caisse aux affaires encore utilisables. Je boirais bien quelque chose.

— Non, j'ai envie de rester assise ici un petit moment. Si tu n'y vois pas d'objection.

— Bien entendu, ma chérie, reste aussi longtemps que tu le voudras, dit-elle en me regardant d'un air songeur, avant de me prendre la main avec chaleur et, rêveuse, presque tendre, de la tapoter. Tant que tu voudras, répète-t-elle. À tout à l'heure.

— À tout à l'heure, oui.

Elle sort, me laissant seule dans la chambre de Dotty, entourée de ses affaires, de son existence, seule avec l'histoire qui m'a tellement touchée que j'en ai encore le cœur qui bat.

Ma tante est née le 5 mai 1940 en Haute-Bavière, à Mingharting, une petite localité non loin de Weilheim et toute proche de Gerndorf où mes parents avaient leur maison. Dorothea Weber avait dix ans de plus que ma mère et quitta la Bavière quand celle-ci avait environ douze ans, raison pour laquelle elles n'entrèrent pour ainsi dire jamais en contact. Le paysage de Haute-Bavière est merveilleux, avec ses vertes prairies, ses lacs aux eaux luisantes, ses forêts accueillantes, ses fermes et ses petits villages, ses clochers et, à l'horizon, la chaîne des Alpes.

L'enfance de Dorothea a pourtant été tout sauf idyllique. À sa naissance, l'Allemagne était en guerre. Comme tant d'enfants de ces années-là, elle fut conçue lors d'une brève permission. Son père partit ensuite pour le front de l'Est où il resta longtemps, d'abord comme soldat puis comme prisonnier de guerre dans un camp sibérien. Elle fit sa connaissance alors qu'elle allait déjà à l'école : un inconnu maigre et sale se retrouva soudain devant leur porte, comme surgi du néant Et, après, tout fut différent.

Dorothea et sa mère s'en étaient pas mal sorties durant la guerre. Elles n'avaient certes pas beaucoup mais, les autres n'étant pas mieux loties, cela n'importait guère. Elles avaient leur petite ferme, du lait et des œufs ; elles avaient leur bonne humeur et leurs rires qui résonnaient dans toute la maison. Comme les autres enfants dont les pères étaient au front, Dorothea ne souffrait pas de l'absence du sien. Pourquoi aurait-elle souffert, d'ailleurs ? Elle ne le connaissait pas.

Et sa mère ? La guerre finie, son mari ne revint pas et, depuis longtemps déjà, elle n'espérait plus le revoir. Elle l'avait cru mort, comme les hommes dont elle rencontrait les épouses, l'après-midi, sur la place, chez le boulanger, le boucher. Lui manquait-il ? Était-elle triste ? Si oui, elle ne l'avait jamais montré à sa fille.

Et voilà qu'était revenu l'homme qui, jeune et amoureux, lui avait jadis fait la cour. Mais était-il véritablement le même? Il avait changé. Il était dur, taciturne, intransigeant, criait dans son sommeil et, le jour, criait contre Dorothea. Il avait laissé son cœur insouciant quelque part du côté de Stalingrad, et s'il en avait gardé un, c'était un cœur de pierre; un organe froid et rétréci dans lequel il n'y avait pas de place pour une fille joyeuse, aimant les chevaux et les livres, adorant barboter dans le ruisseau derrière leur maison.

Brusquement, ce fut comme s'il y avait eu un coup de froid dans la maison. La communauté féminine, où régnait auparavant la gaieté, fut glacée par un courant d'air hivernal après le retour du père. La mère de Dorothea, elle aussi, perdit de sa chaleur, continuant de s'occuper du ménage, mais en silence et les traits tendus. Était-elle déçue? Regrettait-elle parfois que son mari ne fût pas tombé à la guerre? Ou bien était-elle heureuse d'avoir quelqu'un, en dépit de l'injustice et de la sévérité de son homme?

Dorothea ne le saurait jamais. Elles ne parlaient pas de cela, et Dorothea ne posait pas de questions. Elle se mit plutôt à rêver d'une autre existence, une vie en ville, loin de ses parents, où personne ne la réprimanderait si son couteau crissait dans son assiette. Elle avait toujours été une grande lectrice mais, désormais, elle avait constamment le nez plongé dans un livre, s'immergeant dans des mondes inconnus pour échapper au sien. Elle lisait tout ce que lui offrait la bibliothèque de Weilheim, des policiers, des romans d'amour et d'aventures, des histoires de détective à Chicago, des affaires louches à Paris, des histoires de la haute société de Manhattan. Profitant de son anglais scolaire mieux que médiocre, elle en arriva même à lire des livres anglais et américains dans le texte. Le dépaysement n'en était que plus grand. Parfois, elle se surprenait à parler pour elle-même en anglais, ayant ainsi l'impression d'être l'un des personnages de roman qu'elle affectionnait.

Elle changeait, d'ailleurs, elle aussi : elle devenait peu à peu une jeune femme séduisante, aux boucles brunes et aux grands yeux, qui tournait la tête des garçons de son école. Elle était invitée, complimentée, et elle sentait sur elle les regards des élèves plus âgés quand elle passait dans les couloirs. Mais elle ne trouvait guère attirants les jeunes du village. Ils n'avaient rien à voir avec le monde dans lequel elle vivait après l'école. En pensée, elle était déjà loin, vivant une autre vie, une vie plus pleine.

Puis, peu avant son baccalauréat, elle rencontra George.

Ils se croisèrent dans la bibliothèque municipale, devant le rayon des romans en anglais. Il s'apprêtait à prendre un policier qu'elle avait lu peu de temps auparavant. C'est ainsi qu'elle entra en conversation avec ce jeune soldat américain, un homme de haute taille dont l'accent authentique l'impressionna. Quelques mots de lui suffirent à la faire rire et son chaud sourire, ainsi que ses yeux d'un bleu foncé, la conquirent.

Elle accepta son offre d'une glace et ils passèrent l'après-midi ensemble, devant un café glacé et une part de gâteau au fromage, alors qu'elle avait le lendemain un contrôle de mathématiques et qu'elle savait parfaitement ce qu'une mauvaise note lui vaudrait. Mais elle s'en fichait : ce qui se passait entre elle et George n'avait de place dans aucune des équations au programme de ses révisions. C'était si imprévu, si insolite que cela semblait relever de la magie. Et la magie n'est-elle pas le contraire des mathématiques ? Ne renverse-t-elle pas tout ce qu'il existe de règles et de formules en ce bas monde ?

George et elle ressentaient les choses de la même façon, au point qu'elle se demanda pourquoi ils ne s'étaient pas rencontrés plus tôt. L'idée que le hasard aurait pu ne pas les conduire, le même jour, dans cette bibliothèque, était insupportable. Comment leurs vies avaient-elles pu se dérouler de manière aussi semblable ? Comment était-il possible de constater ainsi, à tout instant, qu'ils ressentaient les choses de la même façon ?

George avait lui aussi grandi à la campagne, fils d'un paysan de la Louisiane qui lui avait, lui aussi, rendu la vie insupportable. Il avait cru pouvoir fuir en s'engageant, sans se douter que ses supérieurs seraient beaucoup plus durs encore que le tyran domestique. George était également un grand lecteur, parce que les livres lui ouvraient une porte vers d'autres mondes. À la différence de Dorothea, il peignait et dessinait, transformant ce qui l'entourait en esquisses et tableaux d'où la laideur, le froid et le dissonant avaient disparu. Il rêvait aussi d'une autre vie, d'une vie libre, sans règles ni dressage militaire. Il ne souhaitait rien tant que de quitter l'Allemagne. À New York, peu avant son incorporation, il avait passé quelques semaines heureuses, et se voyait fort bien y retourner. Mais tant d'autres lieux l'attiraient : l'Italie, l'Espagne, l'Asie, l'Amérique du Sud. Rien ne lui faisait peur !

Les rêves de Dorothea gagnèrent en ampleur. Si, jusque-là, son imagination ne l'avait conduite qu'en Angleterre, l'atlas de son cartable était maintenant un recueil de promesses. Le nombre d'endroits où il était possible de vivre ! Que de perspectives s'ouvraient soudain, après un unique après-midi chez le glacier de Weilheim ! Il ne s'était rien passé durant ces quelques heures ensemble, pas un baiser, pas un regard inconvenant, pas le moindre contact. Ils se promirent néanmoins de préparer leur fuite de ce monde étriqué. Dans un an au maximum, dès que Dorothea aurait passé son bac et que George aurait mis assez d'argent de côté, sur sa solde.

Ils se quittèrent sur cette promesse. Et c'est ainsi qu'il en alla bien sûr tout autrement. Avoir soudain un homme dans sa vie perturba la jeune fille, au point que ses résultats scolaires en pâtirent. Son père ayant appris qu'elle fréquentait un soldat américain, les interdictions de sortir et autres punitions sévères se mirent à pleuvoir, sans toutefois parvenir à faire renaître en elle le goût des maths, de l'histoire et de la biologie. Elle n'excella vite que dans une seule matière : en très peu de temps, elle se mit à parler anglais couramment, quasiment sans accent.

Dorothea et George s'étaient secrètement fiancés au bout de quelques mois. Le père découvrit au doigt de sa fille un mince anneau et, lui ayant arraché la vérité, il n'y alla pas par quatre chemins. Il interdit à sa fille de revoir le jeune homme, sous peine de se retrouver enfermée dans l'internat d'une école religieuse connue pour son extrême sévérité, au fin fond de la Basse-Bavière, loin de la caserne, de la luxure et du péché, loin de chez elle. Cette menace fit déborder le vase. George estima qu'il avait assez épargné pour s'en sortir les premiers mois, et Dorothea cessa de voir le moindre intérêt à un baccalauréat qu'elle ne pourrait passer qu'en renonçant à voir George. Ils décidèrent que l'heure était venue. La jeune femme savait que cette fuite était synonyme d'une rupture définitive avec ses parents, et ils savaient aussi que George, en désertant, risquait de se retrouver devant un tribunal militaire. Mais cela ne les effraya pas.

George acheta une Coccinelle pas chère qui les conduirait jusqu'en Italie. De là, ils prendraient le ferry pour la Grèce. S'étant procuré des cartes routières, ils avaient tracé un itinéraire. Jour après jour, Dorothea avait transporté dans son cartable des vêtements qu'elle cachait dans son casier à l'école. Elle mettait également de côté tout ce qu'elle trouvait d'utile dans la cave de ses parents : ouvre-boîte, conserves, briquet, ruban adhésif, allume-gaz, serviette de toilette, un rouleau de papier hygiénique et même une vieille tente à deux places des années 1930 ! Personne ne s'aperçut de rien.

Puis vint le matin fatidique. Son père amena Dorothea à l'école en voiture, comme il le faisait de manière aléatoire afin de s'assurer qu'elle n'avait pas de rendez-vous secret avec George. Elle prit vite congé de lui, grimpa les marches menant au bâtiment scolaire dans lequel elle entra effectivement. Elle se cacha dans les toilettes jusqu'à ce que retentît la sonnerie de la première heure de cours. Quand tout fut silencieux, elle sortit de son casier un sac de marin qu'elle remplit de tout ce qu'elle avait transporté en cachette. Outre les cintres, dont elle n'aurait pas usage, elle laissa dans son casier une lettre destinée à ses parents dans laquelle, n'ayant rien à dire à son père, elle s'employa de son mieux à enlever à sa mère tout sentiment de culpabilité. Elle quitta ensuite l'école en sifflotant comme si de rien n'était, de manière à ne pas éveiller de soupçons, puis elle se rendit à l'endroit convenu.

George était déjà là, appuyé contre sa voiture, un large sourire aux lèvres et un bouquet de marguerites à la main. Il posa les fleurs sur le toit de la Coccinelle et, traversant la rue, déchargea Dorothea de son fardeau après un rapide baiser. Il se retournait pour rejoindre l'auto quand l'irréparable se produisit.

George, bon soldat, n'était pas un casse-cou, et il n'était pas dans ses habitudes d'agir à la légère. Mais, dans son excitation et sa hâte de partir, il oublia de regarder à gauche et à droite, n'ayant en vue que sa Coccinelle qui les emmènerait loin, en sécurité. Il n'entendit ni le cri de Dorothea, ni le coup de frein d'une autre voiture arrivant sur sa gauche, ni le coup de klaxon d'un véhicule venant de droite. Il s'engagea, et fut heurté par un bus de l'armée américaine en route pour un exercice.

Il mourut sur le coup. Rien ne put le réanimer, ni ses compatriotes que transportait le bus, ni le médecin appelé d'urgence, ni les services de secours dans l'ambulance le transportant à l'hôpital.

Il était mort. Mort, tout simplement. Son cœur n'était plus qu'un bout de chair inerte, inutile.

Et Dorothea ?

Comme assommée, elle traversa le cauchemar dans lequel la mort de George la catapulta. Ses parents apprirent bien entendu leur projet de fuite, de même que l'unité militaire de George, l'école, les enseignants. On la submergea de questions. Questions auxquelles elle ne savait que répondre. Elle ne souhaitait plus qu'une chose : que tout ceci fût derrière elle. Ceci, c'est-à-dire les terribles journées d'après l'accident, sa réclusion chez elle, l'enterrement, les gestes de compassion de sa mère, furtifs, mais surtout la satisfaction qu'elle lisait dans les yeux de son père. Sa joie de savoir ainsi résolus les problèmes que lui posait sa fille. Elle obtint son bac sans mention particulière, ni bonne ni mauvaise, puis s'engagea comme femme de chambre dans un hôtel proche de la gare de Munich. Elle y resta du matin au soir, sans rencontrer d'anciens amis ni s'en faire de nouveaux, uniquement soucieuse de travailler sans relâche et de mettre assez d'argent de côté pour, enfin, pouvoir quitter ce pays et cette existence. Ce qui fut le cas, au bout d'un an.

Se souvenant de ce que George y avait été heureux quelques semaines, elle prit un billet d'avion pour New York, emporta un minimum de bagages et quitta l'Allemagne pour toujours. Elle se jura de ne jamais y remettre les pieds, et elle respecta sa parole.

Ses cousins et ses cousines eurent beau se marier, ses oncles et ses tantes mourir, elle resta à New York. Quand son père décéda à son tour, pas une seconde elle n'eut l'idée de faire un saut en avion. Des dizaines d'années plus tard, seulement, sa mère étant morte à un âge avancé, elle revint sur son engagement. Ce fut la seule et unique fois.

À New York, elle noua rapidement des contacts – déchargée du poids du passé, elle était comme métamorphosée, plus ouverte, plus communicative – et son anglais presque parfait lui fut d'une grande utilité. Elle trouva une chambre bon marché, si petite qu'elle eut peine à s'y caser avec ses maigres bagages, et la quitta vite, ayant obtenu un emploi à l'hôtel Hamilton, près de Bryant Park. À cette époque, déjà, des artistes et des écrivains le fréquentaient. Ayant débuté comme femme de chambre, elle devint bientôt gouvernante avant, quelque temps plus tard, d'être promue directrice de la réception. Il ne lui fallut pas longtemps pour se retrouver à la tête de l'hôtel. Grâce à ses relations, le propriétaire obtint pour elle une autorisation de séjour illimitée. Elle changea de nom afin que les Américains aient moins de peine à le prononcer, coupant ainsi son dernier lien avec l'Allemagne.

Quiconque, ayant connu Dorothea à l'hôtel de Munich, aurait rencontré la New-Yorkaise Dotty, aurait cru ne pas avoir affaire à la même personne. Une jeune femme épanouie ! Elle portait maintenant des robes près du corps, montantes, mais, surtout, on la voyait rire. Son travail lui permettait de rencontrer des personnes du monde entier, de se faire des amis. Elle avait retrouvé une existence. Elle nouait sans peine des contacts ; les gens aimaient la gaieté qui émanait d'elle, ils appréciaient sa manière de rendre les choses aisées, sa simplicité, son art de ne jamais se sentir personnellement visée.

Beaucoup d'hommes, bien sûr, recherchaient sa compagnie. Comme Patty l'avait raconté, certains clients dépensaient des fortunes en séjours à l'hôtel dans l'espoir que Dotty accéderait un jour à leurs vœux. Mais elle n'exauçait les vœux de personne. Elle avait beau se montrer avenante et rieuse, elle ne se commettait jamais avec qui que ce soit. Il y eut peut-être, de ci, de là, un flirt ou deux, mais elle n'eut aucune fréquentation masculine sérieuse. On aurait dit qu'elle était toujours en fuite, non pas devant son père, mais devant la vie, la réalité. Jamais elle n'a ôté l'anneau de fiançailles offert par George.

Néanmoins, Dorothea commença à comprendre que c'était sans doute une erreur de vivre dans le passé et de se fermer à un nouvel amour, quand mourut l'un de ses admirateurs, un peintre célèbre qui lui avait longtemps fait la cour et qu'elle avait sans cesse éconduit. Réflexion qu'elle n'a jamais avouée, mais le fait qu'elle ait, à cette époque, acheté la maison dans les Hamptons et quitté la ville, n'a certainement pas été le fruit du hasard.

En dehors de la ville, elle entama une autre existence, plus calme, plus réfléchie, moins dispersée. Renonçant aux talons hauts, elle adopta une tenue plus pratique, plus rustique, mieux adaptée à son quotidien, des robes dans lesquelles on pouvait tout simplement *être* et ne plus sacrifier à l'apparence. Elle semblait avoir compris que la vie n'est pas quelque chose qu'on peut fuir, mais quelque chose dans laquelle il faut se trouver soi-même. Et elle se trouva. Elle se mit à peindre, ce qui expliquait le grand nombre de tableaux et d'aquarelles accrochés dans la maison. Dans le même temps, elle s'efforça de laisser enfin les autres l'approcher. Elle accueillait des hôtes, hébergeait des amis eux aussi solitaires. En ouvrant sa maison, elle finit par s'ouvrir elle-même.

L'unique chose qu'elle ne parvint pas à trouver, durant ces années, ce fut un mari. Sans s'occuper du nombre d'écrivains lui ayant dédié leurs livres et de peintres l'ayant demandée en mariage, elle resta fidèle à George, plus de cinquante ans. Une fidélité à jamais.

Je suis toujours assise à son bureau quand j'en termine avec ma récapitulation de l'histoire de Dotty. Dehors, un vent chaud agite les buissons et les arbres. Je suis, moi aussi, en proie à une agitation intérieure comme j'en ai encore peu connu. L'histoire de Dotty me touche profondément ; elle s'empare de moi, de mes membres, elle envahit mon corps, ma tête, mon cœur. Rencontrer le grand amour et le perdre aussitôt… Abandonner sa propre famille parce qu'on sent qu'il faut le faire… Toujours obéir à son cœur, sans tenir compte de ce que les autres attendent, de ce qui se passe autour de soi…

Longtemps encore, je suis incapable de décoller de son siège. Je ne le veux pas, d'ailleurs. À la place, j'observe à nouveau le portrait de George qui regarde au loin, si certain de son but. Puis celui de Dotty, fixant l'appareil, sûre d'elle-même dans sa robe élégante mais dévoilant si peu de ce qu'elle est vraiment.

Il me faut environ une heure pour me lever et quitter la pièce où Dotty a si longtemps pensé à son George. J'emporte, en moi, l'histoire de Dotty.

Il est tard dans l'après-midi. Dans la cuisine, en bas, il y a des bruits de verre et de vaisselle. Je connais maintenant si bien les bruits de la maison que je sais ce qu'ils signifient : le ronronnement de la machine à expresso (c'est Ornella qui commence sa journée), le grésillement et le bouillonnement des poêles et des casseroles avant le dîner, le tintement des verres à l'heure du premier apéritif. Ces derniers jours, ces sons familiers me rendaient heureuse, mais aujourd'hui, j'ai envie de tout sauf d'un drink. J'ai envie de sortir, d'aller au bord de la mer.

J'enfile une veste et gagne la terrasse par le jardin d'hiver. Puis je traverse la prairie que caresse le vent, pour rejoindre la plage où les vagues battent le sable.

Rester fidèle à un homme une vie durant, à quelqu'un qui n'est plus en vie… Je ne peux, d'un seul coup, m'empêcher de penser à Martin. Ces derniers jours, j'ai réussi sans mal à le chasser de ma vie, lui et tout ce qui s'est passé. Mais l'histoire de Dotty l'a ramené au premier plan, et je me demande soudain : comment cela se serait-il passé, pour moi, avec lui ? L'idée est peut-être stupide, mais je ne peux faire autrement. Il faut que j'imagine ce qui se serait produit si les choses avaient été autres. Si je ne l'avais pas surpris avec Katha, mais qu'il ait peut-être eu un accident mortel. S'il était décédé d'une maladie, s'il avait été assassiné, s'il avait fait une chute fatale. Si Martin avait été arraché par un sort cruel à notre vie commune. À notre vie commune et *heureuse*.

L'idée, telle une main glacée, m'empoigne, se niche dans ma nuque. Je vois l'abîme devant lequel j'aurais été. La tristesse, le désespoir, le néant.

Perdre Martin ainsi aurait été terrible.

À moins que ?

Si, cela aurait été terrible ! C'est sûr et certain.

Je me vois devant sa tombe avec des lunettes de soleil masquant mes yeux pleins de larmes. Je vois les Kuhn me serrer tour à tour contre eux avec tendresse. J'entends les paroles chaleureuses qu'ils me chuchotent. Je m'imagine acquiescer avec courage et même, de temps en temps, m'obliger à un sourire.

Cette idée me rend infiniment triste, mais je n'ignore pourtant pas combien elle est fausse.

Que serait-il arrivé, en effet, après l'enterrement ?

Cela ne serait sans doute pas arrivé tout de suite, mais tôt ou tard, oui. Les appels des Kuhn se seraient faits de plus en plus rares, les invitations aussi. La Pâque en commun aurait été la première omission, plus tard peut-être aussi la nuit de Noël. Ils auraient encore appelé pour mon anniversaire, pour l'anniversaire de la mort de Martin. Mais, un jour ou l'autre, même cela aurait cessé. Chacun aurait suivi sa propre voie, tout simplement, parce qu'ils sont une famille et que moi, en définitive, je n'en faisais pas partie. Pas vraiment, du moins.

C'est cette dernière idée qui m'attriste pour de bon. Bien davantage que l'idée de la mort possible de Martin. Je suis si triste que, clignant des yeux sous les embruns, je me demande si c'est l'eau de mer qui me brûle les yeux ou si ce sont des larmes.

Un petit instant, je me laisse emplir par ce sentiment : abandonnée à nouveau, seule, ne pouvant compter que sur moi-même, comme si souvent dans mon existence.

Puis, je comprends peu à peu combien cette idée est, par ailleurs, instructive. Car n'ai-je pas toujours été certaine d'aimer Martin pour lui-même ? N'ai-je pas toujours été convaincue que la seule raison expliquant que j'étais avec lui, c'était lui ? Que j'aimais uniquement son rire, sa nature joyeuse, la confiance qu'il inspirait et la manière dont il me prenait dans ses bras ? Je ne peux pas répondre « non », mais je devine que « si » serait également une fausse réponse.

À l'évidence, je recherchais autre chose auprès de lui ou, du moins, autre chose *aussi*. À l'évidence, je n'aimais pas *que* lui, mais aussi le foyer que je trouvais auprès de lui. J'aimais le sentiment d'avoir enfin une place, dans un cercle de personnes qui m'acceptaient en leur sein comme si c'était la chose la plus naturelle du monde, dans la vie d'une famille dont j'étais soudain membre. Une place à une table où j'avais mon couvert tous les dimanches.

Est-il aisé d'admettre cela ? Non, c'est horriblement douloureux. Cela rend ce que je croyais ressentir pour Martin si petit, si mesquin. L'amour devrait être si désintéressé, si altruiste ! Or, il est possible que j'aie seulement apprécié d'avoir obtenu enfin ce à quoi j'aspirais depuis toujours.

J'ignore quel chemin je parcours pendant ce temps, mais je m'arrête au premier des nombreux escaliers qui escaladent les dunes et mènent aux maisons proches. Je m'affale sur la marche la plus basse, encore sous le coup d'avoir découvert que, sans même prendre en compte la mauvaise conduite de Martin, mon amour pour lui n'était peut-être pas d'une pureté aussi éclatante que j'aimerais pouvoir l'affirmer.

Cela bouillonne en moi, en parfaite harmonie avec la mer écumante. L'inquiétude et l'insatisfaction me taraudent, tout comme la mer semble menacer de rejeter aussitôt sur le rivage celui qui s'aventurerait dans ses remous. Plus rien à voir avec les eaux dans lesquelles, hier encore, je me suis baignée d'un cœur léger.

Mais n'en va-t-il pas ainsi dans la vie ? De manière générale ? La plupart des choses ne restent pas éternellement ce qu'elles ont été un jour. Elles se transforment, se révèlent souvent bien différentes de ce pour quoi on les tenait.

Les êtres humains changent et, parfois, on est soi-même celui qui change. On ne s'en aperçoit pas toujours en chemin, et c'est tout à la fin qu'on se demande qui on a été, en réalité, auparavant.

Non, je ne sais pas si je pourrais rester fidèle à quelqu'un une vie durant.

Mais je sais une chose : j'ai un cœur sensible. Assez sensible pour saigner durablement.

Et je sais que j'aimerais aimer ainsi, au-delà de la mort, jusqu'au moment où tout est fini.

Mais Martin était-il l'homme se prêtant à pareil amour?

D'un seul coup, je suis presque heureuse de rentrer à Munich le surlendemain. Bien sûr, l'histoire de la maison n'est pas encore réglée et, chez moi, m'attend une foule de difficultés et de problèmes. Je devrai prendre des décisions concernant mon travail, mon avenir, ma vie. Tout est encore si vague.

Je pourrai en tout cas régler une chose. Je rencontrerai Martin et le regarderai une fois encore les yeux dans les yeux. Et j'espère alors savoir s'il est l'amour de ma vie, ou bien si je n'aimais que l'existence que je menais avec lui.

Le vent a encore fraîchi, soufflant une froide humidité qui, traversant mon jean et ma veste, me glace jusqu'aux os. Je me relève, secoue le sable du fond de mon pantalon, tire la fermeture éclair de ma veste jusqu'à mon cou, et je rentre.

13

À mon réveil, le lendemain matin, j'ai les idées étrangement claires. Cela tient peut-être au fait que le temps s'est encore rafraîchi, mais aussi au fait qu'après ma promenade, la veille, je n'ai guère eu le cœur à passer une longue soirée avec les pensionnaires. Je me suis donc couchée dès neuf heures et demie. Je me suis endormie sans ruminer davantage sur ma relation avec Martin et l'amour de Dotty et, surtout… sans cocktail Manhattan à la grenade!

Un coup d'œil au réveil m'effraie toutefois: il est neuf heures et demie, ce qui veut dire que j'ai dormi douze heures. En temps ordinaire, je trouverais ça parfait. Si ce n'est qu'aujourd'hui est le dernier jour avant mon départ.

Mon cœur s'arrête presque de battre quand je prends conscience de la vitesse à laquelle cette semaine s'est écoulée. Puis il s'arrête pour de bon, quelques secondes, quand je constate que je n'ai toujours pas de nouvelles de Mr Cunningham.

Ne devrait-il pas s'être déjà présenté depuis un bon moment? Se peut-il qu'il n'ait pu joindre Mr Komarov durant tout ce temps? Peu vraisemblable, à moins que ? Mais alors, pourquoi n'appelle-t-il pas? J'ai réussi jusqu'à hier à refouler cette idée, parce que mon retour chez moi me semblait encore très lointain. Mais aujourd'hui, tout paraît soudain différent. Aujourd'hui, je m'aperçois que je dois commencer à parler aux vieilles personnes qui vivent ici de l'avenir de la maison, de *leur* avenir. Commencer n'est d'ailleurs pas le terme qui convient ; en réalité, il faudrait dire « sans plus attendre » !

Sans plus barguigner, je fais ce que j'aurais dû faire hier quand Patty m'a demandé quels étaient mes projets à propos de l'héritage et que j'ai éludé la question. J'appelle Cunningham depuis mon portable.

La sonnerie retentit une, deux, trois fois. Puis c'est le signal « occupé ». Cunningham refuserait-il de me prendre ? J'essaie à nouveau et il se produit la même chose, cette fois dès après la première sonnerie.

Cunningham a donc, à deux reprises, refusé de me parler.

Super !

J'avais, un bref instant, espéré régler le problème dès le petit-déjeuner, mais il n'en sera rien. Dommage !

Je m'empresse de me doucher, dans l'espoir que Cunningham va me rappeler. Je renonce à me laver les cheveux et à me passer de la crème sur le corps. Le choix de ma tenue s'effectue lui aussi en cinq secondes : il y a encore dans ma valise cinq paires de chaussettes et six slips, mais je n'ai plus que deux T-shirts propres ! J'aurais peut-être dû prendre quelques secondes de plus pour faire mes bagages. Mais bon, jusqu'à demain, ça ira.

Quand j'arrive dans la salle à manger, Cunningham ne s'est toujours pas montré. Mais je note avec soulagement que mes colocataires ne sont pas encore tous attablés. Eleonore, Frederic et Patty sont déjà partis pour leurs occupations quotidiennes : lire, écrire, trifouiller dans la maison. Ça m'arrange, car, du coup, cela me dispense d'aborder le sujet qui fâche. Je suis également contente qu'Ornella et Maxwell ne m'accordent guère d'attention quand j'entre dans la pièce. C'est à peine si Maxwell lève les yeux de son journal, tandis qu'Ornella tartine amoureusement de confiture la moitié d'un scone, me saluant d'un «*Buongiorno*» distrait.

Je réponds à son bonjour et je m'assieds à la place qui, sans que cela ait été dit ou décidé, est devenue la mienne en quelques jours. Mon couvert est d'ailleurs mis.

— *Morning*, grogne Maxwell par-dessus son *Southampton Press*.

— Tu as bien dormi ? demande Ornella.

— Longtemps, ça c'est sûr, dis-je sans broncher.

J'attrape le dernier scone dans la corbeille à pain, je le tartine de beurre et de confiture puis le mets dans ma bouche. D'un seul coup, j'oublie que la conversation sur l'avenir de la maison n'a pas eu lieu. Je ne ressens plus que légèreté, onctuosité et douceur. Tout cela va me manquer en Allemagne ! Il faudra absolument qu'Eleonore me donne la recette. Je tartine un autre morceau que je couronne d'une couche encore plus épaisse de confiture de fraises. On sonne soudain à la porte.

Ça alors !

Depuis mon arrivée, c'est la première fois que quelqu'un sonne. Moi et Mr Cunningham mis à part, bien entendu. Et personne ne nous avait entendus.

— Qui cela peut-il bien être ? demande Ornella sans lever les yeux de son scone, manifestement habituée à ce que quelqu'un d'autre qu'elle s'occupe de ce genre de dérangement.

— Est-ce que quelqu'un ouvre ? demande à son tour Maxwell, laissant glisser son journal sur son ventre et tendant l'oreille vers l'intérieur de la maison.

— Apparemment pas, dis-je, quand on sonne à nouveau. Bon, reste assis, je m'en occupe, j'ajoute, fourrant le reste de mon scone dans ma bouche et me dirigeant vers le hall tout en mâchant. Je me dépêche d'avaler avant d'ouvrir. Personne !

Curieux!

Je m'apprête à refermer quand un coup de klaxon me fait sursauter. J'aperçois alors, dans l'allée, une Chevrolet d'un jaune éclatant.

Cunningham!

Je lui adresse un joyeux signe de la main. Puis je songe soudain que sa présence n'est peut-être pas de bon augure. Que, si Mr Komarov avait accepté mes conditions, il aurait pu me le dire au téléphone. Idem dans le cas contraire. Il doit donc avoir à discuter de quelque chose avec moi, n'étant certainement pas passé là par hasard. Mais de quoi?

Je lui lance un regard interrogateur, mais il ne sort pas de sa voiture. Il baisse sa vitre et me fait signe d'approcher. J'ai aux pieds les pantoufles de bain en plastique que Patty a dénichées pour moi dans les affaires laissées par d'anciens pensionnaires. Je referme la porte sans enthousiasme et m'avance sur le gravier. Il ne dit toujours rien et m'ordonne, d'un geste, de prendre place sur le siège du passager. Je suis à peine assise qu'il met le moteur en marche, fait demi-tour dans l'allée et rejoint la rue.

— Que se passe-t-il? Où allons-nous?

— Je veux vous montrer quelque chose.

Mr Cunningham met le cap sur le nord, pas vers New York donc, mais vers l'autre bout de l'île. Nous quittons Southampton, longeons un lac aux eaux paisibles, des champs et des labours, une école de pépiniéristes, une petite église. À gauche et à droite, des panneaux indiquent le chemin de résidences de vacances et de chambres à louer. Des drapeaux américains flottent au vent sous un ciel immense où défilent des nuages.

Il me vient à l'idée que je n'ai pas quitté la maison durant toutes ces journées, hormis, bien sûr, pour me balader à la plage. Je n'ai rien vu de Long Island, ni Southampton, ni Water Mill, ni Sagaponack, pas plus qu'Amagansett ou Montauk. Bon, d'accord, mais comment aurais-je pu m'y prendre? Les seniors de la pension n'ont pas d'auto et, quand ils ont des courses à faire, ils vont au village. Pour le reste, visites chez le médecin ou marché d'antiquités, c'est le fils d'Eleonore, habitant dans les environs, qui doit assurer.

Maintenant que je découvre la région de mes propres yeux, je la trouve belle. Un peu trop belle, pour être franche. Il est visible que les gens qui passent leurs loisirs ici ont de l'argent. Et pourtant, en dépit de l'ordre et de la propreté qui y règnent, l'île n'a pas une apparence artificielle. Grâce peut-être aux vieilles maisons qu'on y rencontre un peu partout, peut-être aussi en raison d'une agriculture qui subsiste. Ou bien, tout simplement, du fait de la proximité de la mer.

Mr Cunningham ne semble toujours pas disposé à m'expliquer le but de notre escapade. Il regarde droit devant lui, obstinément, aussi raide qu'une poupée dont seuls les bras pourraient bouger, à gauche ou à droite.

Au bout de quelque temps, j'en ai assez de rester assise bien sagement à côté de lui, et la moutarde me monte au nez d'être ainsi livrée à son bon plaisir.

— Au fait, avez-vous touché un mot à Mr Komarov? lui demandé-je, devinant que notre virée doit avoir un rapport avec cela.

Effectivement, Mr Cunningham s'ébroue, furieux. J'insiste:

— Était-ce un «oui»?

Mr Cunningham me lance un regard en coin. Mais il ne veut toujours pas parler, et il se concentre de nouveau sur la route.

— Oui, donc. Et alors? Que dit-il?

Ses cachoteries commencent à me taper sérieusement sur les nerfs.

— Ne me tenez pas plus longtemps sur le gril, enfin !

Le mot « gril » est celui qui convient. Mr Cunningham continue de rouler droit devant lui, entre des logis de vacances et des villas de plus en plus nombreux. Je ne suis allée qu'une fois sur l'île de Sylt, pour l'anniversaire d'une tante de Martin. Nous avions parcouru l'île du sud au nord en voiture, ce qui nous avait demandé environ une demi-heure. Nous sommes, Cunningham et moi, en route depuis une demi-heure également, et nous nous trouvons seulement à East Hampton.

— Bon, eh bien, comme vous voudrez ! dis-je, m'enfermant moi aussi dans un silence obstiné.

Je n'aurais jamais dû monter dans cette voiture !

Mais je n'arrive pas vraiment à jouir de mon mutisme protestataire. Car, alors que nous avons quitté East Hampton et que nous sommes de nouveau en rase campagne, Cunningham se range sur le bas-côté et s'arrête inopinément. J'avais eu l'intention de regarder droit devant moi le reste du trajet, mais, du coup, je ne peux m'empêcher de jeter un œil curieux à droite puis à gauche. Je ne vois rien d'autre que quelques buissons, un peu de forêt et un champ de pommes de terre. Le mystère s'épaissit. Je ne suis pas certaine d'être d'humeur à jouer aux devinettes.

— Et maintenant ?

— Descendez, répond Cunningham en sortant de voiture.

Je défais ma ceinture à mon tour et sors en claquant la portière.

— Et ensuite ?

— Suivez-moi !

Il s'engage dans un chemin étroit que je n'avais pas remarqué, et je lui emboîte le pas. Nous traversons un petit bois et une prairie. Je n'aperçois rien à la ronde mais j'ai l'impression de sentir l'air de la mer assez proche. Finalement, le chemin longe un vieux mur envahi par la végétation, trop haut pour que je puisse voir de l'autre côté.

— Et maintenant?

— C'est par là.

Nous arrivons devant une petite porte à demi recouverte par du lierre. Mr Cunningham l'ouvre sans difficulté, se contentant de la soulever tout en appuyant sur la poignée. Il connaît les lieux, ça ne fait pas l'ombre d'un doute.

— Entrez, dit-il.

Le jardin dans lequel nous pénétrons a dû, un jour, être un rêve. Il l'est toujours, mais plutôt du genre des rêves habités de sorcières et de fantômes. J'ai dit du jardin de Sea Whisper Inn qu'il était en friche; ici, on pourrait presque parler de forêt vierge: l'herbe m'arrive aux cuisses, les ronces l'envahissent en partie. Un arbre abattu nous barre le chemin. On devine des dunes à l'arrière-plan; je ne m'étais donc pas trompée! Désormais certaine de la proximité de la mer, je jouis pleinement de l'air marin. Je me lèche les lèvres, qui sont effectivement un peu salées. Une rafale de vent chaud traverse le jardin. C'est donc comme ça, dans les Hamptons? Le temps y est à ce point inconstant, tourmenté?

Mr Cunningham continue d'avancer et je le suis, non sans mal, avec mes pantoufles qui me font glisser et que je perds. Je dois sans arrêt regarder où je mets les pieds, si bien que je constate au tout dernier moment que nous nous dirigeons vers une petite butte sur laquelle se dresse une maison surplombant l'horizon, majestueuse.

Ou bien, est-ce un château? En tout cas, c'est un gigantesque bâtiment, avec plusieurs terrasses et escaliers, des tourelles et des encorbellements, des pignons. Il y aurait là de quoi loger six colocataires, au moins!

Est-ce pour cette raison que nous sommes là ?

Est-ce là l'alternative de Mr Komarov ?

Je lance un regard interrogateur à Mr Cunningham, prête à entendre ce qu'il a à m'annoncer. Mais il n'ouvre pas les lèvres. Il continue d'avancer, passe devant un pavillon effondré, quelques chaises longues vermoulues et un perron dont les dalles se disloquent. Nous arrivons devant une véranda, et je vois que le jardin d'hiver est condamné par des planches clouées. D'ailleurs, les volets des fenêtres du rez-de-chaussée sont eux aussi fermés. Seule l'une des fenêtres semble avoir été oubliée, car on entend un morceau de bois battre au vent quelque part.

— C'est joli ici, murmuré-je, Mr Cunningham gardant toujours le silence. Mais pas mal dégradé.

— Vous l'avez dit, observe-t-il, s'arrêtant enfin.

— Ma foi, avec de l'huile de coude, on doit pouvoir en faire quelque chose.

— Peut-être, dit-il sans conviction. Remarquez-vous autre chose, Linn ?

— Hum, fais-je en me retournant. C'est super bien situé, le jardin a dû être du feu de Dieu jadis, mais il a besoin de, disons d'un peu de soins !

— Pas mal, approuve Mr Cunningham. Mais encore ?

— Eh bien, la terrasse, au-dessus de nous, menace sans doute de s'effondrer, et je réfléchirais avant de poser le pied sur le balcon qui disparaît sous le lierre, là, derrière. La maison, en soi, est vraiment super, super vieille à vrai dire. Elle donne l'impression de n'avoir pas été habitée depuis au moins trente-cinq ans.

— *Very well.*

— S'agit-il de l'alternative, pour les pensionnaires, proposée par Mr Komarov ?

Cunningham ouvre de grands yeux et recule d'un pas.

— Jamais de la vie!

— Mais c'est quoi, alors? Qu'est-ce qu'on fiche ici?

— Je voulais juste vous la montrer.

— Et pourquoi?

— Ma foi, pourquoi..., dit-il en regardant au loin, semblant s'y perdre le temps d'une pensée.

Puis il revient sur terre, paraissant se souvenir de quelque chose, tapote les poches de sa veste et finit par tirer de la poche intérieure un journal plié en quatre. Ce sont, à vrai dire, deux pages de journal déchirées, l'une jaunie, l'autre récente. C'est celle-ci qu'il me tend en premier, l'air presque solennel.

— De quoi s'agit-il? demandé-je, dépliant la page pleine d'annonces.

— C'est la rubrique immobilière du *New York Times*. Celle de la semaine dernière.

— Ah bon, dis-je en survolant la feuille, jusqu'à ce que mes yeux tombent sur l'une des annonces, surlignée au feutre jaune.

1920s elegant country house sited on 7 +/- acre water front property, 10 bedrooms, 9 full baths, 3 half baths, heated granit pool, spa with deck, squash court, rolling lawns cascading to a beach and 100' dock protected by bulkheads. Elegant living room with dual stone heaths, formal dining room, chef's kitchen with dining area, library, sunset views. Lower level offers a gym, sauna, eat-in wine cellar, home theater and billard room. 3-car garage. Private access via seaplane. $ 19,500,000.

— C'est cette maison? Le prix est correct pour une bicoque pareille, non?

Mr Cunningham me regarde, l'air pensif, sans approuver ni désapprouver. Puis il me présente l'autre feuille. Une annonce me saute aux yeux, c'est exactement celle que je viens de lire.

— Et alors?

Je n'ai pas le cœur à résoudre une nouvelle devinette. S'il veut me dire quelque chose, qu'il le dise sans m'obliger à une épreuve de sport cérébral !

— Cette annonce date de 2010, il y a donc quelques années déjà.

— J'ai vu la date en haut de page.

— C'est cette année-là que le propriétaire a hérité du bien, comme vous.

— On peut tomber plus mal, dis-je, en haussant les épaules. Et alors ?

— Eh bien, il n'arrive pas à la vendre.

— Surprenant.

— Oui, n'est-ce pas ? Vous savez à quoi ça tient ?

— Je suppose que je vais l'apprendre de ce pas.

— Regardez le prix.

— Je l'ai déjà vu.

— Et ?

— Il me semble relativement correct, non ? Je veux dire que ce genre de maisons, ici, ne sont pas toutes des occases. À moins que ? Vous cherchez quoi, au fait ?

Le prix ne me semble vraiment pas exagéré. Si je peux obtenir onze millions de ma maison, on pourrait aisément demander le double pour celle-ci, même s'il y a un paquet de réparations à entreprendre. Elle est bien plus importante. C'est pourquoi je n'ai aucune idée de ce que Mr Cunningham a en tête.

— Regardez le reste de la page. Pas l'ancienne, l'actuelle.

Un peu excédée, je soupire, mais je parcours pourtant la page des yeux. Il y a quelques annonces pour des appartements à Southampton et Westhampton, le reste concernant des propriétés gigantesques. *10 bedrooms, 9 baths, 8 acres.* Aucune ne dépasse les quinze millions. La présente ruine est de loin la plus chère, et même Sea Whisper Inn se situe dans le tiers supérieur. Je regarde Mr Cunningham. Soudain, je saisis ce qu'il veut me dire au travers de ce petit jeu de piste.

— Il y a quelques occases, dis-je, ne voulant pas le laisser gagner aussi vite.

— L'Amérique entière est une occase. Depuis la crise des *subprimes* de 2007, le marché immobilier est au plus bas. À New York, ça va encore, ce marché-là ne s'écroulera jamais. Mais dans le New Jersey, on peut désormais acheter une maison individuelle pour le prix d'une voiture de sport. Dans les Hamptons, il y a tant de maisons à vendre que la moitié de Manhattan pourrait s'installer ici. J'avais espéré que vous le pigeriez de vous-même en traversant l'île comme nous venons de le faire.

Cunningham me fixe d'un air insistant et, d'un coup, je prends conscience du nombre de panneaux publicitaires auxquels j'ai peu prêté attention, et de ce qu'ils signifient. Je croyais qu'ils proposaient des chambres libres, comme dans toutes les îles touristiques.

— Et qu'est-ce que ça veut dire, pour moi ?

— Pour vous, chère Linn, ça veut dire que vous pourrez passer le reste de vos jours à l'église pour remercier Dieu si vous tirez dix millions de dollars de votre maison. Et allumer chaque fois une bougie. Pour me remercier, moi ! Mr Komarov était furax quand je lui ai dicté ce que vous avez appelé vos conditions. Il m'a fallu plusieurs jours pour le persuader de reprendre en considération votre maison. Mais il ne dispose soudain plus que de dix millions de dollars pour cela. Et, très franchement, je ne peux même pas lui en vouloir. Je vais vous dire, Linn : si vous n'avez vraiment pas besoin d'une pareille somme, faites ce que bon vous semble. Mais si ce n'est pas le cas et si vous désirez un jour avoir dans votre vie la liberté de repartir de zéro, sans vous inquiéter de savoir si vous pouvez vous le permettre, alors, je vous en supplie, n'envoyez pas promener Mr Komarov!

Il continue à me regarder avec insistance et je sens la mauvaise conscience m'envahir. J'ai, à l'évidence, joué un coup de poker risqué. Et ça a failli louper. Merde!

— OK, dis-je en lui souriant d'un air coupable, je vais réfléchir à la question.

— Bien, ou plutôt pas si bien que ça… Il n'y a en effet plus matière à réfléchir!

— Oh là, deux minutes, dis-je, furieuse. Je peux quand même laisser passer une nuit…

Il ne me laisse pas poursuivre.

— Linn, auriez-vous oublié qu'il existe un contrat entre nous?

— Non. C'est-à-dire, bon, je l'avoue, je n'y pensais pas en permanence jusqu'à cet instant, mais je n'appellerais pas ça «oublier».

— Vous rappelez-vous néanmoins ce qu'il y a dans ce contrat?

— Bien entendu, dis-je, remuant désespérément mes méninges.

Qu'est-ce qu'il y avait donc dans ce fichu contrat? Les premiers paragraphes sont consacrés à la convention selon laquelle Mr Cunningham me représente dans cette affaire d'héritage. Le reste concernait certaines conditions et modalités. Notamment que Mr Cunningham, en cas de conclusion de l'héritage, toucherait une commission. Une commission assez élevée, si mes souvenirs sont exacts.

— Alors? Êtes-vous toujours certaine que vous pouvez réellement vous permettre de renoncer à cet argent?

— Eh bien, bredouillé-je, il se peut que…

— Je résume, Linn. D'après notre contrat, vous me devez des honoraires, vingt-cinq pour cent de la somme héritée, nette. Si nous estimons que l'héritage est imposé à quarante pour cent, vous recevrez, pour une valeur estimée de dix millions de dollars, six millions nets. Vingt-cinq pour cent de ces six millions représentent 1,5 million, à régler avant trois mois. Et gardez en mémoire que cette somme est due indépendamment de ce que vous vendiez la maison, la gardiez ou y mettiez le feu.

14

Je sors de la voiture en trébuchant, j'ai les jambes en coton et, avançant sur le gravier de l'entrée, j'ai l'impression d'être sur un trampoline distendu.

— Bon retour au pays, Linn, me crie Cunningham. Réfléchissez bien, comme convenu, mais ne réfléchissez pas trop longtemps !

J'opine et ma bouche s'ouvre, mais je n'arrive pas à émettre le moindre mot d'adieu. À la place, je lève la main et je la bouge, de manière à laisser croire que je le salue. Il fait demi-tour, le gravier crisse sous les pneus de sa Chevrolet qui redescend l'allée, fière et majestueuse, tel un navire de guerre au retour d'une bataille gagnée.

Je saisis soudain comment Cunningham paie ses billets en première classe et ses costumes extravagants. Non qu'il m'ait tu quoi que ce soit, mais j'avais cru jusqu'ici qu'il était plutôt de mon côté. Je sais à présent qu'il n'est que de son côté à lui, voire du côté de son administrateur de biens. Et moi ? D'un seul coup, je ne me sens plus dans la peau d'une héritière fortunée désireuse d'agir de la manière la plus responsable possible avec ce qui lui a été légué. Plutôt dans la peau d'une oie de Noël sur le point d'être plumée.

Je me laisse tomber sur l'une des marches, devant la porte. J'ai soudain perdu toute énergie et la dernière chose que j'ai envie de faire, dans cet état, c'est de me donner en spectacle aux cinq seniors. Très honnêtement, je n'avais en vue, quand je songeais à mon héritage, que cette maison et ce que je pourrais en faire. J'avais refoulé et oublié le contrat que Cunningham avait glissé vers moi à Munich, sur la table basse du salon. Cependant, même si je m'étais rendu compte que je devrais des honoraires à quelqu'un, jamais je n'aurais pu en imaginer le montant. 1,5 million de dollars ? Payables dans un délai de trois mois ?

Bordel de merde !

Et en plus, quatre millions de droits de succession ? Jusqu'ici, je n'avais pas eu la moindre pensée pour eux. Je savais plus ou moins, bien sûr, que les héritages sont imposables. Mais que cela soit aussi en vigueur aux États-Unis, voilà qui donne à penser ! Normalement, à l'étranger, on vous rembourse même la TVA.

5,5 millions de dollars que je dois cracher dans tous les cas de figure, que je vende la maison ou pas…

Je sens mes côtes se soulever à chaque respiration, un poids énorme m'écraser, comme si j'avais sur le dos un sac plein de plomb. Je ne suis subitement plus d'humeur à marchander ni à poser des conditions. Je ne souhaite plus qu'une chose : que cette affaire ici se termine et retourner à Munich, retrouver mon ancienne vie. Mais comment me suis-je fourrée dans cette histoire ? Tout n'était-il pas merveilleux et paisible jusqu'à ce que surgisse devant ma porte ce Mr Cunningham ? Tout ne se passait-il pas à merveille, comme sur des roulettes ?

Bon, OK, ce n'était pas vraiment ça. Mais, en regard de 5,5 millions de dettes, mes problèmes avec Martin m'apparaissent comme une partie de plaisir.

5,5 millions qui sont dus même si je ne vends pas la maison. 1,5 dans un délai de trois mois, par-dessus le marché !

5,5 millions que je ne gagnerai jamais. Avec 5,5 millions de dettes, on ne peut même pas s'en sortir en gagnant le gros lot à la loterie nationale. D'autant moins que je ne joue pas.

Il faut donc que je vende la maison. Je n'ai pas le choix. Et je dois en plus faire fissa, parce que, dans ce genre d'affaires, trois mois passent toujours plus vite qu'on ne le voudrait. Je n'ai en outre pas le moindre doute sur le fait que, le lendemain de l'expiration du délai, Mr Cunningham commencera à m'envoyer des mises en demeure, et qu'il me harcèlera jusqu'à ce qu'il ait touché sa commission jusqu'au dernier centime.

Je dois donc accepter l'offre de Mr Komarov si je ne veux pas perdre trop de temps. Je ne dispose d'aucune marge de manœuvre pour lui poser d'autres conditions ni pour l'amener à négocier au profit de quelques malheureuses personnes âgées. Je n'ai plus qu'à me débarrasser de la maison, afin de donner aussitôt sa part à Cunningham.

Et le pire, c'est qu'il ne me restera rien, au pied de la lettre. Car ce que Mr Cunningham va me laisser ira au fisc. À peu de chose près. À quoi bon un héritage, alors?

Bon, ce n'est pas tout à fait exact. Cunningham a parlé de quarante pour cent pour le fisc, c'est-à-dire que, sur dix millions, il reste six millions. Sa commission retranchée, cela fait… 4,5 millions.

D'accord, d'accord, le «il ne me restera rien» n'est pas tout à fait exact. J'aurai tout de même 4,5 millions. Pour moi.

C'est tout à fait… tout à fait correct, non? C'est même plus que correct, si j'arrive à m'enlever pour toujours de la tête que cette somme est le reliquat de la vente d'un bien de dix millions de dollars dans les Hamptons.

4,5 millions.

Le chiffre clignote et danse devant mes yeux comme un petit mirage. 4,5 millions de dollars. Si je prends aussi en compte le fait que, pour l'heure, je suis dans le rouge de quelques milliers d'euros, ces 4,5 millions constituent une somme rondelette. Avec, je pourrais acheter un appartement. Avec autant de pognon, on peut se payer, même à Munich, quelque chose de plus confortable qu'un garage pas chauffé. Peut-être un appart avec balcon, au centre de Schwabing ou dans le quartier du Glockenbach. Et il me resterait assez d'argent pour ouvrir un petit café.

Je ne veux et n'ai pas besoin de plus.

Je m'abandonne un instant à la rêverie : un petit salon de thé, quelque part pas loin de l'Isar ou du Jardin anglais. Je pourrais peut-être persuader Annika de s'associer à l'affaire. Il y a longtemps qu'elle voudrait recommencer à travailler. Nous aurions enfin plus de temps à passer ensemble, comme avant, quand nous assistions à d'ennuyeux séminaires des sciences de la communication et des médias.

À cette idée, je souris toute seule. Un salon de thé ! Annika et moi l'avons souvent imaginé mais, cette fois, je le vois comme si j'y étais. Super confortable, avec de vieux meubles en bois, des lampes d'atelier, un joli comptoir antique. Et une vitrine où seront exposés des gâteaux. Sur les murs, de vieilles planches scolaires du cours de sciences naturelles. On y servirait un café exceptionnel et du thé anglais. Et des scones, bien entendu, que je confectionnerais moi-même d'après la recette d'Eleonore, tous les matins ! Des scones ! C'est l'idée géniale !

Malheureusement, cette perspective ne me console qu'une minute ou deux, puis je m'assombris de nouveau. Bien sûr, si je ne m'occupe que de ma petite personne, je quitterai cette histoire d'héritage victorieuse sur toute la ligne. Mais, hélas, je ne suis pas seule dans l'affaire.

Putain, j'ai failli oublier que le problème existe en tout état de cause! Que vont devenir ces vieilles personnes? Troublée, j'essaie de mettre de l'ordre dans mes pensées. Il m'est impossible de renoncer à vendre la maison. Dois-je renégocier avec Mr Komarov? Mais qu'arrivera-t-il s'il se retire de l'opération et que je me retrouve sans acheteur, alors que Cunningham, dans trois mois, me réclamera son fric?

Ou alors, dois-je vendre la maison et rechercher un nouvel abri pour ses occupants? Cela me paraît, un bref instant, une solution raisonnable. Puis je m'imagine payant un loyer à cette troupe de vieilles personnes pour les vingt années à venir, une location dans une villa, si possible dans les Hamptons. La tête me tourne.

Non, tout ça ne résout rien.

Car, en fin de compte… Cela peut sembler dur mais, en fin de compte, il ne m'incombe pas de jouer les Saint-Bernard ni de sauver le monde, juste parce qu'une tante au deuxième degré est décédée. Il est clair que les vieux vont devoir déménager je ne sais où et qu'il ne leur sera pas possible de tous rester ensemble. Mais ils ne seront pas la première colocation, en ce bas monde, à devoir se dissoudre. Et, jusqu'ici, personne n'est mort d'avoir été obligé de déménager.

À moins que?

À moins que…

L'argument paraît raisonnable; pourtant, il subsiste en moi un malaise, une flaque boueuse, quelque part au niveau de mon estomac. Certes, je ne suis peut-être pas un Saint-Bernard, mais c'est tout de même un cœur qui bat dans ma poitrine. Et ce ne serait pas un cœur s'il ne battait que pour moi.

J'écoute quelques secondes battre en moi ce petit grand organe. Il bat, bat, bat sans interruption, sans repos, sans attendre de moi un merci, sans jamais rien réclamer. Il bat, c'est tout, jour et nuit, dans la minute présente ainsi que dans les autres.

Et soudain, je sais. Ce n'est qu'une petite chose, mais tout de même. Je suis certaine d'une petite chose : je ne peux éternellement continuer à tourner autour du pot et faire comme si, en dépit de la mort de Dotty, tout allait garder ici son train habituel. Il faut que je parle avec Patty et les autres. Franchement, sans fard. Ils l'ont mérité.

Bon Dieu, ça ne va pas être une partie de plaisir ! Mais il faut y passer. Ces vieilles personnes y ont droit.

Quand j'entre dans la cuisine, Patty est en train de sortir un gâteau du four, un gâteau avec des cerises peut-être, mais en tout cas, ce qu'il y a dessus, c'est du *streusel*. L'odeur est si douce que j'attrape faim. Mais je me raidis. Je ne suis pas ici pour goûter des gâteaux. Il faut en venir au fait. C'est trop important.

— Linn, mon trésor, m'accueille-t-elle, en posant le gâteau sur le fourneau pour me regarder.

Elle porte une jolie robe ample avec un délicat motif de fleurs, un collier de perles et une veste tricotée légère, avec une petite broche.

— Celui-ci doit malheureusement refroidir encore un peu avant qu'on puisse le couper. Où es-tu passée, soudain ? Ornella est dans tous ses états parce que tu as disparu d'un coup.

— J'ai eu de la visite, dis-je, du ton le plus neutre possible. De Mr Cunningham, ajouté-je.

— De Mr Cunningham, répète-t-elle en fronçant les sourcils. Pourquoi ne l'as-tu pas fait entrer ? Il aurait pu prendre une tasse de thé avec nous.

— C'est vrai, dis-je, tout en secouant la tête dans mon for intérieur, parce que ce n'est pas vrai, bien sûr.

Boire un thé avec Patty, c'est la dernière chose dont Mr Cunningham puisse avoir envie, je viens de m'en rendre compte. Qui peut avoir besoin d'un thé s'il peut obtenir vingt-cinq pour cent ?

— On peut s'asseoir un instant, Patty, demandé-je donc sans entrain.

— Bien entendu, dit-elle, comme pressentant ce qui plane sur la maison. Allons au jardin d'hiver. Je nous fais un thé ?

— Non merci, Patty. Je ne pense pas que nous en aurons pour longtemps.

Dans le jardin d'hiver, je prends place sur un vieux fauteuil en rotin qui craque et dans lequel je me sens aussitôt mal à l'aise. Je ne me relève pourtant pas, devinant qu'un autre siège ne me soulagerait pas davantage.

Patty semble s'apercevoir que je suis tendue, car elle se met à tripoter l'ourlet de sa robe tout en s'asseyant elle aussi.

— Bon, finit-elle par souffler, résignée. Qu'y a-t-il ?

— Ah, Patty…, dis-je, en préambule à ma confession à propos de Mr Cunningham.

Et je raconte notre première rencontre, le contrat que j'ai signé trop vite, mon intention d'obliger Mr Komarov à loger les colocataires dans une autre maison. Puis je raconte comment le vent a soudain tourné et comment je suis prise en tenaille. Je dois vendre la maison parce que je dois sa commission à Mr Cunningham. À quoi s'ajoutent les impôts, que je suis incapable de payer également…

— Je suis navrée, mais je ne sais vraiment pas comment m'en sortir, dis-je pour finir, en lui lançant un regard implorant.

Elle a cessé de tripoter son ourlet et fixe le sol, muette et figée. Elle relève alors les yeux et penche la tête avec autant de précautions que si elle pesait une tonne.

— Ne te fais pas de souci pour nous, ma chérie, dit-elle bravement, s'efforçant de sourire. Nous nous débrouillerons bien, tu sais.

— Patty…

Je sais qu'elle dit cela parce qu'elle est américaine et qu'elle veut être polie.

— Allons, allons, me calme-t-elle, avec l'air de ne pas croire à ce qu'elle dit. Ne te mets pas martel en tête pour ça.

— Mais où irez-vous?

— Nous… nous trouverons bien quelque chose, répond-elle, avec une esquisse de sourire.

— Oui, mais quoi?

— Hélas, Linn, je ne le sais pas moi non plus. Mais, tu sais, ce n'est finalement pas le plus gros problème que nous ayons eu à régler dans notre existence, et il y en aura aussi de plus gros à l'avenir.

Elle ne réussit pourtant pas à cacher son angoisse.

— Mais… mais nous ne pouvons pas nous résigner ainsi juste parce que Mr Cunningham est insatiable!

Je proteste, sans toutefois avoir la moindre idée d'une alternative possible.

— Tu sais, me dit Patty, on passe sa vie à croiser le chemin de gens comme ce Cunningham, et on ne peut rien contre eux. C'est la vie.

— Tu crois?

— Oui, c'est comme ça.

Nous nous taisons, abattues, découragées.

Au bout d'un petit moment, Patty hoche la tête avec lenteur.

— Samuel P. Cunningham, finit-elle par dire sur un ton de mépris. J'ai d'emblée su que quelque chose ne tournait pas rond chez ce type. Avec les costards qu'il porte, il doit vouloir camoufler qu'il est un pâle raseur ou bien que… ou bien qu'il a vraiment quelque chose à cacher!

Je rigole.

— C'est sûr que Cunningham a quelque chose à cacher.

— C'est un horrible morfal.

— Son boulot aurait déjà dû me mettre la puce à l'oreille. Quelqu'un qui gagne sa vie avec la mort des autres ne peut être que…

— … répugnant.

— Dégoûtant.

Elle rit à son tour.

— Même un porc se conduit mieux que lui.

— Même un vautour.

— Sans parler d'une mouche à merde !

— Un… un cafard.

— Le dernier des… des néo-nazis de l'Oklahoma.

— Le dernier des…, je réfléchis, le dernier des milliardaires républicains du pétrole.

— Le dernier des tueurs en série !

J'éclate de rire, imitée par Patty. Nous sourions enfin, secouant la tête. Je n'arrive pas à me souvenir quand, pour la dernière fois, j'ai éprouvé une telle reconnaissance pour un sourire.

Casser du sucre sur quelqu'un a du bon. Ça crée du lien. Ceux qui sont victimes d'une injustice se mettent d'accord sur le dos du salopard. Amnesty International devrait récompenser le cassage de sucre.

— Très franchement, Linn, reprend Patty, ayant repris son sérieux, après la mort de Dotty, nous avons bien entendu envisagé que nous ne pourrions rester ici pour toujours. Nous ignorions qui hériterait, mais nous avions bien conscience qu'il serait invraisemblable que la maison revienne à quelqu'un d'assez riche pour se moquer de posséder une bicoque de plus ou de moins, et pour nous laisser vivre ici jusqu'à notre mort. Les héritages importants sont imposés, c'est ainsi, et il est très rare que les héritiers soient en mesure de payer ces impôts. Il n'y a donc rien, là, qui nous surprenne absolument, tu comprends?

— Mais ce n'en est pas moins terrible pour autant!

— Si! Nous avons vu venir le problème, et maintenant, il est là. C'est parfois comme ça, dans la vie. Cunningham a-t-il dit quand, d'un point de vue idéal, la maison devrait être vendue?

— Le mieux serait tout de suite.

— Tout de suite?!?

— C'est que sa commission est due dans un délai de trois mois, une fois l'héritage officialisé. Et il est certain que l'affaire aura été jugée par le tribunal des successions d'ici quelques jours. Je devrai donc avoir l'argent sur mon compte dans trois mois.

— Ce n'est pas beaucoup, constate Patty, qui semble maintenant désemparée.

Elle recule son siège, comme se préparant à bondir, puis elle se ravise et se laisse de nouveau aller en arrière.

— Trois mois! s'exclame-t-elle, semblant soudain avoir pris un coup de vieux. Mais c'est... Elle m'implore du regard. Trois mois pour trouver un nouveau logement et tout enlever d'ici...

— Je sais.

Nous ne pipons mot pendant quelques secondes. Patty semble réfléchir tandis que, pour ma part, je fais juste *semblant* de réfléchir. J'ai le sentiment d'avoir déjà envisagé le problème sous tous les angles. Avec un résultat sans ambiguïté : Mr Cunningham est le diable en personne, et moi, une idiote d'avoir signé un contrat avec lui. Soudain, Patty se lève de son siège, la détermination inscrite sur son visage.

— Ça ne se passera pas comme ça. Ce sont des méthodes dignes de la mafia!

Elle cherche quelque chose des yeux, puis sort. J'entends ses pas dans le couloir et, un peu plus tard, sa voix dans le hall d'entrée.

— Eleonore ? crie-t-elle. Eleonore ! Dis-moi donc dans quelle sorte de cabinet d'avocat travaillait Ted.

Eleonore doit être au premier étage car, si j'entends le son de sa voix, je ne distingue pas sa réponse.

— S'occupaient-ils aussi de successions ?

Je n'entends pas la réponse cette fois non plus, mais Patty paraît satisfaite :

— Ah bon ! Je m'en doutais ! Tu crois que Linn pourrait le consulter pour un problème ?... À propos de la maison. À notre propos. À propos de tout !... Merci, Elli, je te remercie !

Pas plus tard que le même après-midi, je suis de nouveau assise dans le jardin d'hiver. Mes colocataires m'ont souvent parlé de Ted, le fils d'Eleonore. Il semble être un artisan doué qui entreprend souvent des réparations dans la maison, fait les courses et joue de temps en temps les chauffeurs. Mais je n'ai appris qu'aujourd'hui qu'il a fait son droit à Berkeley et que, il y a trois ou quatre ans, il travaillait encore dans l'un des cabinets d'avocats de Manhattan les plus connus, avant de s'établir dans les Hamptons.

Si on le rencontrait par hasard dans la rue, jamais on ne se figurerait avoir affaire à un avocat. Certes, il est assez beau garçon – il doit avoir deux ou trois ans de plus que moi, donc être dans la trentaine, il a les cheveux noirs, des yeux bleu-gris qui inspirent confiance et de minuscules fossettes sur les joues quand il sourit – mais, sinon, il n'a rien d'un avocat. Ni costume, ni cravate, pas de montre de plongée, mais un pantalon de travail bleu foncé plein de taches, de grosses godasses usées et un T-shirt avec une publicité pour une grande enseigne de bricolage.

Très franchement, à le voir assis là, devant moi, je lui ferais confiance pour des tas de choses, mais pas pour me défendre devant un tribunal.

Eleonore et Patty ne sont pas du tout dans le même état d'esprit. Elles sont aussi excitées que si c'était Barack Obama en personne qui trônait sur le fauteuil en rotin.

— Tiens, Ted, gazouille Patty, en lui collant sous le nez une part de gâteau.

Il a pourtant déjà devant lui une tasse de thé que lui a préparée Eleonore, un verre de jus de fruits pressés, un verre d'eau minérale, une théière de lait, du sucre, une petite assiette de raisins et un assortiment de biscuits qui semblent sortis d'une réserve secrète. En tout cas, on ne m'en avait jusqu'ici jamais offert.

— Merci beaucoup, Patty, dit-il d'une voix si assurée et sérieuse que l'histoire de l'avocat devient d'emblée crédible.

Malgré son look d'artisan, il paraît très professionnel. En train de goûter un morceau de gâteau, il donne l'impression d'étudier un dossier avant de livrer un commentaire élogieux.

— Mmmh, qu'il est bon ! Mais qui donc l'a fait ?

— Moi, dit Patty, rosissant.

— Fameux, vraiment, dit-il en mangeant un autre morceau. Le fond est fantastique.

— Merci, dit Patty, au comble du bonheur.

Une chose au moins est sûre avec lui : indépendamment de ses talents d'avocat, il sait gagner le cœur des vieilles dames.

Moi, en revanche, je ne sais trop que penser de lui. Certes, il a l'air très gentil et franc et, quand il sourit, il a quelque chose de l'ourson Teddy, avec ses yeux au regard fidèle. On lui donnerait le Bon Dieu sans confession. Il émane de lui une impression de totale tranquillité. La première chose qu'il m'a expliquée dès son arrivée, c'est que je ne devais pas me faire de souci.

— Il existe une solution à chaque problème. Les problèmes ne servent, en définitive, qu'à trouver des solutions.

Il y a aussi ce T-shirt et le bleu de travail qui, en temps ordinaire, ne me feraient ni chaud ni froid, mais avec lesquels je le trouve terriblement séduisant. Je ne comprends pas pourquoi, car je ne suis pas de ces femmes attirées par les corps de travailleurs du bâtiment et les mains calleuses. C'est peut-être le mélange des genres qui me trouble. Le noir sous les ongles en même temps que l'amabilité débonnaire et le professionnalisme du citadin. Je suis troublée au point que je commence par bredouiller quand il me demande de lui exposer mon cas.

— Eh bien, c'est-à-dire que…

Au bout de quelques secondes, je réussis à me reprendre et à lui raconter mon histoire de manière à peu près rigoureuse. J'ai d'ailleurs retrouvé, au fond de mon sac à main, le contrat que j'ai signé à Munich, quelque peu froissé. J'avais dû l'y mettre inconsciemment, avant que nous ne quittions l'appartement pour fuir Martin. Ted écoute, opine, écrit de temps à autre une note dans un calepin.

— Pourrais-je jeter un coup d'œil au document? demande-t-il quand je termine.

Je lui tends le contrat avec quelque nervosité. Il examine le papier d'un air songeur, passant vite sur les premiers paragraphes. Il s'attarde ensuite sur un passage, puis sur un autre.

— Eh bien, dit-il enfin, en le posant sur la table et en me regardant de telle manière que le cœur me manque.

— Alors? s'enquiert Patty.

— Eh bien, Linn, la mauvaise nouvelle, c'est que tu ne pourras pas échapper à la demande de commission de ce Mr Cunningham, pas plus, bien sûr, qu'aux droits de succession. Un contrat est un contrat et, dès que l'héritage est exécutoire, la commission et les droits sont dus.

— Je vois, dis-je à voix basse.

Je ne m'attendais pas à mieux mais, maintenant que Ted me le reprécise, je suis malgré tout découragée. Ma situation est sans issue, c'est ce que me confirme l'expert.

— Mais il y a aussi une bonne nouvelle.

— Qui serait? demande Eleonore, soudain émoustillée.

Je dresse aussi l'oreille, même si je n'ai pas grand espoir.

— Il n'y a aucune raison de paniquer. Les honoraires des détectives successoraux ne sont dus qu'une fois la succession dument enregistrée et la pension entrée en ta pleine possession. Ce n'est pas avant que commence le délai de trois mois, indépendamment de ce que ce Mr Cunningham inscrit dans ses contrats. Par ailleurs, l'impôt lui-même n'est dû qu'après cette date, pas tout de suite, du reste, pas avant la déclaration fiscale à venir. Et, même alors, il est possible d'étaler le règlement sur plusieurs années.

— En d'autres termes, Cunningham ne peut pour le moment rien contre elle? s'assure Patty.

— Exactement.

— Et que dois-je faire, à ton avis?

— Qu'avais-tu l'intention de faire, à l'origine?

— Eh bien, commencer par rentrer demain matin en Allemagne.

Une fraction de seconde, Ted tire une mine pas possible, comme si j'avais donné exactement la réponse qu'il ne fallait pas. Une tête qui fait vibrer en moi une corde qui n'avait pas vibré depuis longtemps – même pas avec Martin.

— Mais je peux aussi reporter à plus tard, en cas de besoin, je m'empresse d'ajouter.

— Ce n'est pas la peine, sourit-il. Absolument pas. Tant que la succession n'est pas effective, ce

Cunningham ne peut rien exiger de toi. Ne te laisse donc pas impressionner et rentre en Allemagne, comme prévu.

— Tu es sûr?

— Absolument. Mais il est aussi certain que nous ne devons pas nous bercer d'illusions. Tu seras, dans un proche avenir, confrontée à des exigences pressantes. En règle générale, en cas d'héritage immobilier, l'héritier finit par devoir vendre le bien, aussi stupide et triste que cela paraisse. À moins qu'il soit assez fortuné pour satisfaire aux exigences en question par ses propres moyens.

— Je ne le suis malheureusement pas. Ni de près, ni de loin.

— Je suppose que, dans les mois qui viennent, cela ne changera pas, fait Ted avec une grimace de douleur.

— Pas que je sache.

— Un autre héritage en perspective?

Je secoue la tête.

— Un puits de pétrole dans le jardin? Un trésor dans les plates-bandes? Un Picasso au grenier?

Je ne peux m'empêcher de rire devant son sourire espiègle.

— Rien de tout cela, je le crains.

— Bon, c'est la merde, alors, soupire-t-il.

— Je ne couperai pas à la vente, n'est-ce pas?

— Vraisemblablement pas, dit Ted en haussant les épaules.

— Et maintenant?

Il inspire, expire et inspire de nouveau à fond.

— Eh bien, je te conseillerais de laisser Cunningham réclamer à sa guise. Et, s'il fait du grabuge, envoie-le moi. J'ai toujours une boîte postale dans mon ancien cabinet de New York. Je peux donc, à tout moment, lui expédier une lettre bien sentie. Je pourrais même me charger du mandat pour toute cette affaire, si tu en es d'accord. Pour des profanes, la correspondance avec le tribunal et les diverses administrations est parfois assez compliquée.

— Ce serait super, dis-je.

— Pas de problème. Et, à ta place, je me demanderais à qui et à quelles conditions j'entends vendre la maison. Dix millions de dollars, c'est un paquet d'argent. Ça mérite d'y réfléchir. Mais, je le répète, tu as encore un peu de temps. La justice, en Amérique aussi, prend le sien. En règle générale, les choses s'étirent sur des mois et des mois.

Il m'adresse un sourire d'encouragement et je ne sais que dire. Ce matin encore, je me sentais sous pression : Mr Cunningham, les vieilles personnes, l'État. Maintenant, tout me semble moins grave. Du moins n'ai-je plus le sentiment que le temps fiche le camp et que je dois agir sur-le-champ…

— Tu vois, intervient Patty, je savais que cette rencontre ouvrirait de nouvelles perspectives.

— Oui, dis-je, reconnaissante. Merci, Ted, vraiment.

— Ce sera toujours avec plaisir. Je suis heureux de n'avoir pas étudié pour rien ! Y a-t-il autre chose ?

— Pour l'amour du ciel, non, dis-je avec un geste de dénégation.

— Ça commence à bien faire, les problèmes, non ?

— Tu peux le dire, soupiré-je, et, un bref instant, nos yeux se croisent, une seconde peut-être.

Je voudrais en réalité dire quelque chose à propos de mon retour en Allemagne, mais je préfère me taire.

— Et chez vous ? demande-t-il à Eleonore et Patty.

— Eh bien, puisque tu poses la question…, répond Patty. Je crois que ta mère a un problème avec une des fenêtres de sa chambre, c'est bien ça ?

— Oui. Il y a quelques jours, j'ai voulu l'ouvrir, et cette foutue poignée m'est restée dans les mains.

Tu sais, Teddy, celle que tu as réparée l'année dernière. Si tu pouvais y jeter un coup d'œil?

— Oui, j'y vais de ce pas, dit-il en se levant pour accompagner Eleonore. Bonne chance, Linn. Et fais-moi signe si tu as le moindre problème.

— Je n'y manquerai pas. Ce sera un plaisir.

Il quitte la pièce, et c'est comme s'il y avait laissé quelque chose, une bonne dose d'optimisme et de calme. En tout cas, je suis aussi détendue sur mon siège que si je venais de prendre un bain de soleil.

— Incroyable, non? observe Patty.

— Quoi donc?

— Que ce garçon soit le fils d'Eleonore!

— C'est vrai. Il est ouvert et posé, pas du tout comme elle.

— Et il présente bien mieux qu'elle, ajoute-t-elle, un sourcil levé. Nettement, même. Il aurait sa place dans le « *Sexy Workers Calendar* ».

— Dans le *quoi*?

— Oh, laisse tomber, dit Patty.

— Avec plaisir, dis-je d'un ton sec, en secouant la tête.

Les Sexy Workers! Dans la bouche de Patty! Tu parles de seniors, mince alors! Je préfère changer de sujet.

— Tu sais ce que je me demande?

— Non.

— Je me demande pourquoi Ted a cessé de travailler comme avocat.

— C'est ce que nous nous sommes tous demandé. Bien que nous soyons très contents de l'avoir ici, dans les Hamptons.

— Il doit pourtant y avoir une bonne raison, non?

— Bien sûr, confirme-t-elle, puis elle réfléchit un instant avant de reprendre : en fait, c'est l'histoire classique. Il avait fait un mariage heureux avec une femme belle comme le jour, une danseuse, mais qui gagnait pour l'essentiel sa vie comme assistante dans son cabinet. Au début, ça marchait très bien, mais ensuite, le succès aidant, Ted a eu de plus en plus de travail. Ses journées se sont allongées et sa femme restait de plus en plus souvent seule chez eux, le soir. Bon. Puis est arrivé un enfant, Tommy, un mignon petit garçon. Et soudain, ce fut lui qui resta seul, le soir, au cabinet. Je crois que ce n'est pas son existence de mère qui l'a frustrée, mais c'est de voir que son mari était en dehors de la vie de leur fils. Il avait manqué son premier sourire, ses premiers mots, ses premiers pas, parce qu'il était au bureau du matin jusque tard le soir. Elle en était de plus en plus irritée, les choses se sont envenimées. Un jour, elle l'a menacé de divorcer, et il a compris qu'il faisait fausse route.

— Et alors?

— Alors il a envoyé promener son boulot et il a acheté, pour sa famille et lui, une petite maison à Sag Harbor, où il y avait assez de place pour un atelier. Il avait toujours été bon bricoleur. Il a suivi une formation express et s'est installé comme menuisier. Bien entendu, le succès a suivi, le travail aussi, sans toutefois atteindre le volume horaire du temps où il était avocat.

— Tant mieux! Sinon, il aurait fait tout ça pour rien, dis-je, essayant de cacher mon début de dépit en apprenant que Ted n'était pas libre et qu'il était même marié.

Un peu plus tôt, quand j'avais annoncé que je retournais en Allemagne, il a fait une tête si bizarre que j'ai vraiment cru, l'espace d'un instant, qu'il en était déçu. Mais il avait sans doute autre chose en tête: des formalités, des délais ou je ne sais quoi.

— Eh bien, c'est que..., commence Patty, hésitante.

— Quoi? Sa femme n'est toujours pas heureuse?

Patty grimace.

— Ma foi, disons que c'est… compliqué.

— Compliqué, dis-je à mon tour en la regardant d'un air inexpressif, dans l'espoir qu'elle précise un peu sa pensée.

Mais elle fait un geste de dénégation.

— C'est sans importance, dit-elle. Mais le petit-fils d'Eleonore, crois-moi, il est à croquer tellement il est mignon ! Demande-lui. Les murs de sa chambre sont couverts de photos du petit !

— Je n'y manquerai pas.

Je m'aperçois, en même temps que je le dis, que ce petit-fils ne m'intéresse pas particulièrement. La famille de Ted, c'est la famille de Ted, après tout, non ? Le mieux est de ne pas s'en mêler.

15

J'ai tout d'abord l'impression que la maison s'effondre. Peut-être même l'île. Ou la terre entière.

Il tonne, ça ferraille, ça craque de partout. Je me redresse en sursaut, terrorisée. Je tâte ma literie, mais le fracas ne vient bien sûr pas de mon lit. Ça vient de dehors. Je me penche pour essayer d'y voir quelque chose par la fenêtre. Mais il fait noir comme dans un four. Le vent souffle avec une telle force qu'on croit entendre hurler les murs de la maison.

Est-ce la fin du monde? Non, ce n'est pas ça. Il y a un éclair et je distingue la silhouette des arbres. On dirait des esprits en train de me guetter. Ils ont dû, avant que je m'endorme paisiblement, me voir terminer mon livre et le ranger dans ma valise déjà pleine et posée, avec mon sac à main, à côté du lit, mes habits propres disposés sur une chaise, prêts pour le départ du lendemain.

Dieu du ciel, c'est épouvantable! Plus épouvantable encore: un morceau de plâtre vient de se détacher du plafond mansardé, me couvrant le nez d'une couche de poudre blanche. Le reste atterrit devant moi sur le couvre-lit. À l'évidence, la maison ne semble pas seulement s'effondrer, elle s'effondre bel et bien.

Je cherche à tâtons l'interrupteur de la lampe de chevet, mais rien ne se produit quand je l'actionne. Repoussant ma couverture, je vais à la porte et je tente ma chance avec l'éclairage central. *Niente.* J'essaie avec la lampe du couloir. Rien n'apparaît non plus, si ce n'est Eleonore, sans rouge à lèvres, avec, en revanche, des yeux de taupe, des cheveux emmêlés, blafarde sous sa robe de chambre. Elle est suivie d'Ornella qui a tout d'un fantôme avec ses yeux écarquillés, ses bigoudis et sa chemise de nuit en soie flottant autour d'elle.

— Dieu du ciel, que se passe-t-il? demandé-je.

— Je crains que ça ne soit Charlie, dit Maxwell qui, armé d'une lampe de poche, descend l'escalier, venant de sa chambre sous les combles.

— Charlie?

Je n'ai aucune idée de qui cela peut bien être.

— Une tempête tropicale. D'après la météo, elle ne devait que nous effleurer, mais balayer le Maryland et la Virginie.

— Ils se sont plantés, alors, observe Ornella.

— Je m'en doutais, confirme Eleonore, les paupières plissées jusqu'à ne plus former qu'une fente. À voir comment, ces deux derniers jours, ça se gâtait!

— Alors, tu as mieux deviné que les informations radio et le *Southampton Press* réunis, grommelle Maxwell.

On entend quelque part un fracas de ferraille, comme si le jardin d'hiver venait de s'écrouler. La lumière du couloir lance un éclair puis s'éteint de nouveau. Un vrai film d'horreur.

— Que pouvons-nous faire? demandé-je.

— Pas la moindre idée, répond Ornella.

— Est-ce qu'on a tout bien attaché dehors?

— J'ai rentré les chaises de la terrasse hier soir, assure Maxwell.

— Les volets sont-ils clos?

— Dans ma chambre, oui, répond Eleonore.

— Chez moi aussi, renchérit Ornella.

— Moi, là-haut, je n'en ai pas, dit pour sa part Maxwell.

— Chez moi, non, bien sûr, dis-je, rentrant précipitamment dans ma chambre pour ouvrir la fenêtre et fermer les volets.

Les arbres se plient et se déplient, comme s'ils se tordaient de rire. Soudain, je me demande si, demain, mon avion va pouvoir décoller. Par une tempête pareille ? D'un autre côté, il ne neige pas et, en douze heures, tout peut changer.

— Il faudrait jeter un œil dehors pour voir comment ça tourne, lance Maxwell quand je rejoins le groupe.

— Bonne idée, dis-je, en pensant au jardin d'hiver qui n'a ni volets, ni protections.

— Au fait, où est Patty ? s'inquiète Ornella.

Maxwell soupire et regarde Ornella en roulant des yeux.

— Je vais la réveiller, annonce Eleonore qui disparaît.

Quelques secondes plus tard, il y a un long grincement suivi d'un craquement incroyable et de la lumière sort de ma chambre, bien que l'électricité soit en panne et mes volets fermés.

— *Mamma mia*, gémit Ornella.

— *For Chrissake*, répond Maxwell en écho.

Il dirige le rayon de sa lampe de poche à l'intérieur de ma chambre : nous découvrons, juste au-dessus de mon lit, un énorme trou à travers lequel on aperçoit le ciel nocturne.

— *Oh, goodness !* s'écrie Patty derrière moi. Il faudrait mettre tes bagages à l'abri.

Au même instant, il se met à pleuvoir et, à la lueur d'un nouvel éclair, je vois des trombes d'eau s'abattre sur mon lit défait.

Quand le jour point enfin, vers cinq heures et demie, chacun de nous a au moins cent cheveux blancs de plus sur le crâne. Et, à la table du petit-déjeuner – point de ralliement, pendant la nuit, de tous ceux qui n'ont pas osé rester dans leur chambre –, je me retrouve face à des visages blafards, marqués de cernes noirs. J'ai moi-même passé quelques heures sur l'un des canapés du salon car j'ai devant moi un long voyage, mais je n'ai pu que somnoler. Le bruit de la tempête était trop fort et, bien que me trouvant au rez-de-chaussée, en principe à l'abri, je n'arrivais pas à me débarrasser de la crainte de recevoir sur le nez un morceau du plafond.

Pourtant, malgré ce manque de sommeil, je me sens étonnamment en forme. Ce n'est peut-être qu'une impression s'expliquant par le fait que les autres ont l'air de chiffons gris et las dans leurs sièges. La tempête s'est maintenant calmée ; la pluie a, par chance, cessé dans la nuit, mais l'air, dehors, est toujours chargé d'électricité. Les vieux arbres du parc qui se détachent sur un ciel jaunâtre semblent, eux aussi, sous tension, comme prêts à s'embraser à tout moment.

— Je crois que je vais sortir, voir un peu comment ça se passe, annoncé-je. Quelqu'un m'accompagne ?

Je m'efforce de donner un tour léger à ma question, mais personne ne semble disposé à se jeter à l'eau. La peur ne les a toujours pas quittés. Ornella secoue la tête, l'air inexpressif, Patty paraît anxieuse et Maxwell, bien qu'apparemment serein, ne bouge pas d'un pouce.

— Personne, alors ?

— Un peu plus tard, répond Eleonore, l'air fatigué. Je crois qu'il me faudra avaler deux théières avant de pouvoir tenir debout.

— Oh, un thé ne me ferait pas de mal non plus, décide Maxwell. Tu en fais ?

— Pour moi aussi! réclame Patty d'une voix faible, avec le geste de quelqu'un qui serait en train de se noyer.

— Qu'est-ce que je ne ferais pas pour vous tous! conclut Eleonore en gagnant la cuisine.

— Eh bien, je prends tous les risques, finis-je par dire en sortant.

J'ai déjà inspecté le jardin d'hiver pendant la nuit. Il n'est, par chance, pas totalement détruit. Il y a quelques heures, on aurait dit qu'il avait servi de terrain d'atterrissage à un hélicoptère. Certes, une grosse branche vermoulue lui est tombée dessus, mais elle n'a cassé que deux petites vitres. Il sera aisé de ramasser les débris par terre. J'examine pourtant avec scepticisme la structure en verre, craignant qu'une vitre ne soit, quelque part, descellée. Cela pourrait avoir de lourdes conséquences.

À première vue, la terrasse semble n'avoir été touchée que par une inoffensive tempête automnale. Des pots de fleurs ont été renversés et il y a quelques branches sur les dalles. Cependant, à y regarder de plus près, je m'aperçois que les espaliers des rosiers ont été balayés par le vent et qu'ils gisent un peu partout, comme des cartes à jouer éparpillées. Sur la pelouse se dressent aussi des troncs brisés. Deux vieux érables sont appuyés l'un contre l'autre, pareils à deux marins ivres. Le jeune bouleau, près du banc installé derrière la maison, a été sectionné comme une allumette.

Au beau milieu de ce champ de bataille, je découvre Frederic qui s'est enfin risqué hors de sa cabine de bain. Il porte une chemise pas parfaitement repassée, comme toujours, mais néanmoins propre, ainsi qu'un fin cardigan, mais il a gardé son pantalon de pyjama. Durant la tempête, il n'a pas osé nous rejoindre dans la maison – à juste titre, vu l'état du jardin…

Il n'a pas eu, lui non plus, une nuit tranquille. Ornella l'a appelé sur son portable quasiment toutes les heures, afin de s'assurer qu'il n'avait pas été assommé par la chute d'un arbre ou qu'il n'avait pas été emporté au large par une rafale, comme dans *Le Magicien d'Oz*.

— Frederic, tout va bien?

— Eh bien, euh… je voulais voir s'il n'y avait pas trop de dégâts.

Il examine un instant la maison, puis m'observe à mon tour. Si le courant passe bien entre moi et Patty, Ornella et finalement Maxwell aussi, ce n'est pas encore le cas avec lui, ce qui ne signifie pas qu'il ait quelque chose contre moi. Cela tient plutôt au fait qu'il est fondamentalement tranquille. Un type tourné vers lui-même, qui ne se lie pas facilement d'amitié. Les frayeurs de la nuit semblent en tout cas avoir dissipé sa timidité. Tout, ce matin, lui paraît plus avenant qu'une tempête tropicale, y compris une héritière tombée du ciel.

— Je vous accompagne, me dit-il, intrépide.

— C'est gentil. Je crains en effet d'avoir besoin de votre aide.

Nous faisons le tour de la maison, et le poète, d'ordinaire si réservé, tire sur des bardeaux à moitié arrachés à la façade, enlève du chemin les branches tombées. Nous examinons une fenêtre brisée et un volet qui ne tient plus que par une charnière. Nous redressons des pots de fleurs renversés, une chaise de jardin oubliée, une échelle tombée à la renverse.

Nous arrivons enfin à la partie de la maison qui abrite ma chambre. Nous prenons quelques pas de recul et, horrifiés, nous contemplons le trou dans le toit. Vu de l'extérieur, il est bien plus important que je ne le croyais. La tempête a arraché près de la moitié de la surface du toit entre deux chiens-assis. Une armée de tuiles brisées jonche le gazon. Et, chose invisible de l'intérieur, les dégâts atteignent presque la mansarde de Maxwell. Que sa chambre n'ait pas souffert est miraculeux!

— On dirait que la maison a été attaquée par un requin, constate Frederic d'un ton respectueux.

— Attaquée et démantibulée.

— La victime a perdu une bonne partie de son dos.

Je ne peux m'empêcher de rire.

— Frederic, tu es décidément un poète.

Un instant, son visage maigre s'éclaire d'un sourire insouciant et enjoué. Une fraction de seconde seulement, puis il redevient grave.

— Ça n'a rien à voir avec la poésie. C'est la réalité! Regarde, on a presque l'impression de discerner l'endroit où le bestiau a planté ses dents.

— Tu as raison, dis-je, m'obligeant à ne plus contempler la blessure béante. Reculant de quelques pas encore, nous arrivons, à travers le trou, à apercevoir le couloir où nous nous sommes retrouvés cette nuit. Je vois que le plafonnier est de nouveau allumé, comme si rien ne s'était passé.

— Que fait-on, maintenant? demande Frederic

— Aucune idée.

— Comment, Linn?

Je m'aperçois qu'il ne se livre pas à une surenchère poétique, que son désespoir est réel. Lui qui, presque toute son existence, a eu affaire à des déboires de toute nature et a certainement connu des tempêtes avec de pires conséquences que celles-ci, est là, devant moi, ouvrant de grands yeux et interrogeant: «Comment?»

Je comprends que je ne peux pas abandonner ces gens dans cette situation. Bien sûr, Patty se donne volontiers des airs de femme forte et aussi dure qu'une escalope de seitan et, de manière générale, aime se comporter comme si les personnes âgées, du fait de leur longue expérience, étaient capables de se sortir de toutes les situations. Mais ce n'est pas vrai, je m'en rends compte. Elle est vieille, et ses quatre colocataires le sont aussi. Ils ont sans doute vécu des guerres, des crises économiques et autres fléaux, mais ces catastrophes endurcissent-elles vraiment?

Pas, en tout cas, face à une tempête qui emporte votre toit. Cela les a tourneboulés comme n'importe qui d'autre. Ils vivent ici dans des conditions idylliques, sans voisin, sans téléviseur, loin de la criminalité urbaine: rien d'étonnant à ce qu'après une tempête de cette ampleur, ils aient l'air de gens venant d'échapper de justesse à la mort. Je ne suis d'ailleurs pas loin d'être dans le même état qu'eux.

Pour ces cinq seniors, le trou dans le toit n'est pas juste un problème qui a le mérite d'exiger une solution, comme dirait Ted. Il représente un choc, une agression. Je ne peux me satisfaire de rassembler mes quelques affaires en espérant que les résidents trouvent eux-mêmes une solution. Il faut que je m'accroche au téléphone et que je trouve quelqu'un qui prenne les choses en main, si je veux m'envoler pour l'Allemagne la conscience tranquille.

— Quelle heure est-il?

— Il ne va pas tarder à être six heures.

À midi et demi au plus tard, il faut que je sois dans le train menant à l'aéroport. Je n'ai donc que six heures devant moi. Cela devrait suffire pour dénicher un couvreur et un vitrier.

Quand nous rentrons, quelqu'un a déjà apporté dans la salle à manger le minuscule poste de radio à ondes courtes qui permet à Ornella d'écouter des stations italiennes quand elle cuisine. Ce sont les informations. Personne ne touche à sa tasse ni ne parle.

Tous écoutent, captivés, un expert, apparemment surpris, expliquer que la tempête a dévié de sa route. Un correspondant décrit la situation dans les villes côtières des États de New York et du New Jersey. Les dégâts sont importants un peu partout, des arbres ont été arrachés, des embarcations coulées. À Manhattan, un tunnel routier a été noyé, et un bateau de la Staten-Island-Ferry a si violemment heurté le quai qu'il a pris l'eau. On dénombre pour le moment deux morts et trois disparus.

— Au moins nous ne sommes pas les seuls, dit Patty en serrant sa veste contre elle.

— Pfff, fait Eleonore.

— Le mieux, c'est que je commence dès maintenant à trouver un couvreur, dis-je, avant qu'ils soient tous pris jusqu'à Noël.

— Merci, *bambina*.

— Je peux te donner un coup de main? demande Maxwell.

— Non, merci, dis-je, et je vais prendre dans l'entrée, derrière le comptoir, l'annuaire téléphonique local.

Après un bref effort de mémoire pour me rappeler la désignation anglaise, je l'ouvre à la lettre « R », comme *roofing work*, et, pour la première fois depuis que je suis ici, je regrette de n'avoir pas accès à Internet pour trouver des appréciations et des recommandations.

Je n'ai que le choix de tenter ma chance, entreprise après entreprise, dans l'espoir de tomber sur une adresse sérieuse, ou même simplement de tomber sur quelqu'un. Car il est très tôt. Si tôt que, lors de mes trois premiers appels, je tombe sur le répondeur, et que, lors des deux suivants, personne ne décroche. N'ayant pas de temps à perdre, j'appelle le couvreur suivant, puis le suivant, et encore un autre. Ce n'est qu'à ma neuvième tentative que j'obtiens quelqu'un au bout du fil. Mais ses propres bâtiments ont aussi souffert de la tempête. Le dixième ne pourra intervenir avant le week-end. Au onzième essai, une société qui est presque dans le Queens, mes efforts sont enfin couronnés de succès. La dame qui me répond promet d'envoyer sur-le-champ quelqu'un pour inspecter les dégâts, établir un devis et, éventuellement, commencer les travaux sur-le-champ.

— *He'll be there immediately*, dit-elle.

— *Great.*

Trois heures plus tard – ma valise est près de la porte, mon billet d'avion et mon passeport à portée de main –, nous entendons un véhicule s'arrêter devant la maison. Patty, Maxwell, Eleonore, Ornella et moi nous précipitons vers la porte pour accueillir notre sauveur.

Un gros utilitaire, marqué de l'inscription « Nassau Roofers Inc. », est garé devant la porte. Un énorme ventre qui déborde d'un bleu un peu juste, à la fermeture éclair ouverte, s'extrait de la cabine. Le ventre est suivi d'un gaillard massif, tatoué jusqu'au cou, avec une gourmette et des lunettes de pilote, les manches retroussées.

— Je vais me prendre pour le Président en personne, grommelle-t-il, bonhomme, à l'adresse du comité de réception qui, agglutiné sur le seuil, le scrute avec angoisse. Il se gratte sous les aisselles et tend ensuite la main à Maxwell. Les vieilles femmes semblent ne pas exister pour lui. Et moi, tout aussi peu.

— Alors, il est où ce petit trou ?

— Je vais vous le montrer, lui dis-je.

Nous passons derrière la maison. J'ouvre la marche, les seniors suivent en file indienne.

— C'est ici, là-haut.

L'homme recule de quelques pas pour mieux voir.

— *Oh my God!* Et ça s'est passé hier?

— Cette nuit, acquiescé-je. Il n'y a pas dix heures, je dormais encore juste au-dessous.

— *Holy shit!*

— Comme vous dites.

Il ôte ses lunettes de soleil. Il continue à regarder le trou, sans faire mine de l'inspecter de plus près ni de vouloir réparer le toit, ce qui commence à m'impatienter. Non que j'aie derrière moi mille expériences avec des artisans, mais les manières dont ils usent parfois me tapent sur le système. On appelle un plombier, on lui montre un écoulement bouché, et voilà qu'il reste planté devant comme s'il avait affaire à un bloc réacteur. Pour, la seconde d'après, se mettre à gémir que ce qu'on réclame de lui est compliqué, voire insoluble. À croire qu'il attend des excuses écrites pour le fait d'avoir fait appel à lui!

— Eh bien oui, comme annoncé, il s'agit de le boucher d'une manière ou d'une autre, confirmé-je, un tantinet irritée.

— Vous êtes marrante, me répond-il.

— Eh oui, je suis comme ça.

J'éprouve le besoin irrésistible de lui flanquer un coup de pied dans les tibias afin qu'il se remue un peu les fesses. Non mais, un couvreur qui prend peur devant un toit démoli? Et puis quoi encore? Un pilote souffrant du mal de l'air? Un médecin ne supportant pas la vue du sang?

— Eh bien, pour être franc, dit-il en se frottant le crâne, ça ne va pas se faire vite fait bien fait. Il faudra au moins jusqu'à la fin de la semaine prochaine, peut-être jusqu'au début de la suivante.

— Comment? intervient Eleonore. Et on va faire comment, pendant ce temps?

Il nous regarde, indécis.

— Je pourrais vous dépanner avec une bâche.

— Une bâche? m'écrié-je.
— C'est une bâche spéciale.
— Spéciale? ironise Maxwell. Mais c'est formidable.
— Bon, on n'y peut rien, dis-je, conciliante. Je crains que, dans notre situation, nous ne devions faire contre mauvaise fortune bon cœur. Si la bâche protège de la pluie, c'est déjà un début.
— Et je peux vous dire tout de suite que ce ne sera pas donné.
Il se gratte à nouveau sous les aisselles.
— Ça veut dire quoi «pas donné»? s'inquiète Patty.
— Faut bien compter quelques milliers de dollars. Sans compter la réfection du revêtement des murs, mais ça, de toute façon, nous, on ne le fait pas.
— Vous faites quoi alors?
— D comme *drywall installation*. Construction à sec, dit-il. Je vais appeler la cheffe.
Il se gratte une fois de plus et disparaît en direction de sa voiture.
— Petit malin, va, murmuré-je, interloquée.
— Qu'est-ce qu'il a dit, où il va? demande Eleonore.
— Je pense qu'il va chercher la bâche, dit Maxwell.
— Il appelle sa cheffe, rectifie Ornella.
— Il se tire, dis-je, en entendant le moteur se mettre en marche.
Non, à moins que…
Si. L'utilitaire descend effectivement l'allée de gravier, regagne la route.
— C'est à peine croyable! fulmine Eleonore.
— *Fuck!* jure Maxwell, puis il éclate de rire.
— Il a vraiment foutu le camp? veut savoir Ornella.
— Je vais voir, dit Eleonore qui revient aussitôt. En effet. Disparu.
— Dieu merci, murmure Patty.
— Dieu merci? s'étonne Maxwell, dont les rides du front se creusent un peu plus.

— Dieu merci, répète-t-elle.

— Pourquoi ? Je commence à m'inquiéter.

— Nous n'aurions de toute façon pas pu payer la réparation.

— On n'aurait pas pu ? s'étonne Maxwell.

— Ni de près, ni de loin, dit-elle à voix basse.

Et elle regarde autour d'elle d'un air si désemparé que nous comprenons en un éclair qu'elle ne plaisante pas, loin de là.

16

— Ted? répète Patty, effrayée, reposant sa tasse sur la table.

— Ted, répété-je, l'air beaucoup plus déterminée que je ne le suis en réalité.

En effet, j'ai dû lutter contre moi-même, car je ne suis pas du genre à rechercher la compagnie d'hommes qui me plaisent bien mais qui sont mariés. Cependant, je n'ai pas trouvé d'autre solution. Ted est le seul artisan que je connaisse aux États-Unis et, surtout, il est le seul dont je suis sûre qu'il nous aidera. De plus, je serai loin d'ici dans quelques heures.

— Mais, Linn, malgré tout l'attachement… vraiment… je ne sais pas, bafouille Eleonore, soucieuse.

— Vous avez quelqu'un d'autre en vue? L'une d'entre vous a-t-elle pour amant secret un couvreur?

— Linn, proteste Patty.

— On pourrait le penser! À vous voir ainsi hésiter à tenter notre chance auprès de Ted…

— Arrête tes *bullshits*! C'est juste que… Ted nous vient déjà si souvent en aide, explique Patty.

— Il était là hier encore pour réparer ma fenêtre, renchérit Eleonore, qui s'agite nerveusement.

Il est visible qu'il lui répugne d'appeler une nouvelle fois son fils au secours; que sa méfiance, dont je croyais qu'elle l'avait surmontée, s'est réveillée, et qu'elle se dirige contre moi.

— Nous ne pouvons tout de même pas tout lui faire faire dans la maison. Vraiment, ça me dérange.

— Et puis, Ted est menuisier, pas couvreur et encore moins spécialiste de la construction à sec ! rajoute Patty.

— Ted sait tout faire, lance Ornella, qui semble être la seule à comprendre que le fils d'Eleonore est le dernier espoir de la colocation. Il m'a même réparé un interrupteur.

— C'est possible, la contredit Eleonore, mais réclamer de lui qu'il répare notre toit, c'est pousser un peu loin le bouchon, non ?

— Je suis en principe toujours favorable à un peu de réserve, Eleonore, mais, pour le moment, vous ne pouvez pas vous la permettre, dis-je avec calme, sans lever les yeux des extraits de compte sur la table, devant moi.

— Surtout qu'on annonce de nouveau de la pluie pour demain, argumente Maxwell.

— Tu entends, Eleonore ? Allez, va, appelle-le tout de même.

— Ça ne me plaît pas du tout, râle-t-elle.

— Eleonore, dis-je doucement, encourageante.

— Bon, puisque vous ne voulez pas appeler Ted, je vais m'y atteler moi-même, intervient Frederic en redressant son corps décharné, comme s'il allait immédiatement passer à l'acte. Je n'ai encore jamais fait ça, mais poser quelques tuiles sur un toit, ça ne doit pas être si difficile que ça.

— Toi ? s'écrie Ornella, lançant au poète un regard horrifié.

— Bon, bon, d'accord, s'empresse de dire Eleonore. Je t'en prie, Frederic, rassieds-toi.

Frederic n'en espérait manifestement pas plus car, satisfait, il se laisse de nouveau aller sur sa chaise.

— Mais alors, fais-le, dit-il à Eleonore.

— Oui, oui, oui, soupire-t-elle, et elle sort de la pièce d'un pas volontairement pesant.

— Merci beaucoup, lui glissé-je, mi-figue mi-raisin.

— *Thank God*, murmure Frederic, soulagé.

Épuisée, je m'enfonce dans mon siège, priant Dieu que Ted ait le temps de passer et qu'il sache comment réparer un toit, car moi, je n'en ai pas la moindre idée, et Frederic à coup sûr pas davantage.

Je dois, le cœur lourd, renoncer à partir pour Munich aujourd'hui. Bien entendu, il n'est pas dans mes moyens de gaspiller ainsi un vol aussi onéreux, mais, tant que le toit n'est pas rafistolé, je ne peux pas disparaître comme ça. Et il n'est hélas pas possible de se sortir de cette situation en payant.

Je me suis fait montrer les extraits du compte de la maison, sur lequel chacun des locataires verse une certaine somme mensuelle afin de faire face aux dépenses courantes. Or, il est presque vide, à quelques centaines de dollars près. Et les finances personnelles des pensionnaires oscillent quelque part entre zéro et moins. Ils ne toucheront leur retraite qu'à la fin du mois. Il est donc hors de question de régler pour le moment une facture de plusieurs milliers de dollars.

Ted est la seule chance de ces personnes âgées, à moins qu'elles n'aient l'intention de bricoler le toit à l'aide de film étirable et de laque (de ça, en revanche, il n'y a pas pénurie dans la maison).

*

L'après-midi même, tandis que je parcours en sa compagnie les rayons de la plate-forme de construction Riverhead à Hampton Bays, je réalise pour de bon que Ted est, pour ces vieillards, non seulement la seule chance mais aussi le plus grand bonheur.

Je trottine à sa suite. Il marche à grands pas, sachant exactement où il va et ce dont il a besoin, en fonction d'un plan qu'il a mûri dans sa tête. Il semble être à la fois un bon avocat et un bon menuisier. Il extirpe ce qu'il lui faut des étagères, d'une main sûre, sans la moindre hésitation, sans consulter les prix, sans devoir s'arrêter à chaque croisement pour s'orienter.

J'aurais pu le laisser acheter seul car il n'a absolument pas besoin de moi. Je m'efforce néanmoins de l'aider du mieux que je peux, prenant une boîte de vis, lui tendant la main pour hisser un paquet de tuiles sur le chariot, portant des lattes de bois trop longues pour être transportées couchées. J'ai de la peine à le suivre et, m'étant attardée quelques secondes dans un rayon pour regarder une lampe de chevet, je ne le retrouve que cinq minutes plus tard, en train de faire la queue à la caisse.

— Voilà qui s'appelle aller vite, dis-je, hors d'haleine, en me faufilant pour le rejoindre.

— Excuse-moi, dit-il, avec l'air de quelqu'un qui sort d'un rêve et s'étonne d'avoir avancé si vite.

— Il n'y a pas de quoi. Je suis heureuse que tu aies le temps de nous aider.

— Il est évident que je ne peux pas vous laisser vous débrouiller seuls. Du temps, je n'en ai pas, mais les mamans passent avant tout le monde, tu le sais bien. Et puis, à quoi me serviraient mes collaborateurs s'ils ne me remplaçaient pas au pied levé de temps en temps ?

— Combien en as-tu, au fait ?

J'attends presque qu'il me cite un nombre à deux chiffres. Il a en effet une tête de meneur d'hommes.

— Un et demi !

— Ce n'est pas beaucoup, dis-je.

— C'est exprès. Tu sais, quand j'ai débarqué dans les Hamptons, je me suis juré de ne plus jouer les gros bras. Avocat, j'étais responsable d'une énorme équipe, ce qui n'est pas désagréable mais représente beaucoup de travail. Je pourrais me développer ici aussi et gagner beaucoup plus, mais je ne veux pas. Si j'ai appris quelque chose dans mon existence, c'est que l'argent n'est pas un luxe quand on n'a pas le temps d'en profiter. En réalité, j'ai deux collaborateurs, mais la femme de Pedro est malade et il doit s'occuper des enfants après la classe.

— C'est sympa de le lui permettre.

— Tu sais, moi aussi, je suis père, dit-il avec un haussement d'épaules. Et autre chose, aussi, m'a servi de leçon : le travail est plus agréable quand on voit dans son personnel non pas des pions chargés d'effectuer des tâches, mais des êtres humains dont on est responsable et dont le bonheur vous tient à cœur.

Je crois que je regarde Ted un peu trop longuement, avec trop d'admiration, car il détourne les yeux, comme si ma vue lui était soudain désagréable. Je trouve en effet que ce qu'il dit est formidable. Si tous les patrons étaient comme lui, le nombre de burn-out, en Allemagne, diminuerait de moitié. Les Kuhn étaient aussi un peu comme cela ; ils se sont toujours sentis responsables de leurs employés. Mais ont-ils eu à cœur de les voir heureux ? Je ne pense pas que leur sens de la responsabilité soit allé si loin.

— Tu as de la famille ? me demande Ted à brûle-pourpoint.

— Moi ?

Je le regarde avec étonnement, mais il me vient à l'esprit qu'il ne sait rien de moi. Il ne me connaît que depuis hier et, entre-temps, il a dû avoir autre chose à faire que d'écouter sa mère. Et il se pourrait que j'aie à Munich un mari et trois enfants. On ne porte pas sur le visage qu'on vient d'être trompée et qu'on est en train de remettre en cause les sentiments qu'on a eus pour son ex, et qu'on a peut-être encore.

— Oui, toi, rigole Ted.

— Non.

Je suis sur le point de lui dire que je n'ai même plus de futur fiancé, mais je laisse tomber. Je n'ai pas envie de parler à Ted de mon chagrin. J'ai envie qu'il me croie libre et satisfaite de mon sort, tout en sachant, bien sûr, que lui n'est pas libre.

— Malheureusement pas, j'ajoute.

— Dommage, dit-il. C'est super d'avoir des enfants.

— Je veux bien le croire. Quel âge a ton fils?

— Cinq ans. Si tu le voyais! C'est le petit garçon le plus formidable du monde. Malin comme un singe, et mignon. Il danse déjà, comme s'il voulait se produire un jour à Broadway.

— J'aimerais bien, en effet, le connaître, dis-je en riant, mais j'ai le cœur lourd.

Non de ce que Ted est déjà pris, je me suis déjà fait une raison, mais parce que, soudain, j'ai devant les yeux sa petite famille: le père gentil et affectueux, la mère jolie et délicate, le garçonnet si parfaitement élevé.

Quand me reviendra-t-il de fonder une famille? De trouver un mari comme Ted? Et d'avoir le corps svelte d'une danseuse? D'un seul coup, ma bonne humeur se tarit, tel un jet d'eau quand on ferme les vannes. Je garde le silence. Ted n'aborde plus, lui non plus, le sujet. Il sent peut-être que je ne suis pas la personne qu'il convient de présenter à sa famille. Je ne suis pas quelqu'un qu'on invite. Je ne veux ni m'immiscer dans la vie de couple d'autrui, ni me nourrir de son bonheur.

Nous progressons dans la queue, et maintenant, nous entendons couiner devant nous la caisse enregistreuse.

— Je me sens un peu coupable de ce qui est arrivé au toit, dit-il inopinément.

Il donne l'impression d'exprimer un aveu qui pèse depuis un bon bout de temps sur son cœur.

— Hein? Pourquoi coupable?

— Ah, commence-t-il, puis il tourne la tête avant de me regarder de nouveau, l'insatisfaction sur le visage. Il y a longtemps que j'aurais dû m'en occuper. Pendant le grand ouragan de l'automne dernier, quelques tuiles s'étaient déjà détachées. J'ai rafistolé comme j'ai pu, mais c'était le signe que le toit créerait un jour ou l'autre des problèmes. En même temps… mon Dieu, je connais la situation financière de ces cinq personnes. J'ai dû me dire quelque part qu'on pouvait remettre la réparation à plus tard.

— Mais ce n'est pas pour autant que tu dois te sentir coupable!

— Si, plus ou moins tout de même, dit-il, l'air préoccupé, poussant un peu le chariot alors que la queue n'a pas progressé.

— Ted, tu les aides déjà tellement. C'est ce que disent ta mère et les quatre autres. Tu ne peux te soucier de tout, quand même.

— Il faudrait, pourtant.

— Non, tu n'y es pas obligé.

— Le problème, c'est que les vieilles personnes ne s'aperçoivent pas de la plupart des défaillances dans la maison. Bien sûr, un toit foutu, ça saute aux yeux, mais le reste? La tuyauterie, par exemple. Je m'attends à ce qu'elle pète au prochain gel. Ou l'électricité. L'installation est totalement hors d'âge. Il faudrait aussi repeindre et isoler les fenêtres. Et le chauffage doit dater du temps de la prohibition En fait, c'est la maison qu'il faudrait rénover. Mais qui va payer tout ça?

— Pas les locataires, dis-je prudemment.

Je pense au moment que j'ai passé avec Patty à trier des affaires destinées au marché aux puces.

Je comprends soudain qu'elle avait réellement besoin de cet argent et que, si elle trouvait que ces affaires valaient mieux que la poubelle, ce n'était pas juste pour des raisons sentimentales.

— Les locataires, non, sans aucun doute.

— Aucun d'eux ne touche de grosse retraite, n'est-ce pas ?

Il me regarde en faisant non de la tête.

— Quelle saloperie ! dis-je.

— Ah, vois-tu, Linn, ils n'ont pas eu une sale vie, mais ils ne se sont pas enrichis pour autant. Ma mère et Maxwell ne s'en sortent pas trop mal en tant qu'anciens enseignants, et Frederic doit lui aussi toucher une somme convenable ; il était employé dans les assurances. Mais Patty et Ornella ? J'ignore si elles ont mis quelque chose de côté. Si je ne me trompe pas, ce sont les autres qui les nourrissent plus ou moins, comme le faisait Dotty de son vivant. Ils ne parlent pas de ça et ne s'en soucient pas, mais il ne reste bien entendu pas grand-chose à la fin du mois.

Émue, je garde le silence, souhaitant à nouveau pouvoir venir en aide à ces gens d'une manière quelconque. Mais je ne peux, hélas, pas faire plus qu'empêcher un déménagement trop rapide. Et au contraire, plus j'en apprends sur cette maison, plus je m'aperçois que c'est un puits sans fond. Celui qui l'acquerra devra dépenser une fortune pour la remettre à peu près à flot. Je me rappelle mes parents renonçant pendant des années à prendre des vacances et investissant tous leurs sous dans l'achat de nouvelles prises, de robinets, de poutres, de gouttières et de déshumidificateurs pour la cave humide, sans jamais s'approcher de la fin des travaux.

— Est-ce vraiment si grave ?

— Pire.

Nous nous taisons. J'ai soudain l'impression que Sea Whisper Inn m'échappe des mains définitivement.

Même s'il n'y avait ni Cunningham ni Komarov, et pas d'administration fiscale non plus, je ne pourrais garder cette maison. La restauration serait trop onéreuse. Je n'ai pas le choix. Je peux juste prier pour que la tuyauterie et l'installation électrique tiennent le coup, le temps nécessaire. Et pour que ce Komarov n'envoie pas un spécialiste afin d'estimer la valeur actuelle de la maison.

Il me vient soudain une autre idée. Si la propriété se trouve en si triste état, emménager dans quelque chose de plus petit ne serait-il pas un soulagement pour ses occupants? Quelque chose de plus moderne, ou une vieille maison déjà rénovée? Un endroit où le propriétaire se préoccuperait des réparations? Un déménagement ne serait donc pas totalement négatif N'y aurait-il pas là une chance?

— Eh bien, regarde les choses sous un autre angle, Ted: les enfants te seront d'autant plus reconnaissants de ton intervention. Je présume que tu auras droit à du gâteau aux cerises ta vie durant.

— Pas mal, le coup des enfants, sourit Ted. Et du gâteau aux cerises à perpétuité, ce n'est pas le pire en termes d'honoraires, si on regarde les choses avec la tête froide.

— Ou l'estomac vide!

Nous partons tous les deux d'un bon rire. Nous rions tant que, pendant un moment, j'ai l'impression que ce n'est pas grâce à ma mauvaise plaisanterie, mais pour une raison très différente. Un peu comme si le rire nous entourait d'un cocon, d'un nuage lumineux. Nous avons déjà cessé de rire que ce nuage nous entoure toujours.

Puis nous arrivons à la caisse. Ted aide à scanner les paquets, à compter les divers colis et à les replacer sur le chariot, puis porte les matériaux jusqu'à la voiture. Je sors le porte-monnaie que Patty m'a donné.

C'est en quelque sorte leur bourse commune, servant à régler les achats pour la maison. Elle contient, outre une petite somme en liquide, une carte de crédit relevant du compte commun. Je la glisse dans la fente du lecteur. Pendant l'opération, je regarde dans le vide avec ennui.

Mais le caissier me rend la carte.

— En avez-vous une autre?

— Pourquoi?

— Celle-là ne marche pas.

— Ah, ça alors! Vous êtes sûr?

— Je suis désolé, il en faut une autre.

Je sors mon propre porte-monnaie et ma carte de crédit. Au moment où je l'introduis dans la fente, je pressens ce qui va se passer. L'appareil renâcle et refuse, cette fois, la mienne. Je me souviens que mon vol a coûté 1950 euros et que j'ai aussi réglé l'addition de l'hôtel-restaurant de Mr Cunningham. Or, mon crédit est limité à 2000 euros.

— En avez-vous une autre? s'enquiert le caissier d'une voix de robot.

Une autre? Une *autre*? Il est possible que, parmi leur ribambelle de cartes American Express, les Américains en trouvent toujours une qui ne soit pas épuisée, mais je suis allemande, si bien que, dans mon porte-monnaie, je n'ai qu'une carte sans découvert, ma carte d'assurance maladie et ma carte de membre du centre de remise en forme. Je deviens écarlate, et plus écarlate encore quand j'entends le suivant, dans la queue, soupirer d'énervement.

Ted est sur le parking, il ne pourra donc me sortir d'embarras. Honteuse, je sors ma carte Eurochèque sans découvert de la Münchner Sparkasse. Le caissier la regarde comme si je lui avais donné un billet de banque de Monopoly. Mais je sais que j'ai encore quelques centaines d'euros sur mon compte. Il l'introduit à tout hasard dans le lecteur… et ça marche ! J'entre mon PIN sans me tromper, et je reçois un bon.

— *Thank you for buying at Riverhead*, me remercie le caissier.

— *Thank you*, répond-je machinalement, et je déguerpis.

— *Have a nice day*! crie le caissier derrière moi.

Peu après, nous nous garons devant la maison et vidons le coffre du break rempli, à l'exception du siège enfant sur la banquette arrière, de matériaux de construction et d'outils. Nous traînons les paquets dans le jardin. Nous faisons équipe de manière tout à fait naturelle, sans chichis. Ted se met au travail et j'essaie de l'aider dans la mesure de mes moyens, allant chercher une échelle, lui passant les liteaux de toiture, un premier paquet de bardeaux et les outils nécessaires, qu'il hisse sur le toit. À sa demande, je vais prendre dans son auto une rallonge électrique, je trouve à proximité du trou dans le toit une prise extérieure et branche la foreuse, dont il me jette la fiche par le trou.

— Tu l'as ?

— Oui, c'est branché.

Je le rejoins sur le toit, lui passe les outils et mets de côté les petites vis ; je les tiens bien droites quand il les visse avec la foreuse. J'ai parfois l'impression que Ted prend plaisir à ce que nos regards se croisent, qu'il essaie de me faire rire. Mais je n'ai pas la tête à ça. Non en raison du principe qui veut que je ne flirte pas avec des hommes déjà pris, mais c'est l'histoire de la carte de crédit qui ne me sort pas de l'esprit. Je n'arrête pas de ruminer, ce qui l'oblige parfois à répéter un ordre. Je m'efforce néanmoins de rester concentrée, car il n'a pas assisté à la scène de la caisse et je ne voudrais pas que lui aussi se fasse du souci.

Il sent pourtant que je ne suis pas dans mon assiette.

— Tu es bien pâle tout à coup, dit-il. Tu pourrais me passer une des longues vis?

— *Sorry*, dis-je en secouant la tête, confuse, puis j'ajoute, répondant à sa demande : oui, bien sûr.

Ted se remet au travail et je replonge aussitôt dans mes pensées.

— Tout va bien ? demande-t-il au bout d'un moment. On fait une pause?

— Non, tout va bien.

Je lui passe une autre vis longue.

— C'est sûr?

— Oui, je... je...

— Je ne voulais justement pas de vis.

— Ah bon, dis-je, désemparée.

— Il y a quelque chose qui ne va pas? insiste-t-il.

— Tout est OK.

Je me force à le regarder droit dans les yeux, de l'air le plus convaincant possible. Il donne un instant l'impression de me croire, mais il s'immobilise une nouvelle fois.

— Allez, vas-y, dis-le moi!

— Continuons, dis-je.

— *Sure?* Je suis avocat. Tu peux me faire confiance.

Je soupire. Il sourit.

— Allez, Linn. Qu'y a-t-il, soudain? Je t'ai fait quelque chose?

— Toi? D'où te vient cette idée?

— Je suis parfois un peu trop directif, dit-il en haussant les épaules, et certains, autour de moi, en souffrent.

— N'importe quoi, dis-je, véritablement émue que cet homme séduisant, établi et connaissant le succès cherche quelle faute il a pu commettre, juste parce que je suis taciturne.

— Qu'est-ce qu'il y a, alors? Hein?

Il a la voix de quelqu'un qui tend la main. Il me regarde, et ses yeux ont subitement la même couleur éclatante que son bleu de travail. Je décide d'accepter cette main.

— Ta maman et ses amis sont fauchés, Ted. J'ignore s'ils sont au courant ou non. Le compte de la maison est vide et les comptes personnels le sont aussi. Et le mien l'est aussi à présent. J'ai dépensé, à la caisse, tout ce que j'avais.

Je le regarde, désespérée.

— Tout, absolument tout?

— Oui, tout. Je ne sais que faire, Ted. Il faut pourtant que je rentre en Allemagne d'une manière ou d'une autre.

— Ne te fais pas de souci.

— Pas de souci? Mais comment peux-tu dire ça?

— On va bien trouver une solution.

— C'est ce que vous dites toujours, vous autres Américains.

— Parce qu'il y a toujours une solution, répond-il, faisant soudain profil bas.

— Ah bon?

— À coup sûr. Il suffit d'y réfléchir calmement.

— J'y ai, moi, réfléchi calmement.

— Et alors?

— Bien sûr qu'il existe une solution. Vendre la maison. Sur-le-champ.

Nous restons quelques secondes face à face, sur le toit, comme deux taureaux qui vont se ruer l'un contre l'autre, puis Ted se détourne.

— Ce n'est pas possible.

— Mais si. Je n'ai pas d'argent, or, nous en avons besoin, pas dans trois mois. Hier déjà.

Silence. Je vois d'un seul coup ce qui découle de ce que je viens de dire. Je pourrais sans attendre appeler Mr Cunningham et lui demander de mettre en route le contrat avec Mr Komarov. J'ignore quel temps il faudrait pour que l'argent arrive, mais il serait sans doute possible d'obtenir un acompte me permettant de rentrer en Allemagne. Cunningham et Komarov auraient ce qu'ils voulaient. Et nos vieilles personnes, eh bien, elles n'auraient plus qu'à chercher autre chose. C'est, de toute façon, ce qui leur pend au nez.

— Je pourrais voir combien je peux débloquer, dit Ted, hésitant.

— Toi ?

— Eh bien oui, un petit quelque chose… Je viens juste d'acheter mon break et ma maison est loin d'être remboursée, bien sûr, mais…

— Il n'en est pas question, Ted. Pas question que tu touches à tes économies.

— De manière très provisoire, je pourrais…

— Ted, tu as de la famille, n'est-ce pas ? Vraiment, c'est très sympa de ta part, mais ta mère et ses amis ne l'accepteront pas. Et moi non plus. Tu nous aides déjà assez comme ça.

Il soupire. Je soupire.

— Sinon, il ne me vient rien à l'esprit, spontanément, dit-il, considérant la vis qu'il a à la main.

Je le regarde la tourner en tous sens entre ses doigts. Quel drôle d'objet, une vis, tout de même ! Elle paraît si inoffensive à la voir ainsi, mais, dès qu'on l'a pointée quelque part et qu'on commence à la tourner, elle s'enfonce et ne connaît plus qu'une direction. Il faudrait être comme une vis quand il y a des problèmes. S'y attaquer, avec détermination, sans se compliquer la tâche.

C'est alors que mon cerveau trouve prise. Soudain, il s'enfonce dans une idée, une idée qui surgit, une idée fixe.

— À moins que…, dis-je alors.
— Qu'est-ce que tu veux dire ?
— Il y a peut-être une solution.

17

Quelques minutes plus tard, nous sommes réunis dans le salon, Ornella, Eleonore, Patty, Maxwell, Frederic, Ted et moi. Chacun a retrouvé la place qu'il occupait lors de ma première soirée ici, Ted mis à part, bien entendu. Les retraités me regardent, mais sans la légère méfiance de la semaine dernière. C'est cette fois le rejet que leurs yeux expriment, le rejet et la crainte. Ils ont tout de lapins devant un cobra géant qui se demande dans quel ordre il va les dévorer. Je leur ai pourtant juste parlé de mon idée, une très bonne idée à mon sens, une idée formidable, géniale, salvatrice.

— Tu veux rouvrir la pension? répète Ornella, horrifiée.

— Oui.

— Ici? insiste-t-elle. Dans cette maison?

— Ici, bien sûr. Où sinon, à Milwaukee?

— Mais..., commence Frederic qui, d'un seul coup, est encore plus pâle qu'à l'ordinaire, mais pourquoi donc?

— Parce que vous êtes fauchés.

C'est bien la quatrième fois en une heure que je le répète, mais ça tombe apparemment dans l'oreille de sourds.

— Et à qui? demande Eleonore.

— À des vacanciers de New York? À des Américains de tout le pays? Comme partout ailleurs dans les Hamptons?

Je lève les yeux au ciel. Je m'étais doutée que ma proposition ne soulèverait pas l'approbation générale, mais je n'aurais pas cru me heurter à pareilles réticences. Après tout, cette maison a été une pension, à l'origine. Tous y ont trouvé accueil. Rouvrir la pension ne signifie pas repartir de zéro. Nous ne ferions par là que redonner vie à un héritage. L'héritage de tante Dotty. Ils n'en deviendraient pas riches pour autant, bien entendu, mais cela les défraierait considérablement. Et si, en plus, il restait un petit quelque chose, tant mieux. Cet argent ne serait pas de trop.

— Mais, maman, intervient Ted, ce qui me réjouit. Pourquoi un tel refus? Réfléchis donc une seconde à la proposition de Linn!

— Je n'ai pas besoin de réfléchir à une proposition comme celle-là. Regarde un peu autour de toi et tu verras ce qui se passe quand des New-Yorkais passent leurs vacances dans les Hamptons!

— Ah bon, que se passe-t-il? Je trouve Southampton extrêmement propre et paisible.

— Ted, répond sa mère, comme s'adressant à un gamin stupide et bouché, ces gens sont bruyants, ils ne font que manger, boire et rigoler.

— Maman, tout le monde veut manger, boire et rigoler.

— Eh bien, pas moi, dit Eleonore, qui relève le nez avec condescendance.

— En plus, tu es toi-même une New-Yorkaise!

— Oui, mais pas une touriste.

— Mais tu l'as été.

— Et alors? dit-elle, comme si la remarque était hors sujet.

— Moi aussi, je suis contre, annonce Frederic.

— Toi? s'étonne Ornella. Comme si, là-dehors, sur ton île des bienheureux, tu étais au courant de quoi que ce soit!

— Mais bien sûr que si ! s'indigne-t-il.

— Ah oui, j'aimerais bien voir !

— Mais dis, Ornella, tu ne te figures tout de même pas que les gens viennent dans les Hamptons pour passer la journée devant ta porte. Non, ils traînent sur la plage des journées entières, juste devant mon nez !

— Frederic a raison ! approuve Eleonore. Le pauvre n'arrive même plus à écrire !

Je n'en crois pas mes oreilles : voilà qu'Eleonore se préoccupe de la poésie de Frederic !

— Et ils perturbent la faune, ajoute Maxwell. Les dunes sont un écosystème fragile qui n'est pas destiné à être piétiné par des hordes de touristes.

— Maxwell a raison, renchérit Frederic. Que vont devenir les oiseaux ?

— La marouette de Caroline ! approuve Maxwell.

— La marouette de Caroline ! triomphe Ornella.

— Et le râle de Virginie !

Le râle de Virginie ! Grands dieux !

— Bon, maintenant, revenez sur terre, m'écrié-je, d'un ton si ferme que j'en claque presque les talons.

Mais ça marche. D'un seul coup, les seniors en émoi sont muets comme des carpes.

— Est-ce que je peux une seconde vous remettre les faits en mémoire ? Nous avons besoin d'argent, un besoin urgent !

Personne ne pipant mot, je poursuis :

— Est-ce que l'un de vous a de l'argent ?

Personne ne rompt le silence. Patty cligne des yeux, comme prête à fondre en larmes, mais je ne m'en laisse pas conter.

— J'ai un livret d'épargne, finit par avouer Eleonore, mais l'argent était destiné à Tommy, quand il aura dix-huit ans. Pour l'Université.

— Donc, nous ne toucherons pas à cet argent, dis-je. À moins que quelqu'un, dans cette salle, estime qu'il faille confisquer l'argent de l'Université?

— Il n'en est pas question, dit Patty, et les autres opinent.

Seul Ted se tait, honteux. À l'évidence – il suffit de voir sa tête – il n'était pas au courant de ce livret sur lequel sa mère, pourtant toujours fauchée, place de l'argent pour les études de son fils.

— Donc, nous n'avons pas d'argent, dis-je en conclusion.

— Non, pas vraiment, concède Frederic.

Je reste silencieuse un moment afin que cette constatation s'imprègne dans les têtes de bois des seniors qui me font face. Quand je pense qu'ils ont enfin compris, je reprends la parole.

— Si, donc, nous n'avons pas d'argent, il nous reste deux possibilités. La première est que nous en gagnions un peu. Quelqu'un a-t-il une meilleure idée pour cela que de louer deux ou trois chambres? Et ne viens pas me parler maintenant du marché aux puces, Patty, ajouté-je d'un ton sec.

— Pourquoi?

— As-tu de l'or ou des bijoux à y vendre?

Patty ne dit mot, vexée. Les autres ne bronchent pas.

— Quelle est l'autre possibilité? finit par demander Maxwell.

— L'autre possibilité, c'est que j'appelle Mr Cunningham pas plus tard que maintenant pour lui dire que je suis prête à vendre la maison.

De nouveau, silence général, plus long que le précédent. Frederic a de la peine à respirer. Patty regarde dans le vide avec un désespoir que je n'aurais pas attendu d'elle. Ornella soupire, une fois, deux fois, trois fois.

Pour finir, c'est Eleonore, la méfiante Eleonore qui pourtant est toujours contre tout, c'est Eleonore, donc, qui se tape bruyamment sur les cuisses.

— Bon, eh bien, il ne nous reste plus qu'à savoir comment nous y prendre, dit-elle.

— Comment nous y prendre ? demandé-je.

— Et bien oui, quoi, tout ! Le ménage, le petit-déjeuner, trouver des clients !

18

J'ai peine à le croire, mais, manifestement, ça fonctionne : les cinq seniors qui, il y a quelques jours à peine, ont accueilli avec tant de scepticisme et de méfiance l'idée de rouvrir la pension, s'attellent à la besogne avec ardeur. Quel contraste avec l'atmosphère de *farniente* qui régnait jusqu'ici ! Quelle animation, soudain !

Dehors, dans le jardin, le paisible Frederic pousse une gigantesque tondeuse à gazon, tandis que Maxwell vérifie les pieds des chaises de jardin, recollant ceux qui sont branlants. Eleonore et Ornella, assises à la cuisine, élaborent un petit-déjeuner, un bon, un vraiment bon petit-déjeuner, car chacun sait qu'un hôte repu est un hôte heureux. Les scones d'Eleonore sont bien entendu de la partie, mais qu'y adjoindre ? De quoi des New-Yorkais en vacances ont-ils envie ? De crêpes au sirop d'érable ? D'œufs pochés ? De bacon grillé ? De salade de fruits ? De super fromages du marché des producteurs ? Je ne m'en mêle pas, car c'est Ornella la responsable du petit-déjeuner.

J'ai remisé mon projet de rentrer à Munich dès que possible car, sans l'avoir véritablement voulu, je me suis soudain vu attribuer le rôle de chef dans la rénovation de la pension. J'ai appelé l'agence de voyage et fait dire aux Kuhn, par l'entremise de la secrétaire, que je devais rester quelque temps aux États-Unis en raison de diverses formalités.

Ensuite, Patty et moi avons décidé quelles chambres remettre en état : trois pièces douillettes sous les combles, qui n'ont pas souffert de la tempête. Deux ont vue sur la mer et bénéficient du soleil du matin. La troisième n'a d'exposition directe au soleil que l'après-midi. Elle est, en revanche, plus vaste, et pourvue d'un banc d'angle qui invite à passer des heures entières avec un bon livre. Toutes trois sont très intimes et confortables, claires, avec beaucoup de bois et de jolis meubles anciens. Mais elles ne sont pas habitables telles quelles. On sent que quelques années se sont écoulées depuis que le dernier hôte a pris location à Sea Whisper Inn. Nous avons, en conséquence, fait subir à chacune des pièces une cure rapide. Patty, Eleonore, Ornella et moi avons lavé, essuyé, passé l'aspirateur, épousseté, nettoyé et frotté les fenêtres avec du papier journal. Ensuite, selon un principe bien établi, nous avons débarrassé tout le bric-à-brac inutile, remplissant plusieurs cartons destinés au marché aux puces.

Je n'aurais jamais pensé que mon goût pour le vintage me serait un jour d'une quelconque utilité, mais j'ai visiblement, ces dernières années, développé un véritable don pour l'entretien et le maniement des vieux meubles. Toujours est-il que, petit à petit, la pension devient présentable grâce à la mode du *shabby chic*, pour une bonne part. Sans elle, nous aurions sans doute dû investir beaucoup plus, en argent, en temps, en peinture. Car, si l'on y regarde de plus près, tout n'est pas comme neuf. Il n'est pas possible de dissimuler sous du vernis l'âge de la maison. Doter les meubles capitonnés d'un nouveau revêtement ne serait pas du luxe, il serait urgent de rénover les salles de bains, de rapetasser les planchers, de les vitrifier et de donner un bon coup de peinture à toute la maison.

D'un autre côté, à quoi serviraient alors toutes les astuces du marché de la construction ? À quoi bon le joint blanc au silicone, l'encaustique, le stylo retouche à laque ? Ce sont des trucs qui opèrent de vrais miracles et ne coûtent presque rien. Quant au reste… Eh bien, il faut prendre de bonnes photos pour mettre en scène les chambres en ligne. De plus, cette cure éclair n'est qu'un début pour gagner un peu d'argent. Nous ne savons pas de quoi aura l'air le monde dans huit semaines.

Devant la maison, les choses ont également bougé. Frederic a arrangé l'allée, la débarrassant de la mousse et des feuilles éparses. Nous avons éliminé l'amas de bottes en caoutchouc devant la porte d'entrée, tondu le gazon bordant l'allée, remis en état les parterres de roses. Ultérieurement, avec un nettoyeur haute pression, nous nettoierons le perron de devant mais aussi la terrasse menant au parc, ainsi que le mobilier de jardin qui fait triste mine.

Bientôt, on pourra prendre le petit-déjeuner dehors, dans le calme et la beauté : le rêve de tout New-Yorkais prenant un week-end de repos, si on me demande mon avis. Surtout qu'au même instant, l'équipe responsable des petits-déjeuners déboule en agitant une grande feuille de papier écrite à la main.

— Nous avons terminé, annonce Ornella, Eleonore, radieuse et fière, à côté d'elle.

Contrairement à ce qu'on aurait pu craindre, la réouverture de la pension fait s'épanouir les deux dames. Les lèvres généralement pincées d'Eleonore s'ouvrent désormais de plus en plus souvent pour un sourire, tandis que les formes opulentes d'Ornella, soudain libérées, ondulent plus que jamais. Je suis vraiment fière moi aussi, et heureuse, de les voir ainsi, surtout Eleonore, qui semble avoir perdu ses réserves à mon égard et à l'encontre de mes projets.

— Wahou, montrez-moi un peu ce que vous avez cogité !

— Eh bien, nous nous sommes dit que…

Elles exposent leur projet. Outre les incontournables scones, il y aurait tous les matins des crêpes au babeurre et au sirop d'érable, mais aussi de la salade de fruits et du jus d'oranges pressées de Floride au goût délicieux. Elles ont aussi l'intention de confectionner des confitures. On pourrait ainsi vendre des petits pots aux hôtes, qui seraient certainement heureux de retrouver la saveur de leurs petits-déjeuners en plein air sur le mini-comptoir de leurs mini-appartements de Midtown. On pourrait se procurer du miel auprès de la Hamptons Honey Company et, sur le marché fermier de Southampton, des œufs, du yaourt et du fromage de bonne qualité. Eleonore et Ornella souhaitent aussi mettre la main sur quelqu'un qui leur livrerait, le matin, du pain frais et des petits pains.

— Vous me mettez en appétit, dis-je.

— Mais nous n'avons pas encore fini !

Ornella a, de surcroît, l'idée d'offrir quelque chose de plus le soir si un hôte n'a pas l'énergie d'aller manger en ville. Un menu léger, avec salade, ou un plat de pâtes accompagné d'un dessert simple à prix modique, ce qui donnerait au client l'impression de faire une bonne affaire, tout en assurant à Sea Whisper Inn une petite rentrée supplémentaire.

— Super idée, dis-je avec enthousiasme.

— De toute façon, il ne faut pas économiser sur la nourriture, annonce Ornella.

— Sur tout le reste, mais pas sur la nourriture, j'approuve.

— Peut-être que je pourrais aussi, sur commande, préparer des repas froids, au cas où l'un des clients souhaiterait pique-niquer sur la plage. Ça aussi, ça rapporterait un peu.

— Je trouve tout ça formidable, dis-je, mais ça ne te fera pas trop?

— Oh, ce ne sont que trois chambres. Et, pour le moment, je prends vraiment plaisir à monter un truc qui vaille la peine. Si cela ne tient qu'à moi, on peut démarrer.

— De mon côté aussi!

— Alors, quelle est la prochaine chose à faire? s'inquiète Eleonore.

Je consulte la to-do-list que nous avons dressée le soir où nous avons décidé de louer la pension et sur laquelle, au cours des derniers jours, nous avons déjà rayé bien des points.

— Eh bien, dis-je, on a certes nettoyé grosso modo les salles de bains, mais il faudrait les récurer à fond, afin qu'il n'y ait plus le moindre cheveu ou grain de poussière dans les recoins ou sous un meuble.

— Oui, ça ne ferait pas bonne impression, approuve Ornella.

— Je m'en charge, décide Eleonore.

— Merci, dis-je, soufflée.

— Pas de quoi.

Et elle se met aussitôt à l'ouvrage.

Franchement, on croit rêver en voyant l'ardeur au travail qui s'est emparée des pensionnaires et la peine qu'ils se donnent soudain pour rendre la maison présentable. Alors qu'ils avaient pris l'habitude de passer leurs journées en pantoufles, assis dans un fauteuil. Et à l'âge qui est le leur! Ils donnent l'impression d'avoir compris qu'ils ont vraiment besoin d'argent, mais aussi qu'ils attendaient un travail collectif comme celui-ci. Cette colocation semble avoir enfin trouvé sa véritable destination: un groupe de retraités réunis par le hasard constitue une authentique équipe.

— Et moi, qu'est-ce que je vais faire? demande Ornella.

— Toi…

Je consulte à nouveau la liste. Je comptais n'acheter que demain matin les fruits et les fleurs afin qu'ils paraissent bien frais sur les photos. Les hommes vont tout à l'heure nettoyer la terrasse. Patty, en train de cirer les meubles de la salle à manger, n'a pas besoin d'aide. En fait, tout paraît bien se passer, à moins que…

— As-tu envie de t'occuper de la lessive avec moi?

— *Ma certo!*

On n'imagine pas, avant de les avoir rassemblés et triés, la quantité de textiles qui s'accumulent dans ce genre de maison. Nous avons retiré des tables, décroché et déniché dans les coins et les recoins tout ce qui ressemble à un tissu et donne l'impression de pouvoir supporter une bonne lessive. La buanderie est pleine de gigantesques monceaux de linge blanc ou de couleur. La troisième lessive terminée, les deux séchoirs normaux de la buanderie sont remplis eux aussi. Patty a déniché dans les inépuisables réserves de la maison non seulement quatre sacs de pinces à linge, mais aussi plusieurs cordes dans leur empaquetage d'origine. Maxwell et Frederic les ont tendues dans le jardin, entre des arbres. Le linge flotte et claque maintenant au vent.

Par chance, le mauvais temps semble s'être dissipé. Sur le toit, les tuiles neuves ressemblent à un sparadrap, le soleil brille et le ciel est d'un bleu rayonnant.

Ornella et moi vidons le contenu des deux machines à laver dans de grandes corbeilles et les remplissons à nouveau. Les machines mettent une éternité à effectuer un lavage. Elles pourraient jouer les vedettes dans un ancien spot publicitaire Levi's.

— C'est un miracle que ces vieux machins fonctionnent encore, dis-je.

— C'est vrai, répond Ornella en riant. Mais cela prouve qu'autrefois, les choses étaient de bien meilleure qualité qu'aujourd'hui. Dotty a mis le grappin sur ces deux vieilles dames quand, dans son hôtel, on a installé des lave-linge modernes avec programme pour textiles délicats et tout le tintouin dont on n'a, en réalité, pas besoin. Lesdits lave-linge sont évidemment tombés en panne juste après la fin de la garantie d'un an, alors que ces deux demoiselles, ici, continuent d'assurer leur tâche !

— Et oui, dis-je, *there's life in the old dog yet.* Il ne faut rien jeter trop tôt au rebut, c'est bien ça ?

Ornella me foudroie du regard.

— Tu ne manques pas d'intelligence, ma petite Linn, dit-elle avec un sourire acide. Pour ton âge, du moins.

— Merci infiniment, dis-je en riant. Toi aussi, tu as sacrément gardé la pêche pour ton grand âge !

Elle fait mine de me frapper avec une serviette.

— *Attenzione, ragazza !*

Je pare le coup et lui dis :

— Non, mais sérieusement, mon histoire de rebut, je le pensais vraiment.

— Ah bon ?

— Absolument. J'aime les vieilles choses. Je crois que je tiens ça de mes parents. Ils ne jetaient jamais quelque chose pour la seule raison que c'était vieux ou plus à la mode. Au contraire, plus un meuble ou un vêtement était vieux, mieux c'était. Mon père réparait et restaurait, et notre literie datait en partie de la dot de mon arrière-grand-mère !

— C'est bien que les choses aient une histoire, qu'on ait un lien avec nos ancêtres. Dans ma famille, ce lien a malheureusement disparu. Mes parents ont quitté l'Italie quand j'avais quatre ans, et nous n'avions les moyens de retourner à Naples rendre visite à mes grands-parents qu'à l'occasion des années saintes.

— Alors, nous avons vécu à peu près la même chose. Quand mes parents sont morts, je suis allée d'une famille d'accueil à une autre, et personne n'a veillé à ce qu'il me reste quelques-unes des affaires que mes parents avaient si soigneusement conservées et préservées. Je n'ai pu garder que la clé de ma chambre, quelques photos et les anneaux de mariage de mes parents, les seuls bijoux qu'ils aient jamais portés.

Ornella me considère d'un air pensif, puis elle retrousse la manche de sa robe et me tend sa main gauche. L'annulaire porte un anneau d'or, sans pierre précieuse.

— Il appartenait à ma grand-mère, puis c'est ma mère qui l'a porté. Et voilà son pendant, dit-elle, en sortant de son décolleté une fine chaînette en or à laquelle est accroché un deuxième anneau. C'est tout ce qu'il me reste de l'Italie.

— Tu es pourtant italienne jusqu'au bout des ongles.

— Bof, dit-elle tout bas, et je vois sa poitrine trembloter sous son corsage à ruchés.

— Mais si, mais si. Ta manière de parler, d'être, de cuisiner !

— Ma manière de parler… ouais. Pour être honnête, je ne me suis mise à parler avec cet accent italien qu'une fois adulte.

— Sans blague ? Mais comment ça ?

— Pour montrer au monde et à moi-même où sont mes racines. Enfant, je parlais sans aucun accent, plus américaine que n'importe quel autre New-Yorkais.

Je la regarde avec étonnement, ne sachant si je dois rire ou pleurer de son aveu. Patty avait donc raison de croire que, si elle le voulait, Ornella était capable de parler avec la voix éraillée d'un cow-boy du Kansas !

— Et je n'ai appris à cuisiner à l'italienne qu'entre vingt et trente ans, ajoute-t-elle.

— C'est vrai? Et pourtant, ce que tu prépares a l'air si authentique!

— Oui? rigole-t-elle. C'est gentil, merci. Tu sais, quand mes parents sont venus aux États-Unis, ils ont surtout cherché à devenir américains le plus vite possible. Il n'y avait que rarement des pâtes à table, chez nous. Le matin, nous, les enfants, avions des cornflakes plutôt que des croissants. Nous fêtions Thanksgiving avec de la dinde et Halloween avec de la tarte à la citrouille. Le soir, nous mangions des plats surgelés.

— Des plats surgelés? Chez des Italiens?

— Ça t'en bouche un coin, n'est-ce pas? Je serais plus mince si ça s'était passé autrement. Mais bon, c'est comme ça.

— Mais tu as une allure magnifique, Ornella! Tu ne vas pas te mettre à ruminer à propos de ta silhouette!

— Merci pour ce pieux mensonge! rigole-t-elle derechef. Viens, sortons étendre ce linge.

Nous portons la corbeille dans le jardin, enlevons des cordes le linge déjà sec avant de le remplacer par celui que nous venons de laver, en veillant à l'étirer au maximum, afin d'avoir ensuite moins de repassage à faire.

— Et comment as-tu appris à si bien cuisiner à l'italienne?

— C'est mon mari qui me l'a appris.

— Ton mari? Comment ça?

— Ah..., soupire-t-elle. Nino était cuisinier au Hamilton. Je venais de commencer à y travailler comme femme de chambre, et tu sais comment les choses se passent: au bout de quelques semaines, nous sommes tombés amoureux pour de bon. Nous n'avons pas tardé à nous marier, nous avons emménagé dans notre première maison, tout à côté de l'hôtel, presque sur Bryant Park. J'avais jusque-là réussi à dissimuler que j'avais grandi avec des macaronis au fromage et des sandwichs, et pas avec du *cappuccino* et de la *ciabatta*. Mais, une fois ensemble, il a tout de suite vu que j'étais incapable ou presque de cuire les spaghettis *al dente*. Impensable, pour une Italienne ! Il m'a donc tout appris, en commençant par le commencement, me faisant en quelque sorte retrouver mes racines. Il m'a enseigné comment confectionner un *soffritto*, il m'a appris que le foie de poulet était indispensable à une bonne *bolognese*, comment saler l'eau des pâtes pour des *spaghetti aglio e olio*, comment peler les poivrons et les tomates. « Tant que tu ne sauras pas ça, disait-il, tu ne seras pas une Italienne, où que tu sois née ! » Cela s'expliquait sans doute par le fait qu'il n'était pas italien lui-même.

— Il était quoi ?

— Slovène.

— Slovène ? Et où avait-il appris à cuisiner à l'italienne ?

— Sa famille habitait près de la frontière et il fréquentait des voisins originaires d'Italie. Je crois qu'il aurait aimé être italien, d'autant plus que tout New York le prenait pour tel, en raison de son nom et de son apparence. C'est d'ailleurs comme ça qu'il avait obtenu son premier emploi comme serveur au Lombardi's, la plus ancienne pizzeria de la ville. Il a fini par se retrouver à la cuisine, comme marmiton puis comme cuisinier. Un jour, il est devenu chef au Hamilton, au Don Peppone, comme s'appelait le restaurant en son temps.

— Et personne ne s'est aperçu qu'il n'était pas italien ?

— Personne. Au contraire. Ce qu'il préparait était plus authentique que la cuisine de n'importe quel autre restaurant de la ville. Sur bien des points, il était même en avance sur son temps. Au Don Peppone, il y avait déjà de la *mozzarella*, de la *pancetta* et de la *salsiccia*, alors que, dans le reste du pays, on mettait encore du ketchup sur ses nouilles et que le *corned beef* anglais était ce qu'il y avait de plus exotique sur les tables du dîner. Les New-Yorkais étaient fous de sa cuisine. Presque toutes les stars italiennes souffrant du mal du pays passaient un jour ou l'autre chez lui : Claudia Cardinale, Sergio Leone, Sophia Loren Durant une période, le Don Peppone fut certainement le restaurant le plus célèbre de la ville. Il fallait réserver une table des semaines à l'avance pour le soir.

— Ton Nino n'a jamais eu l'idée de se mettre à son compte ? Ou d'ouvrir une filiale ? Il aurait à coup sûr fait fortune, au lieu de rester chef de cuisine d'un hôtel.

— Bien sûr qu'il y a pensé. Mais, d'un autre côté, il se contentait d'y penser. Il était en définitive trop noceur pour se décider à prendre la responsabilité d'un restaurant à lui.

J'essaie, pendant quelques secondes, de m'imaginer le mari d'Ornella à l'époque. Quelle sorte de type était-il ? Un cuisinier slovène qui feint d'être italien, avec tant de conviction que son amie, qui est italienne, se sent soudain dans la peau d'une Italienne et parle avec l'accent italien. Il devait être bougrement persuasif.

— On dirait que cela n'a pas toujours été simple, avec Nino ?

— Oh non, dit-elle d'une voix douce. Mais si, quand même, bien sûr. Je l'ai vraiment aimé, de tout mon cœur. Ma vie durant, je n'ai pas regretté une seconde de l'avoir épousé. Mais ensuite… Nino était aussi Nino.

— C'est-à-dire ?

— Ah, vois-tu, il ne caressait pas que les poivrons et les tomates.

— Il… il te trompait?

Elle acquiesce.

— Souvent?

— Sans arrêt. Je crois qu'il a fricoté avec une des filles de la cuisine une semaine après notre mariage. Bah, qu'est-ce que je raconte? Une semaine avant!

— Quoi? Et tu t'es laissée faire?

— Oh, tu sais, Linn, au début je n'ai bien entendu pas cessé de lui faire des scènes, mais j'ai fini par comprendre…

Elle se tait brusquement.

— Tu as compris quoi?

— Qu'il était en réalité un homme qui manquait totalement de confiance en lui. Il lui fallait en permanence se rassurer. Il ne se sentait aimé que lorsqu'il pouvait aimer, tu vois? Alors seulement, il était quelqu'un. Au bout d'un moment, je n'ai même plus eu l'impression qu'il me trompait ou qu'il était à la recherche de quelque chose qu'il n'obtenait pas de moi, comme je le croyais au début. Je n'avais plus le sentiment qu'il lui manquait quelque chose avec moi ou qu'il était infidèle parce qu'il n'avait pour moi ni estime ni amour, parce qu'il ne me respectait pas.

— Mais quoi, alors?

— J'avais compris que son infidélité n'avait rien à voir avec moi.

— C'est de ta part très…

Je cherche le mot juste et je me retrouve à penser à Martin. La plaie est toujours à vif, et je me demande si je serais capable de me persuader que son escapade n'a rien à voir avec moi. Quand je ferme les yeux, je vois toujours les fesses de Katha et son visage à lui tandis qu'elle monte et descend au-dessus de lui. Je m'imagine mal, estimant que cette scène ne me concerne pas, l'ignorer.

— … généreux. Et ce doit être difficile, non? Je ne suis pas sûre que je pourrais un jour voir les choses comme toi.

— Tu penses à ton ex-petit ami?

J'acquiesce.

— Je te comprends. Mais, tu vois, à la fin, je ne pouvais plus voir les choses autrement.

— Non? Eh bien, je ne sais pas, moi. J'ai eu le sentiment que la «chose» avait exclusivement à voir avec moi. Avec qui d'autre, sinon? Je veux dire, c'est moi qui étais avec lui, et personne d'autre.

— Linn, essaie de considérer les choses sous un autre jour… Imagine que tu sois avec un acteur. Les acteurs jouent devant une caméra et veulent que des millions de gens les aiment. Est-ce que tu serais jalouse de ces millions dont il veut conquérir le cœur?

— Non, certainement pas. Bien que j'aie un peu de mal à m'imaginer vivre avec un acteur à succès.

— Alors, prends un écrivain.

— D'accord, dis-je, bien qu'un écrivain me paraisse tout aussi improbable.

— Un écrivain se dévoile et se montre à chaque page de ses livres. Et, même s'il n'apparaît pas en personne dans ce qu'il écrit, c'est néanmoins toujours de lui qu'il parle. Serais-tu jalouse de ce qu'il montre à ses lecteurs? Aurais-tu le sentiment que l'homme qui t'aime ne devrait s'ouvrir qu'à toi, au lieu de baisser son pantalon devant une foule d'étrangers?

— Pas la moindre idée, dis-je. Certainement pas.

— Tu vois? Nino ne souhaitait rien davantage que d'être aimé. Il voulait qu'on l'admire, qu'on l'aime, qu'on le respecte. C'est pour cela qu'il était un cuisinier fantastique, c'est pour cela qu'il était un merveilleux époux. Mais, finalement, c'est aussi pour cela qu'il était infidèle. J'ai pensé au début que cela devrait lui suffire que moi je l'admire et le respecte, mais il n'en fut rien. Il voulait rendre des femmes heureuses, mais pas pour coucher avec elles. Il avait peur de se heurter à un refus quand il complimentait une femme, et il essayait donc, de toutes ses forces, de lui donner bonne impression. Une fois que j'ai eu compris cela, j'ai aussi compris que je ne ferais que renforcer ses pulsions si je me mettais à le rejeter ou à le mépriser et, donc, à ne plus le respecter. Et qu'il serait très malheureux si je cherchais à le briser, à le refréner, à lui tenir la bride serrée. J'ai compris que je devais aussi aimer son envie d'amour. C'est un peu compliqué, non? me demande-t-elle.

— Un peu. Et je me demande toujours si je serais capable d'une pareille magnanimité.

— Tu sais, répond-elle en haussant les épaules, c'était Nino qui faisait des choses que je devais lui pardonner, mais c'était aussi lui qui me donnait la force et la capacité de le faire. C'est son amour qui me rendait généreuse. Il m'a aimée avec tout ce que je trimballais, avec mes faiblesses, mes défauts, ma peau et mes cheveux, et il m'a aimée encore quand je suis devenue insupportable. Que pouvais-je faire d'autre que de faire comme lui? Et surtout, à quoi bon un pénis fidèle, si l'homme à qui il appartient ne peut être ce qu'il est en réalité?

— Tu as peut-être raison, dis-je lentement, tentant de transposer à mon cas ce qu'Ornella vient de dire.

Mais je n'y parviens pas. Martin et moi nous sommes-nous aimés autant que la sensuelle Italienne et son cuisinier slovène? Sans doute que non. Nous avions une relation tout à fait normale qui nous offrait l'équilibre et un domicile, mais qui laissait peu de place pour d'autres, pour la vie, pour l'aventure. Nous étions de bons petits-bourgeois, avec notre canapé, notre télévision et nos restes de dîner réchauffés.

Ornella paraît réfléchir elle aussi. Mais, comme elle semble vouloir garder le silence, je lui pose une question qui m'a turlupinée tout ce temps :

— De quoi Nino est-il mort ?

Elle a un rire amer.

— De ce qu'il a cru devoir absolument me rendre totalement heureuse.

— Je croyais qu'il te rendait heureuse.

— C'était le cas ! Mais il se le représentait d'une tout autre manière que moi, soupire-t-elle. Le problème, c'est qu'on a un jour diagnostiqué chez lui de la tension et que sont venus s'y ajouter de forts troubles du rythme cardiaque. Du jour au lendemain, il a dû ingurgiter des médicaments lourds qui ont affecté sa puissance virile…

— Tu veux dire que…

— Oui, il a baissé pavillon. J'ai d'abord cru qu'il en serait malheureux mais, curieusement, il n'a pas semblé trouver ça trop grave. Il pouvait toujours flirter, faire des compliments et la cour aux femmes. J'ai même parfois eu l'impression qu'il était heureux de trouver des limites à son rôle de charmeur, sans devoir aussitôt mettre le paquet. Il était devenu incroyablement câlin et passait beaucoup plus de temps à la maison, comme si, maintenant qu'il ne pouvait plus rendre d'autres femmes heureuses, il lui incombait d'au moins me rendre heureuse, moi. Il cuisinait, nettoyait, achetait des cadeaux et, le jour de notre anniversaire de mariage, il s'est figuré qu'il devait être un époux intégral… Intégral, si tu vois ce que je veux dire.

— Il s'est procuré du Viagra ?

Elle acquiesce.

— Et il a eu un infarctus ?

— Comme dans un mauvais film, oui. Il savait que ce truc pouvait le tuer, le médecin l'avait mis en garde.

Mais cela a été plus fort que lui. J'ignore où il s'en est procuré et jamais je ne me serais livrée à cet acte sexuel si j'avais su que son langage des reins et des hanches n'exprimait pas le réveil d'un amour, mais n'était que l'interprète d'une petite pilule bleue. *Stupido!*

— Mais il a risqué sa vie pour te rendre heureuse.

— Et oui, et il a perdu. Il est, au moins, mort entre mes bras.

Elle a un drôle de sourire. Je remarque que ce n'est pas un sourire furtif qui lui déforme le visage. Ses yeux s'embuent, et une larme lui coule lentement le long de la joue.

— Ornella!

Je fais un pas vers elle pour lui prendre la main.

— Excuse-moi, ma petite, dit-elle en reniflant. Ça date de plus de quinze ans, mais ça m'affecte toujours autant.

J'ôte une serviette de la corde à linge et je la lui tends pour qu'elle se mouche et s'essuie. Elle semble ensuite aller mieux, car elle a retrouvé le sourire.

— Je te comprends, dis-je en lui serrant à nouveau la main.

— Merci, dit-elle, tout en sachant certainement que personne ne peut comprendre ce qui les unissait, Nino et elle.

— Tu l'aimais vraiment, n'est-ce pas?

Elle approuve et me lance un regard insistant.

— Tellement que je lui suis toujours restée fidèle. Toujours.

— Tu ne l'as jamais trompé en retour?

— Jamais.

— Vraiment? Jamais? J'ai toujours cru que le fait, dans un couple, de supporter les infidélités de l'autre, impliquait la réciprocité.

— Oui, c'est ainsi que ça se passe habituellement. Tu sais, faire l'amour, c'est bel et bon, mais, en définitive, ça n'a jamais été très important pour moi. Il n'a jamais été décisif, pour que j'aie conscience de ma propre valeur, qu'un homme désire mon corps. À la différence de Nino, je me suis toujours sentie aimée quand un homme était là pour moi, et m'aidait à être celle que je voulais être. Et Nino était cet homme. Aussi n'y a-t-il jamais eu dans ma vie quelque chose qui m'attire ailleurs.

Elle sourit encore et je la regarde avec compassion, sans savoir si je la plains ou si je l'admire. Rester fidèle à un homme qui vous est en permanence infidèle, est-ce le sommet de la bêtise ou de l'amour?

— Vous formez vraiment une drôle de bande, vous autres pensionnaires du Sea Whisper Inn.

— Une bande?

— Eh bien, oui! D'abord, tante Dotty, qui reste fidèle à son amour de jeunesse jusqu'à sa mort, et toi, avec ton Nino…

Nous partons du même rire. Mais je sens bien qu'elle n'a pas totalement retrouvé son allant après ce moment de tristesse. Je continue donc à plaisanter:

— Le «chuchotement de la mer», ce n'est pas le mot qui convient le mieux à cette boutique. On devrait l'appeler «Pension Chuchotement de l'amour».

Nouveau rire. Cette fois, Ornella finit par se courber en avant, comme pour récupérer d'un sprint prolongé.

— Ah, n'importe quoi, s'écrie-t-elle enfin, soudain rassérénée.

— Quoi, n'importe quoi?

— Le truc de Dotty. C'est Patty qui t'a raconté cette bêtise?

— Quelle bêtise?

— George, l'accident, la fidélité jusqu'à la mort?

— Ce n'est donc pas vrai?

— Si. Une histoire tragique!

— Mais alors?

— C'est le truc de la fidélité éternelle…

— Et bien, qu'est-ce qu'il y a?

Ornella ricane un peu en hochant la tête.

— Oublie! Patty est d'un romantisme incurable.

— Mais…

Ornella lance le sac d'épingles à linge dans la corbeille, s'essuie les mains contre ses hanches et remue la tête d'un air de refus.

— Il n'y a pas de mais. Continuons!

19

Tout reluit. Tout, mais vraiment tout. Les rideaux, d'un blanc immaculé, flottent dans le soleil. Les tapis, nettoyés et brossés, ont l'éclat du neuf ; le moindre centimètre carré de plancher a été traité aux produits d'entretien et brille sous la lumière qui coule à flots par les fenêtres lavées et lustrées. Une lumière comme la maison n'en avait sans doute plus connu depuis mai 1918, l'année de sa construction.

Les allées ont été râtelées, le mobilier de jardin poncé et repeint. Une magnifique coupe, sur le comptoir de l'entrée, présente dans toute leur splendeur des cerises, des pommes rouges, des oranges, des bananes et des pêches bien mûres. Le frigo regorge de lait bio et de yaourts, de fromages et de saucisses fabriqués dans l'île. Dans l'armoire à linge du premier étage, s'entassent des serviettes de bain douillettes et des housses de couette bien repassées. Ornella et Patty ont trouvé le temps d'épousseter les tableaux accrochés aux murs et les sous-verre avec leurs paysages lacustres, peints à l'huile, leurs prairies et leurs arbres, ont été rafraîchis à l'aide d'un chiffon très doux.

Il ne manque à présent plus qu'une chose, malheureusement essentielle.

Pour la dixième fois de la journée, je vérifie sur mon portable si Ted s'est manifesté. Il est, lui, connecté à Internet dans son atelier, et s'est donc déclaré prêt à faire le relais entre les demandeurs de réservations et nous.

Mais, de nouveau, pas de SMS de lui, ni d'appel. Il n'y a pas eu, jusqu'ici, la moindre réservation. Je vérifie de nouveau le réglage du son et range mon appareil.

Pas de clients.

Merde.

Comment l'expliquer?

Vous voulez que je sois franche? Eh bien, je n'en ai pas la moindre idée. J'ai passé un long moment à la bibliothèque de Southampton, à entrer nos chambres dans divers sites de location, AirBnB, 9flats et Secret Places. Tout en opérant, j'ai eu l'impression que, chez les autres fournisseurs, il suffisait de quelques minutes pour qu'arrivent de premières réservations – ou que, du moins, de premières personnes intéressées s'informent, sans engagement de leur part. J'étais donc certaine qu'il en irait de même pour mes annonces.

Bon, les photos que j'ai prises avec le smartphone de Ted ne sont peut-être pas les plus professionnelles du monde, mais elles valent bien, pour rester modeste, la plupart de celles que je vois sur les pages des sites. Et j'ai donné de la maison une description réellement attrayante et complète: j'ai tout de même travaillé un an et demi dans une agence de voyages, je suis plus ou moins du métier. Et puis, la haute saison a commencé fin mai dans les Hamptons, il devrait donc y avoir une ruée de demandes de dernière heure! Mais rien, rien, rien. *Nothing, niente.* Le seul appel a été celui d'Annika, avec qui j'ai, à quelques reprises, parlé au téléphone ces derniers temps. Elle était heureuse de pouvoir m'aider dans cette aventure quand je lui ai demandé, hier, d'essayer les diverses options de réservation, et de vérifier s'il n'y aurait pas un problème technique.

Je me suis entre-temps demandé s'il ne faudrait pas installer une connexion à Internet. Peut-être ne devrais-je pas mettre en avant, dans notre publicité, que nous n'avons pas Internet? Je pensais, du moins l'avais-je espéré, que les gens trouveraient attrayant d'aller dans une pension où il leur serait possible de passer quelques jours non connectés, d'autant plus qu'aujourd'hui, plus personne n'a besoin d'un wi-fi gratuit, chacun, à part moi, possédant un smartphone ou une tablette. À l'évidence, je me suis trompée. L'Américain moyen semble ne plus pouvoir se détendre sans envoyer un e-mail toutes les cinq minutes.

J'ajoute donc à notre to-do-list, qui ne me quitte plus ces derniers jours: « Installer Internet / wi-fi ». Puis je constate que tous les autres points de la liste sont rayés. Nous avons donc terminé tout ce qu'il y avait à faire. Tout à l'heure, quand Maxwell est venu me demander s'il devait encore faire quelque chose, rien ne m'est venu à l'esprit, rien de rien. Ensuite, dans le hall, j'ai surpris Ornella en train de tourner les pommes dans la coupe à fruits, de manière à mettre en évidence leur côté rouge.

Les travaux de rénovation ont rappelé à une vie nouvelle ces personnes âgées, mais leur énergie retombe, à présent, et cela ne me plaît pas du tout. C'était un tel plaisir de voir les cinq locataires à l'œuvre! J'ai peur, maintenant, que notre projet soit un peu dégonflé quand arriveront enfin les premiers clients...

Mais que faire? Tout ce qui reste à effectuer – rénovation de l'installation électrique, peinture de la façade – est affaire de spécialistes, et leur emploi n'est provisoirement pas envisageable compte tenu de notre budget. Nous ne pourrons nous payer des artisans que lorsque nous aurons des clients.

L'ai-je déjà dit? Merde, alors.

Merde, merde et remerde!

Qu'est-ce que je peux faire? Placer un panneau sur le bord de la route? Mettre une petite annonce dans le *New York Times*? Mais tout ça coûte de l'argent! Denrée très rare! Mon compte est désormais complètement vide, et ma carte de crédit ne pourra fonctionner de nouveau qu'à la fin du mois.

Je consulte une nouvelle fois mon portable. Rien. Vais-je rester ici jusqu'à la Saint-Glinglin, à attendre qu'il se passe enfin quelque chose? Non, il faut que j'aie une idée. Je passe une nouvelle fois en revue, dans ma tête, les options qui s'offrent à moi. Nous n'avons pas de budget publicitaire, et nous n'avons ni les capacités, ni l'argent pour coopérer avec une agence de voyages. Existe-t-il, dans les Hamptons, quelque chose comme un bureau des locations? Un office du tourisme, comme jadis? Dois-je m'y inscrire? Oui, c'est mieux que de ne rien faire.

Je me rends dans le jardin d'hiver et je prends le journal qui traîne sur la table. Il est de la semaine précédente, mais je le feuillette néanmoins. Je n'arrive pas à m'enthousiasmer pour le projet du bureau de location. Qui, de nos jours, réserve encore en passant par un office du tourisme?

Je continue de feuilleter, sans m'arrêter ni à la politique, ni au sport, ni à l'économie. Rien de tout cela ne m'intéresse. Pourtant, je m'arrête soudain, je referme le journal, le rouvre, le referme – et j'ai enfin une idée!

Comment n'y ai-je pas pensé plus tôt?

Je me lève d'un bond et pars à la recherche de Patty. Elle est sur la terrasse.

— Une réservation? demande-t-elle, soudain excitée à la vue de mon visage rayonnant.

— Hélas, non.

— Dommage.

— Mais j'ai une idée.

— Laquelle?

— Je vais écrire à la presse.

— À la presse?

— Aux journaux, aux revues, aux magazines.

— Je sais ce qu'est la presse, ma chérie. Mais que vas-tu leur raconter? Tu crois que la réouverture d'une ancienne pension dans les Hamptons peut faire l'objet d'un article?

— Non, mais ce n'est pas absolument nécessaire. Dans l'agence de voyages de mes anciens beaux-parents, des mailings tout simples ont parfois obtenu des résultats étonnants. Une fois, par exemple, nous avons juste envoyé un choix des destinations les plus belles pour des lunes de miel à l'agence de presse, et il s'est aussitôt trouvé huit journaux pour en faire un article. L'un d'eux a même publié intégralement notre liste. Ces publications ont porté leurs fruits: nos locations ont augmenté de vingt, voire trente pour cent.

— Ma foi, si tu penses que ça vaut le coup d'essayer…

— Je le pense, oui!

Une demi-heure plus tard, nous avons une liste des principales publications de la côte Est qui, à l'occasion, font paraître des conseils de voyage. C'est du moins ce dont Patty croit se souvenir. Je n'en suis pas certaine pour ma part, si bien que je saute sur le vélo que j'ai trouvé dans le hangar et qui me sert à me balader dans notre pittoresque village.

Je vais au kiosque à journaux le plus proche et je complète ma liste. Puis je descends la rue principale, avec ses drapeaux américains et ses haies en lattes badigeonnées de blanc, puis la Windmill Lane déserte. Dans la bibliothèque, je salue la femme derrière le comptoir comme une vieille connaissance et je prends place devant l'un des trois ordinateurs qui, aussi antiques et vénérables que de grises cimes montagneuses, émergent des polars et des livres de cuisine.

Je n'ai pas trop de peine à rédiger un texte de présentation car j'ai déjà rassemblé les principales indications dans les petites annonces. Je les complète toutefois, et je raconte de surcroît une petite histoire romantique. Je parle de la pension ayant autrefois appartenu à une vieille lady qui, lasse des soirées et du stress de Manhattan, avait pris conscience ici même de la profondeur de sa solitude durant toutes ses années passées dans la grande ville. Elle avait par conséquent ouvert sa maison, la transformant en un lieu d'accueil pour des gens au cœur brisé, en un foyer où amoureux comme célibataires se sentiraient les bienvenus.

Si cette histoire ne sert à rien, je donnerai ma langue au chat.

Au bout de trois heures, j'ai expédié quelque trente e-mails. Quand je quitte la bibliothèque, je décide d'appeler Ted et de l'informer de ma campagne de relations publiques. J'ai certes donné le numéro de téléphone de la pension pour d'éventuelles demandes de précisions, mais j'ai aussi indiqué son adresse e-mail au cas où quelqu'un voudrait réagir par cette voie.

— Pas de problème, dit-il. Ton idée, avec la presse, est super, ça va à coup sûr donner quelque chose !

— Merci, mais c'était évident, réponds-je, faussement modeste.

— Moi, ça ne me serait pas venu à l'idée. *You're a real expert!* On voit bien que tu es de la partie.

— Étant de la partie, j'ai le sentiment de pas mal patauger. On pourrait monter cette affaire avec plus de professionnalisme, mais il manque pour cela deux ou trois dollars…

— Tu vas voir qu'à la fin, les gens se rendront à ce charme désuet. Les campagnes de promotion parfaites et les maisons luxueuses sont légion ici, dans les Hamptons. Mais la magie et le cœur, ce dernier tout particulièrement…

— Merci encore, dis-je en riant. Je le rapporterai aux autres.

— Ce n'est pas à eux que je pensais.

— Non?

Je rougis au point que je me félicite de n'avoir que mon modeste Samsung sans caméra. Je suis sûre et certaine de ne pas transmettre de photo de moi.

— C'est à toi que je pensais, précise-t-il. Tu te débrouilles super bien.

— Merci encore, dis-je. Puis, un peu désemparée, j'ajoute: même s'il faut attendre un peu pour vérifier si c'est véritablement super!

Ted ne dit rien et je me tais moi aussi. Quelques secondes, mais qui suffisent à mettre un terme à notre gentille joute oratoire.

— Ted, je vais maintenant rentrer, pour le cas où quelqu'un appellerait.

— OK. Je surveille mes mails et je t'informe si j'en reçois un.

— C'est vraiment gentil à toi. Merci pour ton aide.

— C'est un plaisir. À bientôt!

— À bientôt, Ted.

Putain, il faut absolument que j'apprenne à mieux me débrouiller en matière de compliments! Ma réaction a dû paraître, pour un Américain, aussi allemande et rigide que si j'avais raccroché sans rien dire.

Une fois rentrée, je ne quitte pas l'appareil des yeux et je traînasse dans le hall d'entrée, plutôt que de rester vautrée dans le jardin. Je veux être sur place quand arrivera le premier appel d'un journal.

Hélas, il n'y en a aucun. Une heure, deux heures, trois heures.

À quatre heures, je décide de me préparer un café à la cuisine. C'est alors que ça sonne. Pas le téléphone, à vrai dire. C'est à la porte qu'on sonne.

J'ouvre. Je me trouve face à un homme blond, bronzé. Une petite quarantaine, une chemise dont les deux premiers boutons sont ouverts, un blouson sport, et il parle si vite que je comprends tout juste qu'il est reporter au célèbre *New Yorker* et qu'il voudrait visiter les lieux.

Le *New Yorker*! Ici! Je savais bien que passer par la presse était *la* solution!

— Mais bien sûr, avec plaisir, dis-je en reculant d'un pas, rayonnante. Entrez donc!

— Merci, dit l'homme, un peu déconcerté. Il ne semble pas habitué à être accueilli aussi aimablement.

— Comment vous appelez-vous, déjà?

— Alan. Alan Ripley.

— Très bien, Alan. C'est sympa d'être venu. On commence sans attendre?

— Mais certainement, dit-il, semblant se reprendre.

— Eh bien, je vais d'abord vous faire faire le tour du propriétaire. D'accord? Donc, ici c'est le hall d'entrée, comme vous vous en doutez.

— Très joli. Des meubles splendides.

— Merci.

— Et quelqu'un ici semble avoir plaisir à peindre. C'est vous?

— Oh, vous parlez des tableaux! Grands dieux, non, ils ne sont pas de moi. Ma défunte tante a découvert la peinture sur ses vieux jours. Je pense que ce n'est pas du grand art, mais je trouve certains de ses tableaux assez réussis. Par exemple, celui-là, là-haut.

Je montre la peinture accrochée juste au-dessus du comptoir. Elle m'a tapé dans l'œil dès que j'ai posé le pied dans la pièce. Elle montre la maison vue du parc; on voit la terrasse, le jardin d'hiver et les espaliers de rosiers.

— Oui, il n'est pas mal du tout, dit le journaliste en s'approchant pour mieux l'examiner. Le ciel, surtout, est beau. Toute la maison est-elle ainsi vouée à l'art?

— Il y a des tableaux dans presque toutes les pièces. Vous vous y intéressez?

— Mais certainement.

Alan Ripley est d'un charme fou ! Et je ne dis pas cela juste parce qu'il s'intéresse beaucoup aux tableaux de tante Dotty. Il remarque dans la maison un nombre incroyable de détails qui échapperaient à la plupart des gens : le soleil qui entre par la fenêtre de la cuisine, le chandelier, sur la table de la salle à manger, que j'ai choisi pour cet emplacement parmi tous les luminaires de la maison, le vieux fauteuil de lecture en velours qui, à l'initiative d'Ornella, trône depuis quelques jours dans un coin confortable du jardin d'hiver. Il interroge, prend des notes et, je l'avoue, il est assez beau garçon. Il est même fort beau garçon avec son gentil sourire, ses lèvres pleines et ses cheveux blonds qui ne cessent de lui tomber sur le visage.

Je lui montre les chambres rénovées au premier étage, je le conduis sur la terrasse et dans le jardin où je lui indique les coins les plus secrets, je lui présente les salles de bains et le sauna, dont j'affirme qu'il sera bientôt, de nouveau, en état de fonctionner. Et comme il est toujours recommandé de garder le meilleur pour la fin, je le mène aux dunes, où nous restons un instant à contempler la mer.

Le ressac est, ce jour-là, si fort qu'il semble vouloir nous couvrir d'applaudissements. Je ne dis rien et j'ai le sentiment qu'Alan apprécie. Du moins se tait-il lui aussi, les mains dans les poches de son pantalon, les yeux un peu plissés. Un instant, j'ai l'impression que je pourrais rester ainsi éternellement avec lui.

— C'est un endroit très particulier, finit-il par dire. La maison est merveilleusement située. On a le sentiment d'être dans un autre monde, alors qu'on est à deux pas de Manhattan…

— C'est exactement l'effet que ça me fait à moi aussi, dis-je. On n'a plus envie de partir d'ici.

— Depuis combien de temps travaillez-vous ici? me demande-t-il d'un ton si amical, chaleureux et intéressé que mon cœur se met à faire des cabrioles, et que je ne comprends tout d'abord pas sa question.

— Comment?

— Eh bien, votre travail ici. La pension et tout ça.

— Ah, c'est ça?

Je rougis un peu. Il faut que je m'habitue à ce qu'on me prenne pour une hôtesse.

— Depuis quelques semaines, dis-je, pensant que cinq jours donneraient l'impression que je suis inexpérimentée. Je viens d'hériter de cette maison et je comprends peu à peu dans quoi je me suis embarquée avec cet héritage. Je suis allemande, voyez-vous? Mais je m'étais justement retrouvée en situation de devoir quitter mon pays.

— Hum, ça sent le danger, sourit-il.

— Effectivement! dis-je, en essayant de prendre un air audacieux, mais finissant par rire. Au moins quelques semaines...

— Ça ne s'entend pas du tout que vous êtes allemande!

— Merci. C'est un mensonge vraiment charmant.

— Mais ce n'est pas un mensonge. Votre anglais est excellent. Vraiment!

— Ado, je regardais MTV jour et nuit.

— Vous aviez MTV en Allemagne?

— Évidemment.

— Moi aussi, je regardais sans arrêt MTV, dit-il. Mais malheureusement, ça ne m'a pas appris l'allemand. Les seuls mots d'allemand que je connaisse sont *Spätzle* (pâtes), *Blitzkrieg* (guerre éclair), *Kindergarten* (jardin d'enfants) et *Ich liebe dich* (je t'aime).

En prononçant les trois derniers mots, il me regarde avec tant d'insistance que mon cœur se met à battre la chamade et que je rougis de nouveau. Serais-je en train de m'amouracher? Je n'ai pas encore surmonté mon histoire avec Martin! Dieu du ciel! Je m'empresse de rire, avec le plus de décontraction possible.

— Mais c'est très bien! Ça devrait suffire pour trouver un job en Allemagne.

— Ah bon, vous croyez?

— Ma foi, peut-être pas comme journaliste…

— Comme quoi, alors?

Je réfléchis.

— Cuisinier ou jardinier d'enfants, ça devrait pouvoir marcher.

— Et escroc au mariage? Qu'en pensez-vous? demande-t-il, hilare, et il remet ça: *Ich liebe dich*, ma chérie.

J'ai toujours le cœur qui bat très fort, et je suis vraiment soulagée que sa démonstration de ses connaissances linguistiques tourne à la bouffonnerie.

— Hum, fais-je, pas vraiment convaincue.

— Non? Il essaie une seconde fois: *Ich lieeebbbe dich*, ma chérie.

— C'est déjà mieux.

— Dois-je recommencer?

Je voudrais dire qu'il vaut mieux ne pas recommencer, mais je me contente de secouer la tête.

— Vous êtes sûre?

J'opine et mon rythme cardiaque s'accélère de nouveau.

— Dommage, dit-il en me coulant un regard de chien battu. Une autre fois, alors?

Il a l'air si sincère que mon sourire tremblote quand je lui réponds:

— Certainement.

Nous restons muets un bon moment. Alan a les mains enfouies dans les poches de son pantalon, les yeux dans le vague, il regarde le ciel puis contemple l'infini. Il finit par se souvenir de la maison.

— Quand vous dites que vous avez hérité de la maison, cela signifie-t-il que vous êtes une petite-fille de Dorothy Webber?

— Sa petite-fille? Non… commencé-je, puis je tique. Ai-je donc évoqué le nom de tante Dotty? Dans mes mails, certainement pas, et pas non plus durant la visite de la maison. Je n'ai parlé que de «ma défunte tante». À moins que… Non, je suis quasiment sûre de moi.

— Mais vous avez un lien de parenté, non?

— Dorothy était une tante au deuxième degré.

— Ah ah, dit-il. C'est bien ce que je pensais.

Son regard s'égare de nouveau dans le lointain, comme s'il était plongé dans ses pensées. Puis, revenant à moi, il sourit. Je lui rends son sourire, et il tourne une nouvelle fois les yeux vers la maison.

— Pouvez-vous me dire quelle était sa chambre?

— Euh, sa chambre… était là, en haut, à droite.

Je lui montre vaguement la direction, plus que troublée. Sa chambre? Que veut-il faire de sa chambre? Cette heure passée à répondre à des questions sur Dotty commence à me paraître bizarre.

— Je vois…, dit-il. Puis-je la voir, par hasard?

— La voir? Perplexe, je pose les mains sur mes hanches, oubliant que nous flirtions encore à l'instant.

Lui n'oublie manifestement pas.

— Oui, ce serait super, dit-il d'une voix chaude, avec un sourire non moins chaleureux.

— Mais pourquoi?

— Eh bien, comme je vous le disais…

— Qu'est-ce que vous avez dit?

— *Well*… je suis journaliste.

— Ça, je l'ai parfaitement compris. Mais qu'est-ce qui vous a amené à vous intéresser à tante Dorothy? Je n'ai pas parlé d'elle dans mes mails!

— De quels mails parlez-vous? demande-t-il, tout aussi déconcerté.

— De celui que j'ai envoyé ce matin à votre rédaction.

— Comment ça ? Vous avez envoyé un mail au *New Yorker* ?

— Euh, c'est-à-dire… pour que quelqu'un vienne faire un reportage sur la pension !

Je le regarde et il me regarde. Nous nous examinons, comme cherchant à savoir que penser de l'autre. Au bout d'un petit instant, il hoche la tête.

— Ma foi, je crois qu'il y a un léger malentendu.

20

— Je commence à penser moi aussi que votre truc du malentendu a du vrai, dis-je, bien que demeurant quelque peu sceptique.

Que vient faire ici ce charmant reporter qui, à l'instant encore, jouait les séducteurs, mais qui n'a pas l'intention d'écrire quoi que ce soit à propos de la pension? Qu'a-t-il derrière la tête?

— Vous avez certainement écrit à la rédaction « Voyages », dit-il d'un ton aimable.

— Exact.

— Mais je n'en fais pas partie.

— De laquelle, alors?

— De la page « Art et culture ».

— Art et culture? Alors que faites-vous ici?

— J'enquête en vue d'écrire un article sur Paul Byron, à l'occasion de son quatre-vingtième anniversaire.

— Paul qui?

— Paul Byron. Le nom ne vous dit rien?

Je fais « non » de la tête.

— C'était un peintre assez connu, vivant à New York, un des représentants les plus tardifs mais les plus intéressants du réalisme américain. Il a exposé dans le monde entier et après sa mort, en 1995, il y a eu de grandes rétrospectives dans les principaux musées. Il appartient toujours aux cinquante peintres du XXe siècle les plus demandés. Récemment, un de ses derniers tableaux a été cédé pour plus de quinze millions de dollars par Sotheby's.

— Ah bon, fais-je, toujours un peu réservée, et alors?

— Je suppose que votre tante et lui..., il ne sait comment continuer, eh bien... qu'ils se connaissaient peut-être.

— Comment il s'appelle, déjà, cet homme?

— Paul Byron.

Je hausse les épaules. Que je sache, ce nom ne m'est encore jamais tombé sous l'œil, mais, comme je l'ai appris entre-temps, cela ne signifie rien.

— Ma tante connaissait de nombreux artistes, à ce que je crois. Elle travaillait à l'hôtel Hamilton où les intellectuels de la ville ne faisaient qu'entrer et sortir.

— Je sais. Mais je crois qu'ils eurent tous les deux une relation particulière.

Prononçant le mot « particulière », il me regarde de nouveau de manière si étrange qu'instantanément, je retrouve l'étrange familiarité que je ressens avec cet homme.

— Oui?

— Oui!

— C'est possible, dis-je, car soudain me revient en mémoire l'histoire que Patty m'a racontée il y a deux ou trois semaines.

Je cherche à me rappeler le nom qu'elle m'a cité. Était-ce Paul Byron? Peut-être bien.

— Il y a eu un peintre, je crois, dans sa vie, un peintre assez connu, si je ne me trompe pas. C'était peut-être ce Paul Byron.

— Je suis relativement certain que c'était lui, dit-il en me regardant avec attention. Et j'aimerais bien parler avec vous à ce sujet.

— OK, réponds-je, à la fois perplexe et un peu flattée, mais je ne sais pas si je vous serai d'une grande aide. Je ne sais en effet rien d'eux.

— Je n'en sais pas beaucoup plus, mais je peux vous raconter ce que je sais.

— Très volontiers, dis-je, n'en croyant pas mes oreilles : ce reporter séduisant veut me parler de tante Dotty, cette femme qui me hante et sur qui j'aimerais savoir tant de choses !

— Mais l'histoire est assez longue. Ne serait-il pas plus agréable que nous asseyions un peu ? Je suis l'un de ces insupportables citadins qui n'ont plus l'habitude de rester debout sans l'aide d'une poignée de métro !

Je ne peux m'empêcher de rire, mais je suis heureuse, en secret, de pouvoir m'asseoir un moment avec lui.

— Bien sûr. Vous préférez rentrer ou vous asseoir sur le banc, là-bas ?

— Rentrer me plairait assez.

— Alors, allons-y !

Nous nous dirigeons vers la maison. Le jardin d'hiver est occupé par Eleonore et Ornella qui sont si absorbées par leur lecture que nous ressortons et allons prendre place au salon, où je sers à Alan une tasse de thé et des petits gâteaux.

— Ils sont délicieux, dit-il, sitôt le premier biscuit dans la bouche. Faits maison ?

— Oui, par l'une des locataires.

— Ah, c'est vrai. Vous êtes une sorte de communauté locative ici, je me trompe ? C'est du moins ce que j'ai compris lors de mes recherches.

— C'est exact. Même si je ne sais pas bien si le terme de « communauté » est le bon.

Je lui explique comment les cinq vieilles personnes se sont retrouvées dans cette pension et y vivent ensemble depuis des années.

— Je trouve que ça ressemble à une communauté. Même si elle est un peu inhabituelle.

— Oui, inhabituelle, ça on peut le dire.

— Mais votre tante paraît elle aussi avoir été, disons, inhabituelle.

— Comment ça? demandé-je d'un air innocent, car je brûle d'envie d'en apprendre plus.

— Vous ne connaissiez pas du tout votre tante?

Je secoue la tête.

— Vraiment pas?

— Non.

— Je pige, dit-il, donnant un bref instant l'impression d'être déçu. Elle doit avoir été quelqu'un de très particulier pour d'abord mener cette vie au milieu d'artistes et ensuite, au lieu de devenir une espèce de mamie lunatique se mettant du rouge à lèvres rose et portant d'immenses lunettes de soleil, quitter la ville pour la campagne. Pour alors ouvrir sans façons sa maison à ses amis et fonder une communauté des cœurs solitaires…

— C'est vrai. J'ai aussi le sentiment qu'elle a été une personnalité particulière.

— *For sure.* Elle l'était.

— Bon, maintenant, expliquez-moi donc ce qu'il en est de ce Paul Byron.

— Ah oui, c'est vrai. C'est en effet pour ça que je suis là. Donc, comme je vous l'ai dit, je prépare un grand article sur Paul à l'occasion de son quatre-vingtième anniversaire. Ce sera une très longue histoire, peut-être même un article choc à la une.

— Et comment êtes-vous tombé sur ma tante?

— Il me faut, pour cela, revenir un peu en arrière, soupire-t-il.

— Allez-y!

— Eh bien voilà… Il y a vingt ans, jeune journaliste encore, j'ai écrit un premier article sur Byron. Juste avant qu'il ne meure, en 1995 exactement. J'étais stagiaire dans un petit magazine d'art qui ne marchait pas très bien et qui a disparu depuis belle lurette.

Cet article était mon premier travail d'importance et j'avais été surpris qu'il accepte de recevoir un *nobody* comme moi. Mais il s'est montré aimable et ouvert. Il ne m'a pas une seconde laissé sentir que j'étais un débutant. C'est sans doute à cette expérience que je dois d'être encore journaliste, car, dans la rédaction d'alors, on me traitait comme le dernier des derniers. Mais laissons ça ! Où en étais-je ?

— Comment vous avez rencontré Paul.

— Ah oui, c'est ça… Je l'ai donc rencontré à trois reprises, deux pour l'interview et la troisième pour le photographier dans son atelier. Mon magazine n'avait pas les moyens de payer un photographe, si bien que les journalistes devaient prendre les clichés eux-mêmes, ce qui, bien souvent, ne donnait pas de brillants résultats. Dès ma première visite, un tableau a attiré mon attention, tant il jurait avec les autres. Le portrait d'une femme. Sur ma remarque à ce sujet, il a réagi d'une très étrange manière.

— À savoir ?

— Il devint soudain très nerveux, on aurait dit qu'il lui avait été désagréable que je remarque ce tableau. Il le retourna contre le mur et m'interdit de revenir sur le sujet. Et, d'un seul coup, il n'eut de cesse de m'éconduire. Bien entendu, mon intérêt pour ce tableau n'en devint que plus grand. Lorsque, quelques jours plus tard, j'examinai, dans le laboratoire, les clichés que j'avais pris dans l'atelier, depuis différents endroits, dans des perspectives variées, je découvris que j'avais, par hasard, photographié le fameux tableau. Il était un peu flou, on ne discernait pas grand-chose, mais on en retirait une très grande impression.

— Vous avez encore cette photo ? Celle du tableau ?

Alan acquiesce, fouille dans ses affaires et sort un cliché en noir et blanc qu'il me tend par-dessus la table, tout en me signalant le chevalet qu'on y voit.

Il est un peu de côté, un peu flou. La photo est centrée sur l'homme assis sur une chaise, près d'une grande fenêtre, le regard, songeur, se perdant au loin. Comme on le voit de côté, on ne distingue pas grand-chose de lui, sinon qu'il est assez mince et qu'il est ébouriffé comme s'il venait de sortir du lit.

— C'est la photo en question? demandé-je.

Alan fait «oui» de la tête, si bien que je regarde la photo plus attentivement. Le tableau, sur le chevalet, n'est pas très grand, peut-être de la taille du plateau sur lequel Eleonore porte sa tasse de thé de l'après-midi dans le jardin d'hiver. On ne distingue pas de détails mais on voit qu'il représente une femme. On voit ses yeux, la bouche mince, les boucles, la chemisette claire.

— Ce pourrait être Dotty, oui. Du moins, le portrait ressemble aux photos que je connais d'elle. Mais ce pourrait tout aussi bien être quelqu'un d'autre. On distingue en définitive si peu le tableau… Vous pensez qu'il s'agit de tante Dotty?

— J'en suis même certain.

— Comment ça?

— Parce qu'elle te ressemble.

— Tu trouves? On n'y voit pourtant pas grand-chose.

— Sur la photo, peut-être pas. Mais sur l'original, tu verrais toi aussi la ressemblance. Elle m'a en tout cas sauté aux yeux quand tu m'as ouvert la porte.

— Oui? dis-je, en rougissant, une fois encore.

— Mais ce n'est pas seulement pour ça que je crois qu'il s'agit de ta tante.

— Accouche!

— Le lendemain, je suis retourné chez Byron pour lui montrer les photos que la rédaction avait choisies pour illustrer l'article. Après notre rencontre, je l'ai vu par hasard entrer dans l'hôtel en face de son atelier. Je l'ai suivi sans me faire remarquer et je l'ai vu en train de s'entretenir avec cette femme…

— La femme du tableau?

— En tout cas, elle lui ressemblait à s'y méprendre. Je suis ensuite retourné, sous un prétexte quelconque, à l'hôtel Hamilton, et j'ai lu son nom sur l'insigne qu'elle portait à la poitrine: Dorothy Webber. C'est bien comme ça qu'elle s'appelait, n'est-ce pas?

— Oui, c'est bien ça.

— Et alors? Tu la reconnais?

— Je ne sais pas.

Ensemble, nous examinons la photo au tableau indistinct. Une curieuse sensation! Qu'est-ce que nous y voyons? Est-ce vraiment tante Dotty? Comment savoir si ce n'est pas quelqu'un d'autre? Il faudrait voir le tableau lui-même, ça faciliterait les choses… Je vérifierais aussi, du coup, si Alan a raison de trouver que je ressemble à Dotty, ou s'il ne dit en définitive que des bêtises.

— Où se trouve ce tableau, à présent? demandé-je. On ne pourrait pas le voir en *live* et en couleur?

— C'est pour cela que je suis ici.

— Pardon? dis-je, abasourdie.

— Je crois qu'il est ici.

— Ici? Dans cette maison? Mais pourquoi?

— Je ne vois pas où il pourrait être, sinon. Au fil de mes recherches, j'ai consulté le catalogue raisonné de Paul Byron. Les experts que j'ai interrogés ignorent eux aussi de quoi je parle. Personne n'a connaissance de ce tableau. Il semble avoir disparu. À moins qu'il ne soit caché quelque part.

— Hum… Peut-être que ce n'est pas un tableau de Paul Byron, qu'il se trouvait par hasard dans son atelier. Il faudrait alors chercher chez un autre artiste?

— Il était posé sur un chevalet, à côté d'un verre plein de pinceaux. C'est d'ailleurs ce qui rend la chose si intéressante. Si ce tableau existe encore quelque part, ce serait le dernier que Byron aurait peint. On ne connaît en effet pas de tableau de lui après cette date!

— Ça alors! C'est vrai que…

— Ce serait un véritable événement si je le retrouvais. Le dernier tableau de Paul Byron, en exclusivité dans mon article du *New Yorker*, ce serait dingue!

— Vraiment?

— Absolument! Un journaliste d'art écrit plutôt sur des trucs qui sont accrochés depuis des siècles dans les musées. Les grands scoops sont donc denrée plutôt rare!

— Si c'est toi qui le dis! ne puis-je m'empêcher de rire.

Puis je regarde à nouveau le tableau qui pourrait être un scoop dans le *New Yorker*. Bien sûr que je trouverais ça passionnant, s'il s'avérait qu'un peintre célèbre a fait le portrait de Dotty, son ultime peinture, par-dessus le marché. Ma tante, de surcroît, qui devient de jour en jour plus intéressante! Mais «un événement»? Ce n'est pas ainsi que je qualifierais la chose. Cependant, qu'est-ce que je connais du monde de l'art?

— Et tu n'as pas la moindre idée de l'endroit où il pourrait être?

— Je travaille sur cette affaire depuis des semaines et j'ai consulté toutes les sources disponibles, mais personne ne voit de réponse. Trouver la femme représentée sur le tableau était la toute dernière option s'offrant à moi.

— Et s'il l'a détruit?

— Pourquoi l'aurait-il détruit? s'étonne Alan, en me regardant comme si j'étais un peu folle.

— Eh bien, tu as dit toi-même qu'il avait eu honte quand tu l'avais découvert.

— Je ne sais pas s'il a eu honte. Peut-être que, simplement, il ne voulait pas qu'un journaliste le voie. Ça le contrariait d'une manière ou d'une autre.

— Justement ! Pourquoi ça ?
— Aucune idée. C'est bien là le mystère.
— Il le trouvait mauvais, voilà pourquoi il ne voulait pas que tu le voies, dis-je en croisant les bras, satisfaite de moi.
Alan se marre.
— Je ne crois pas. Le tableau était d'une grande force, très particulier. En outre, Paul Byron ne souffrait pas d'un manque de confiance en lui. Je suis sûr et certain qu'il ne l'a pas détruit. Il a conservé bien d'autres œuvres, notamment quelques esquisses assez loupées.
— Il en a fait quoi, alors ?
— Ma foi, j'espérais que tu me le dirais…
— Il est à peu près certain qu'il n'est pas là. Bien sûr, je ne l'ai pas cherché, mais je l'aurais sans nul doute remarqué, tu ne crois pas ? Nous avons tout de même, ces derniers jours, chambardé la maison, et aucun coin ne m'a échappé. S'il y avait quelque part un tableau, même s'il n'est pas accroché, je crois que je serais tombée dessus.
— Tu en es sûre ?
— Oui.
— Et les autres habitants de la maison, sauraient-ils quelque chose ?
Je penche la tête pour le regarder. Ce type ne baisse donc jamais les bras ? Mais, dans le fond, j'aime bien les gens têtus – même si je suis facilement rebutée quand je me heurte à de la résistance.
— Ce n'est pas impossible, hein ? ajoute-t-il.
— Non, dis-je.
Et, bien que quelque chose se rebelle en moi contre le fait d'ouvrir à d'autres notre dialogue, je décide qu'il est juste de continuer à aider le journaliste. Il est gentil, d'ailleurs, et surtout il a l'air de me trouver gentille. Très gentille.

Je cherche dans ma tête qui, des cinq, est le plus susceptible d'être au courant. Je n'ai pas à chercher longtemps.

— Suis-moi, nous allons interroger Patty.

— Qui est Patty?

— La meilleure amie de Dotty. Si quelqu'un sait quelque chose sur ma tante, c'est elle, lui dis-je en le conduisant au jardin d'hiver, où Eleonore et Ornella n'ont pas bougé d'un millimètre, penchées sur leur livre. On peut lire sur leurs visages qu'elles sont loin, bien loin d'ici, dans un autre pays, dans une autre vie, dans un autre monde.

— Ornella? Eleonore? dis-je, frappant légèrement contre l'encadrement de la porte. Auriez-vous vu Patty?

Eleonore lève la tête.

— Je crois qu'elle est au bureau.

— Oui, elle voulait trier des papiers de l'année dernière, confirme Ornella, sans lever les yeux de sa lecture.

Je me demande si je dois leur montrer la photo, puis je décide de commencer par Patty. Elle y a droit, en quelque sorte. C'est elle qui, de tous les gens de la maison, connaissait le mieux Dotty.

— Merci!

Nous trouvons effectivement Patty dans le minuscule bureau derrière la réception, assise devant sa table de travail, un peu affaissée, les yeux clos. Elle sursaute à notre entrée, et je vois qu'elle vient de piquer une petite sieste.

— Salut, Patty, on te dérange?

— Non, non, murmure-t-elle.

— Tu es sûre?

— Je réfléchissais à quelque chose…

— Les yeux fermés?

— Oui! Elle me foudroie du regard.

— Patty, je te présente Alan Ripley.
— Oh, bonjour, dit-elle, confuse.
— Alan est du *New Yorker*. Devine un peu l'objet de ses recherches.
— Ma foi, j'espère que c'est sur toi et la pension.
— Loupé, dis-je.
— Sur toi seulement?
— Pas tout à fait. Le nom de Paul Byron te dit-il quelque chose?
— Bien entendu, dit-elle, soudain réveillée. Nous le connaissions bien. Il venait sans arrêt au Hamilton.
— C'était lui, le peintre célèbre qui a couru si longtemps après Dotty?
— Oui. Malheureusement sans succès, ce que je n'ai jamais compris. Paul était un homme formidable, et je crois qu'il était vraiment amoureux d'elle.

Je regarde Alan du coin de l'œil. Quelle tension sur son visage, soudain!

— Alan pense que Paul Byron a peint Dotty, dis-je.
— Oh, vraiment? dit Patty.
— Oui, confirme Alan, qui pose la photo sur le bureau devant Patty. J'ai fait cette photo dans l'atelier de Paul Byron quelques semaines avant sa mort. Vous voyez le tableau, là, sur le chevalet? J'ai de bonnes raisons de penser qu'il s'agit de son amie Dotty.
— Oh, vraiment? répète Patty, en regardant la photo de plus près.

Puis elle met ses lunettes de lecture, allume la lampe sur le secrétaire et examine la photo attentivement.

— Alors? Ça te dit quelque chose?

Je ne supporte pas son long silence.

— Mmmh, fait-elle.
— Mmmh «oui» ou mmmh «non»?
— Mmmh, dit-elle encore. Elle soupire, se penche encore plus sur la photo.

Puis, ôtant ses lunettes, elle lance un regard plein de gravité à Alan, puis à moi.

— Oui, ce doit être ça.

— Ça doit être quoi?

— Le tableau que Paul lui a donné peu avant de mourir.

— Paul Byron a offert un tableau à tante Dotty? dis-je en regardant Alan, toute excitée, mais il est en train de sortir de sa poche un petit bloc de papier pour y annoter rapidement quelque chose.

— Oui, bien sûr, dit Patty.

— Et alors?

— Je peux le voir? demande Alan.

— Non.

— Non?

— Dotty n'en fut pas vraiment heureuse.

— Elle n'en était pas heureuse? dis-je, stupéfaite.

— Non, pas particulièrement.

— D'un tableau de Paul Byron? insiste Alan, qui regarde Patty comme si elle venait de lui dire que la reine d'Angleterre avait peur de la pauvreté.

— C'est comme ça, dit Patty en frottant ses verres de lunettes.

— Mais pourquoi?

— Ah, vous savez... Il y a trois raisons à cela. D'abord, le tableau ne lui plaisait pas spécialement. Je crois qu'elle trouvait qu'il ne l'avait pas bien croquée. Je ne peux pas en juger, car elle ne me l'a jamais montré. Ensuite, elle trouvait peu convenable de recevoir un tableau aussi cher. Paul n'était, à vrai dire, qu'un client de l'hôtel pour qui elle avait posé deux ou trois fois, mais il était déjà évident à l'époque que le tableau vaudrait une fortune. Je me rappelle l'avoir entendue dire qu'elle possédait désormais la seule Ferrari qu'il fallait, pour des raisons de sécurité, garer derrière son armoire.

— Et troisièmement? demande Alan.

— Troisièmement, il y avait dans son entourage quelques personnes qui n'attendaient que de pouvoir leur prêter une liaison, à Paul et à elle. Ce qu'elle voulait absolument éviter.

Soudain me revient en mémoire l'allusion d'Ornella, il y a quelques jours. Pensait-elle à Paul Byron et Dotty?

— Ornella, par exemple?

— Par exemple, Ornella, c'est exact.

— Et qu'a-t-elle donc fait de ce tableau? s'inquiète Alan.

— Elle l'a vendu sitôt après sa mort et a investi la somme dans cette maison.

— Elle a vendu ce tableau? Je croyais qu'elle se reprochait de ne s'être jamais abandonnée à cet homme, et que sa mort l'avait incitée à changer de vie et à partir à la campagne. Elle aurait néanmoins vendu un tableau de lui?

Patty hausse les épaules.

— Je ne sais pas, moi non plus, ce qui s'est passé dans sa tête à l'époque. D'une part, elle avait besoin d'argent, car s'offrait l'occasion d'acheter cette maison à bon prix. Une propriété comme celle-ci, dans les Hamptons de surcroît, jamais elle n'aurait pu se l'offrir avec ses seuls salaires! Mais elle voulait aussi se débarrasser de ce tableau, le plus vite possible. Peut-être voulait-elle laisser derrière elle le souvenir de toute cette histoire?

Patty me regarde, et je lui rends son regard. Ce qu'elle raconte là est-il vrai? Je cherche, dans son visage ridé – un visage de jeune fille pourtant –, un signe montrant qu'elle ne dit peut-être pas toute la vérité. Mais elle a l'air si sincère que mes doutes s'évanouissent aussitôt.

— Dorothy vous a-t-elle dit, par hasard, qui était l'acheteur? intervient Alan.

— L'acheteur? répète Patty, l'air pensif, ma foi…

— Savez-vous d'où il était? D'Europe ou des États-Unis? Était-ce un collectionneur privé? Un galeriste? Un musée?

Patty fait un effort pour se souvenir, puis ses yeux s'éclairent.

— Je crois que c'était un collectionneur de Manhattan. C'est du moins là que Dorothy l'a rencontré, et je pense qu'elle lui a même rendu visite, chez lui.

— Vous souvenez-vous d'un nom? D'une adresse? De quelque chose?

— Je ne sais plus, dit Patty en secouant la tête avec lenteur.

— Réfléchissez!

— Je… je crois que c'était quelqu'un d'assez riche…

— Comment s'appelait-il? Où l'avait-elle connu?

— Au Hamilton.

— Et quelle était sa profession? Pouvez-vous vous rappeler quelque chose?

Patty regarde de nouveau au loin, mais semble ne rien y voir.

— Patty?

— Patty!

Subitement, elle lève la tête, comme sous le coup d'un souvenir.

— Il vivait dans un immense appartement, je m'en souviens. Dotty était très impressionnée quand elle était revenue de la rencontre.

— Et vous rappelez-vous où l'appartement se trouvait? demande Alan, tout excité.

Patty a de nouveau le regard perdu dans le lointain de sa mémoire. Elle plisse les yeux, se concentre.

— Une adresse? insiste Alan. Une rue?

— Malheureusement non, dit Patty. Je suis navrée.

— Ça ne fait rien, répond Alan, se forçant à sourire. Ça n'a pas du tout d'importance.

— Quoique..., dit lentement Patty.

— Oui?

— Un jour, Dotty a parlé de la vue qu'on avait depuis cet appartement.

— Et quelle vue on avait? insiste Alan, de nouveau.

— Il donnait sur Central Park!

21

Je suis des yeux la voiture écrasant le gravier de l'allée, mais je n'agite pas la main quand elle disparaît au coin de la rue. Après cette conversation avec Patty, Alan, encore si charmant et joyeux quelques minutes plus tôt, était étrangement réservé, et soudain si pressé qu'il avait renoncé sans un mot d'excuse aux biscuits que je voulais lui empaqueter.

Comme je lui demandais s'il ne trouvait pas palpitant, lui aussi, ce qu'il avait réussi à arracher à la mémoire de Patty, il avait à ce point tempéré mon excitation que, d'un seul coup, ses souvenirs m'étaient également apparus insignifiants.

— Tous les grands collectionneurs d'art ont vue sur Central Park, m'avait-il expliqué d'une voix éteinte. Et tous ont d'immenses appartements. Les souvenirs de Patty m'apportent à peu près autant que si j'apprenais, à propos d'un prêtre, qu'il habite dans un presbytère.

— Mais au moins, nous savons désormais que le tableau ne se trouve pas dans cette maison, lui avais-je dit, avec un sourire destiné à rétablir la complicité qui existait entre nous peu auparavant – sourire qui resta sans effet.

— Oui, bien entendu, avait-il répondu en sortant de sa poche, l'air absent, un étui de cartes de visite. Écoute, si l'un de tes retraités se souvenait par hasard de quelque chose, appelle-moi, d'accord?

— D'accord, avais-je dit, dégrisée, en prenant sa carte, quand il m'était soudain venu une autre idée en tête : Et tu pourrais peut-être glisser à la rédaction « Tourisme » un bon mot en notre faveur ? Sea Whisper Inn, la pension des cœurs solitaires – ça ne serait pas un scoop, ça aussi ?

Il n'avait répondu que par un faible sourire à mon sourire effronté.

— Mais bien sûr.

— Sais-tu quand paraîtra ton article ? J'aimerais bien savoir ce que ça va donner.

— Pour le quatre-vingtième anniversaire de Paul Byron.

— C'est vrai, avais-je concédé en rougissant. Tu l'avais déjà dit.

— Il n'y a pas de mal.

Sur ces mots, il était monté en voiture et avait démarré.

Et je me retrouve donc plantée dans l'allée. Alan est parti et je pressens qu'il ne se montrera pas de sitôt ici. Il est en chasse d'un article, et non de nouveaux amis. Son adieu était éloquent. Peut-être même plus qu'éloquent, constaté-je, déçue et un peu triste. N'avait-il pas, au début, entrepris un flirt poussé ? Le résultat de sa visite ici avait-il été si maigre qu'il n'avait pas jugé nécessaire de me regarder dans les yeux en partant ? Ou bien était-il déprimé au point d'oublier un instant notre complicité ? Car nous nous étions bien entendus, tout de même ! Plus encore : j'avais eu le sentiment fugace qu'il me rendait complice de son projet. J'avais aimé y être ainsi associée, aimé aussi qu'un homme charmant me prenne par la main et m'entraîne à la poursuite de ma tante. Et j'avais aimé l'idée de pouvoir lui être peut-être utile... Même si, pour finir, je ne l'étais pas du tout.

Comment l'expliquer ? Il est en réalité très possible qu'Alan Ripley ne soit absolument pas gentil.

Je respire un grand coup et regarde le ciel dont le bleu pâlit lentement. Pas très longtemps. Puis, le soleil se couche. Quelle journée ! Ne l'ai-je pas entamée en envoyant des mails publicitaires pour la pension ? Qu'en est-il advenu ? Toujours pas de nouvelles de Ted sur mon portable. Nous n'avons pas avancé d'un pas pour ce qui est de gagner de l'argent, en dépit de tout ce qui s'est passé depuis ce matin. Bon, on verra, demain sera un nouveau jour !

Je rentre et me rends à la cuisine où Ornella hache un bouquet de basilic.

— C'est le dîner ?

— Ce soir, quelque chose de très simple, *pasta al pomodoro.*

— Tu as besoin d'un coup de main ?

— *No, grazie.* Je n'en ai pas pour longtemps. La table est-elle déjà mise ?

— Oui, sur la terrasse.

— *Perfetto* ! Depuis qu'elle est propre, ce n'est plus du tout la même chose d'y être assis. Ah oui, si ta visite veut manger avec nous, il faut rajouter un couvert !

— Non, il est déjà parti, dis-je en l'observant remplir de morceaux de parmesan la râpe à fromage.

— C'était qui, au fait ?

— Oh, c'était..., puis je m'arrête, me rappelant soudain l'allusion d'Ornella à une possible infidélité de Dotty à son George. Le nom de Paul Byron te dit-il quelque chose ?

— Certainement. Mais ce n'était tout de même pas son fils ou quelque chose de ce genre, non ?

— Non, c'était un reporter faisant des recherches en vue d'écrire un article sur le peintre.

— Ah bon, et c'est pour ça qu'il était là ?

— Il recherche un tableau. Un portrait de tante Dotty.

— C'est vrai ? s'exclame Ornella, dont j'ai un bref instant l'impression qu'elle rougit, alors qu'elle a tout simplement le visage embué par la vapeur de l'eau des nouilles.

— Je me disais à l'instant que tu pourrais peut-être me dire quelque chose à ce sujet.

— Je n'ai malheureusement jamais entendu parler d'un tableau.

— Mais… ?

— Mais ?

— Tu donnais l'impression de vouloir ajouter un « mais ».

— Ah bon ? Non, ce n'était qu'une impression.

Elle enlève une casserole du fourneau, y jette le basilic et remue de bon cœur, puis met la passoire des nouilles dans l'évier.

— Dois-je dire aux enfants de passer à table ?

— Oui. Le dîner est prêt dans trois minutes.

Montant au premier étage, le repas terminé, je suis lessivée. Je ne suis même pas allée sur la plage aujourd'hui, tellement la journée a été longue. Si j'écoutais mon corps, je prendrais un bain pour me délasser, je m'allongerais ensuite sur mon matelas bien propre sous le toit tant bien que mal réparé, et je plongerais dans un sommeil profond.

Mais je ne vais pas dans ma chambre. Comme tirée par un fil invisible, je continue en direction de la chambre de tante Dotty.

La porte s'ouvre avec un léger craquement. Sans allumer, je scrute l'obscurité de la pièce comme si celle-ci recélait un secret invisible au grand jour. Dehors, il fait nuit noire ; on ne voit qu'un mince croissant de lune au-dessus de la mer et les silhouettes des platanes qui surplombent la ligne d'horizon.

Depuis que la tempête a contrecarré mes projets, m'amenant à renoncer à mon retour en Allemagne afin de remettre la pension en état, je me suis affairée dans toute la maison, dans chaque recoin, sur tous les meubles, les cirant, les changeant de place, décorant, mais je ne suis guère entrée dans cette chambre. Il y a eu tant à faire d'un seul coup que ni Patty, ni moi n'avons estimé urgent de continuer à la nettoyer et la ranger. Elle est donc toujours dans l'état où nous l'avons laissée : un bureau vide, des rayonnages pleins à craquer, une commode surchargée de photos encadrées, un fauteuil de lecture et un lit à baldaquin sans baldaquin.

J'entends des rires monter du jardin. Je suis très heureuse que la terrasse soit de nouveau utilisée. À la belle étoile, les dîners se déroulent dans une atmosphère de légèreté et de liberté. Ici, en revanche, l'air est comme immobile. Ayant enfin allumé le plafonnier et la lampe sur le bureau, j'ai l'impression qu'il est peuplé de centaines de petites bestioles qui flottent, en apesanteur, et qui esquivent la main essayant de les saisir.

Il va falloir que je vienne épousseter, ici aussi. Quand le pourrai-je ? Peu importe. Il y aura toujours un moment pour ça. Et maintenant, je suis là.

Je me plante devant les livres des étagères. Mon regard glisse le long des rangées où des ouvrages anciens et récents se serrent les uns contre les autres, comme s'ils avaient froid. Je ne sais ce que je cherche, mais ma rencontre avec Alan a de nouveau titillé mon intérêt pour tante Dotty. Les objets dont elle s'était entourée m'attirent comme autant d'aimants. Qui était ma tante ? Quels furent ses sentiments quand elle a éconduit le célèbre peintre amoureux d'elle, uniquement par fidélité envers son amour de jeunesse ? Pourquoi a-t-elle vendu si vite le tableau, et surtout, à qui ? Ne vais-je pas trouver ici un indice quelconque ?

Mais je ne trouve que des romans sur les étagères du haut. Les classeurs, sur celles du bas, ont des étiquettes – Factures, Impôts, Assurances – qui ne laissent guère penser qu'ils renferment un secret.

Indécise, je me retourne et j'examine le reste de la pièce. Je ne devrais pas avoir besoin de regarder à l'intérieur du bureau, car il est vide, je le sais. Je passe pourtant la main sur le bois lisse du plateau, je tire le tiroir du dessus, je le referme. J'accomplis ces gestes avec autant de routine que si mes mains étaient habituées à les accomplir. Je me rends compte soudain que je ne suis aux États-Unis que depuis trois semaines et que j'ai pourtant l'impression de m'y trouver depuis des mois… non, des années. Ici, avec ces cinq personnes âgées, leurs petites manies et leurs grandes histoires d'amour.

Je vais jusqu'à la haute commode à linge où reposent une bonne douzaine de photos, en désordre, telles des pierres dans une carrière abandonnée. Je les examine de près, les unes après les autres. Sur la photo d'Alan, on ne voyait Byron que de profil, mais j'ai l'impression que je le reconnaîtrais. Pourtant, les quelques hommes que je distingue n'ont ni la minceur, ni l'allure altière du peintre dans son atelier. Ce sont sans doute de vieux amis ou des collègues de travail.

J'ai d'un seul coup la certitude que Byron n'est sur aucune des photos. Mais je ressens autre chose aussi : je veux en savoir plus sur l'homme qui était entiché de ma tante au point de lui courir sans cesse après et de faire son portrait.

Je n'aime guère fouiner dans la sphère intime d'étrangers. Je ne veux pas donner dans la curiosité, et je me considère pour l'essentiel comme quelqu'un qui respecte les limites. Ma volonté, pourtant, n'interdit pas à mes mains de tirer, comme d'elles-mêmes, le tiroir supérieur de la commode, pas plus que de tirer les autres. Je ne fouille pas, car j'ai trop de respect pour le linge intime d'autrui. Mais je soulève une pile de chemisettes, j'écarte des mouchoirs et des bas, afin de voir s'ils dissimulent quelque chose.

J'ouvre sans conviction l'armoire, je passe les doigts sur les cintres, j'écoute le froufrou des corsages, des vestes et des robes. Mais il ne me révèle rien. Les cartons à chaussures empilés par terre ne contiennent, outre des sandales, des escarpins et des ballerines, aucun indice. J'examine ensuite le contenu des casiers de l'armoire, mais ne trouve que des morceaux de bois de cèdre et du papier antimite entre les pulls en cachemire. Je jette finalement un œil derrière l'armoire, mais n'y trouve bien entendu ni Ferrari ni tableau – juste des moutons et une pochette de disque jaunie.

Mon regard tombe alors sur une porte étroite qui avait jusque-là échappé à ma vigilance. Lisse, directement insérée dans le mur, elle s'efforce à la discrétion. L'ayant ouverte, j'y découvre une armoire murale encastrée dans une petite niche, avec des tablettes. Il y règne un grand désordre de boîtes en carton, livres, revues, vases, petits paniers et petites boîtes métalliques posés n'importe comment.

Je tire quelques-unes des grosses boîtes, y trouve d'autres photos ainsi que des lettres, des certificats, des factures et des dossiers dont je ne comprends d'abord pas à quoi ils riment. Pas la moindre trace de Paul. Alors se passe quelque chose d'étrange : je tire un des plus grands cartons et, d'un seul coup, je suis envahie d'une sensation bizarre, comme si, lors d'une soirée printanière tout à fait normale, se mettait à souffler un vent chaud et lourd.

Il arrive qu'on pressente des choses, non ? Je sais en tout cas que je suis sur la bonne piste. J'extirpe le carton de l'armoire et le porte jusqu'au bureau. Quand j'ôte le couvercle, une odeur de vieux papier, de poussière et de temps révolus me monte aux narines. Je plonge la main à l'intérieur du carton, sans regarder, en sors des papiers en vrac, et me voilà transportée dans une autre vie.

Il y a des cartes postales expédiées de Paris, de Capri et d'Hawaï, jaunies et passées, adressées à *Ms Dorothy Webber c/o The Hamilton Hotel*, écrites par des clients rentrés dans leur pays, à l'étranger pour leur travail ou pour des vacances. Il y a aussi des billets d'entrée du Metropolitan Museum of Art, du musée Guggenheim, pour des théâtres de Broadway, pour des représentations en décembre 1983, en mai 1979, en juillet 1986. Je trouve des lettres plus ou moins longues, beaucoup écrites par des hommes, d'autres par des femmes. J'ai tant de peine à déchiffrer la plupart que, renonçant à les lire, je vais directement à la signature pour identifier l'auteur : *Je t'embrasse, ton John. Tu me manques, P.J. À très bientôt, ton Emily. Prends bien soin de toi, Ornella.*

Je feuillette de vieux blocs-notes, des agendas en piteux état, reliés de cuir ; j'y trouve des dates de mariages, d'anniversaires, des vœux, des invitations à des soirées et des textes de condoléances. Tous ces morceaux de papier parlent de naissances et de décès, de bonheur et de malheur, des hauts et des bas de toute une existence. Et certains sont très concrets : le billet de train pour Southampton du 14 juin 1995, par exemple. Ne s'agirait-il pas du premier voyage de Dotty dans les Hamptons ? Ou bien, quelques mois plus tard, ce vieux billet d'avion New York-Munich, suivi d'un trajet en train pour Weilheim : ce doit être ce qui reste de son séjour en Allemagne lors de l'enterrement de sa mère ! La facture du King Cole Bar pour trente-sept coupes de champagne, le 5 mai 1980 : si je ne me trompe pas, Dotty a fêté ses quarante ans ce soir-là. La facture est le témoin d'une soirée heureuse et joyeuse et, une nouvelle fois, je me sens étrangement proche de ma tante. Je ne vais pas non plus tarder à avoir quarante ans. Où les fêterai-je ? Avec qui ? Aurai-je envie de champagne ? Me sentirai-je vieille et seule ? Je n'arrive pas à me l'imaginer.

Je continue à fouiller, à exhumer d'autres cartes, d'autres lettres. Mais j'ai beau en apprendre beaucoup sur la vie de Dotty, sur ses proches, sur ses fêtes, les amis qu'elle pleurait…, il y a une chose que je ne trouve pas dans ce fatras : un indice de l'existence de Paul Byron ou de son tableau. Je viens de retrouver la trace de dizaines d'amis de ma tante durant cette dernière heure, mais c'est comme si ce célèbre peintre n'avait jamais existé.

Suis-je déçue quand je remets le carton à sa place ? Non. Car, même si je n'ai rien découvert de concret, de sensationnel, j'ai le sentiment d'être plus proche de ma tante que jamais. Et, quand je trouve une photo d'elle qui traîne seule dans l'armoire, la femme que j'y vois me semble beaucoup moins mystérieuse qu'avant. Son regard semble s'être ouvert ; ses yeux, au moins un bref instant, me regardent, moi.

Et puis, je tombe enfin sur quelque chose. Un livre d'art que je n'avais pas vu, coincé qu'il était entre d'autres ouvrages dans l'armoire.

Sur Paul Byron. Sur lui !

Enfin.

Je le sors de sa cachette pour le regarder sur le bureau. Dès la première page, je découvre une dédicace écrite à l'encre bleue : *Pour Dotty – À jamais – Ton Paul.* Elle n'est pas datée, mais je suppose qu'elle doit être de la même année que celle de la parution de l'album qui, elle, est indiquée : 1993. Deux ans avant la mort de Byron.

Sur la page suivante, une préface d'un historien de l'art de Harvard. Je la survole, mais elle est truffée d'expressions techniques et il me faudrait un dictionnaire pour comprendre ce que je lis. Le texte n'a heureusement que trois pages, et ensuite commence la partie illustrée que je feuillette sans passer une page. Bien que peu habituée aux musées et peu versée dans la peinture, je suis, au bout de quelques pages, saisie d'une impression étrange, dont je ne saurais dire si elle est chaude ou froide, triste ou insensible, douloureuse ou distanciée. Car ce sont des tableaux bizarrement vides que Paul a peints, des espaces sans personne, des rues dépeuplées, des pièces abandonnées, des lits où nul n'est couché. Certains tableaux sont si vides qu'ils en paraissent presque abstraits.

Et mon cœur est tout à coup vide, lui aussi.

La seule chose qui, dans ces peintures, ait quelque chose d'humain et de vivant, ce sont leurs titres – *Lenny, Rita, Maggie* ou *John* – du moins, lorsque ces noms, inscrits au bas du tableau en écriture cursive à côté de l'année, sont réellement des titres. Et je me rends compte, lentement, de l'effet que ces noms produisent en moi.

Un tableau montrant une chambre à coucher vide s'appelle par exemple *Irene*. Du seul fait que je lise ce nom, la pièce ne semble plus être juste une pièce vide. Il y a soudain, dans chaque objet ou détail, un soupçon de cette Irene, dans le lit vide, l'armoire fermée, la fenêtre à moitié ouverte au rideau fin légèrement bouffant. On ne peut s'empêcher de se demander ce qu'est devenue cette femme. Pourquoi a-t-elle quitté la pièce? Où est-elle allée? Qu'a-t-elle laissé de son passage? Soudain, on subit le syndrome du membre amputé, et l'on ressent tous les sentiments et toutes les histoires qu'on ne peut voir sur le tableau.

Je songe au canapé vide, chez moi, à Munich. Il pourrait avoir pour titre *Martin*. Quand Martin est parti, qu'il a abandonné la pièce, l'appartement, ma vie, j'ai pendant un certain temps regardé le canapé vide. N'avais-je pas aussi le sentiment, à cet instant, qu'il restait là beaucoup de lui ? N'y avait-il pas là aussi des souvenirs, des instants de bonheur et d'intimité ? Des images rémanentes, pareilles aux taches qui restent devant les yeux quand on regarde trop longtemps le soleil en face ? Mais ces images ont toutes disparu. C'est drôle que quelque chose qu'on a un jour pris pour de l'amour puisse aussi vite partir au loin…

Il est vraisemblable que notre canapé n'aurait pas été un motif pour Paul Byron. Parce qu'en définitive, nous n'avions rien laissé de nous sur ce canapé. Pas de douleur, pas d'amour. Tout simplement parce qu'il n'y avait pas eu d'amour.

La tristesse me gagne, regret de quelque chose que nous n'avons pas eu. Regret d'un sentiment de proximité que nous ressentions comme tel mais qui n'en était pas un. Je refuse cette tristesse et je l'évacue, me concentrant à nouveau sur le livre, sur les reproductions, sur les détails.

Une récamière vide (*Daisy*), un banc sans personne dans un parc (*Trevor*), une salle pour surprises-parties vide (*John*), un terrain de jeu délaissé (*Tommy*), une baignoire pleine d'eau ayant cessé depuis longtemps de fumer (*Sandra*). Je découvre finalement un tableau du nom de *Patty*, représentant le comptoir du Hamilton sur lequel ne sont posés que quelques verres vides et des cendriers pleins. Je continue à feuilleter, sans hâte. Je tombe alors sur un tableau qui retient mon attention. Je n'arrive pas à en détacher mon regard. Il montre un fauteuil vide dans un salon et a pour titre *Dad*. Il me touche plus que les autres tableaux.

C'est un gros et lourd fauteuil à oreilles dont on voit qu'il a jadis occupé une place centrale. La place des fesses est affaissée ; à hauteur de tête, sur le dossier, on voit une tache foncée, et les accoudoirs sont eux aussi endommagés. Sur le repose-pieds, devant le fauteuil, un peu sur le côté, il y a un vieux journal. On ne peut le déchiffrer, mais on devine qu'il est là depuis très longtemps. Celui qui a donné son nom au tableau a disparu, est parti. Seul le peintre, son fils apparemment, est resté. Qu'est devenu «Dad»? Et quelle est donc cette lassitude qui émane des fissures du fauteuil et qui m'enserre aussitôt, moi l'observatrice, de ses bras puissants? Dad est-il vraiment parti? Pour toujours? Et n'est-il réellement resté que la douleur? N'y a-t-il pas aussi de la chaleur, du réconfort, une trace infime de lui? Son odeur, sa trace, son empreinte?

Un sentiment de douceur m'envahit et je songe à mon père, mon Dad. À la maison que nous avons quittée, et qu'occupa un étranger sans se soucier de ce que nous y avions laissé. Sans voir les traces de notre existence. Sans même parler de les peindre. Mais, dans ma tête, la maison est toujours telle que nous l'avons laissée, non rénovée, pas repeinte et sans cuisine intégrée. Dans ma tête, elle est toujours là, comme sur un tableau de Paul Byron. Je n'y vis plus et mes parents non plus. Nous l'avons abandonnée. Mais il y subsiste nos traces. Certaines sont visibles, d'autres non, mais elles sont là, ne disparaissent jamais tout à fait.

Ma tête est remplie de traces. Des traces de mes parents, mais aussi d'autres êtres que j'ai rencontrés. Des amies et des amis, des parents et des frères et sœurs d'accueil, des professeurs, des amoureux, des amours. Il y a même en elle, maintenant, des traces de tante Dotty. Et de Patty, d'Ornella, d'Eleonore, de Maxwell et Frederic. Elle contient aussi des traces de Ted qui, dans le Sea Whisper Inn de mon souvenir, répare le toit.

Un long moment, je n'arrive pas à détacher les yeux du fauteuil. Quand j'y parviens, la tête me tourne. Qui aurait pu penser que la rencontre avec Paul Byron me toucherait à ce point? Je ne m'étais jusqu'ici pas particulièrement intéressée à l'art, et pas du tout à l'art moderne. Je n'avais jamais compris pourquoi il suffisait qu'une toile pleine de grands coups de pinceaux porte au dos le nom d'un peintre célèbre pour valoir plusieurs millions. Mais, en feuilletant ce livre, je commence à saisir que l'art peut parfois être plus que ce qu'on voit immédiatement.

Je donnerais peut-être aussi de l'argent pour un tableau de Paul Byron. Le conditionnel est en l'occurrence important. Je ne pourrai en effet disposer de quinze millions si Mr Cunningham et le fisc continuent à me réclamer du fric. Brrr... quelle idée de me remettre à penser à ces maudits problèmes financiers ! Je me hâte de songer à autre chose, je continue à feuilleter, page après page, tableau après tableau, jusqu'au bout du livre. Je m'apprête à le refermer et à le remettre en place quand je découvre, entre la postface et la table des matières, la reproduction d'une photo.

Une photo de lui, Paul Byron.

Je regarde le livre de plus près et j'examine la photo en noir et blanc. Cette fois, on le distingue bien, un visage étroit mais aux traits bien marqués, la tignasse ébouriffée, les membres minces. Il devait être bel homme, ça, c'est certain. On le voit dans une pose comparable à celle qu'il avait sur la photo d'Alan, à la fenêtre de son atelier, mais il n'y a pas de chevalet au premier plan, ni de portrait de tante Dotty. Il y a une autre différence : il ne regarde pas par la fenêtre, il fixe l'objectif. Il *semble* du moins le fixer, car on a un peu l'impression qu'il ne regarde pas le photographe, et donc pas non plus celui qui regarde la photo. Comme si, derrière l'objectif, il n'y avait pas de photographe mais, une nouvelle fois, le vide.

Bien que la nuit soit chaude, j'éprouve le besoin de me frotter les bras. La photo donne un peu le frisson.

Et je ne peux pourtant pas m'empêcher de regarder ce visage vide. Je veux le comprendre, le déchiffrer, le lire. Quel homme étais-tu, Paul Byron? D'où vient l'étrange atmosphère de tes tableaux? T'es-tu senti aussi abandonné que tu en as l'air?

Paul ne me répond pas, bien sûr. Il continue à regarder fixement, droit devant lui, comme s'il n'y avait personne d'autre que lui sur terre, comme s'il était assis, seul, au bord d'un lac sombre et profond.

Je soupire et m'apprête derechef à refermer le livre quand je remarque quelque chose, plaqué sur l'une des dernières pages, celles des index, de la bibliographie et des crédits des tableaux : une feuille de papier, pliée en quatre, légèrement jaunie, mais d'excellente qualité. Je l'extraie de sa cachette et la déplie. C'est une lettre tapée à la machine, adressée à tante Dotty, datée du 24/09/1995. Quelques lignes seulement, que je lis en retenant mon souffle.

Quand j'ai fini de lire, je pose la lettre avec mille précautions sur le bureau. Puis je la reprends et la relis.

J'ai, d'un coup, le sentiment de devoir de toute urgence parler à quelqu'un. Je ne vois pas encore clairement quel genre de découverte je viens de faire, mais c'en est une. Pas de doute !

Une nouvelle cascade de rires me parvient par la fenêtre. Je reconnais la voix chaude d'Ornella, le baryton de Maxwell et aussi le rire cristallin de Patty. Mais ce n'est pas à eux que je veux parler de ma trouvaille. Et je sais maintenant à qui.

Emportant la lettre, je gagne le rez-de-chaussée, l'entrée où se trouve le téléphone. Je m'installe à l'aise dans une des chaises recollées par Maxwell et dispose de nouveau soigneusement la lettre devant moi. Puis, je sors une carte de visite de la poche arrière de mon jean, et la lisse un peu.

Alan Ripley
The New Yorker

I World Trade Center, New York, NY 10007

Au verso, il y a une adresse e-mail, un numéro de téléphone et un numéro de portable inscrits à la main. Est-ce que je peux appeler à pareille heure? Mais bien sûr que oui. Il va péter les plombs quand il saura de quoi il retourne.

Je compose le second numéro. Ça sonne à l'autre bout de la ligne, ce son étrange qu'on entend dans les vieux films américains, à la fois inconnu et familier. Je laisse sonner, deux, quatre, six fois, et, sur le point de raccrocher, j'entends Alan s'annoncer. *Enfin*!

— Ripley!

En arrière-plan, il y a de la musique et un brouhaha assez bruyant. J'ai donc joint le reporter dans un bar ou dans un restaurant bondé.

— Alan? demandé-je un peu sottement.

— Lui-même. Qui êtes-vous?

— C'est moi, Linn.

Il ne répond pas; non loin de lui, une femme éclate de rire. On entend des verres tinter.

— De cet après-midi. À Southampton, lui dis-je, histoire de lui rafraîchir la mémoire.

— Oh, Linn, dit-il d'un ton étrangement forcé, ce que je mets sur le compte du bruit qui l'entoure: dès que je lui aurai parlé de ma trouvaille, il m'écoutera d'une tout autre oreille, ça ne fait pas l'ombre d'un doute.

— Écoute, je viens de passer la chambre de Dorothy en revue.

— Et alors?

— J'ai découvert un livre illustré sur Paul Byron.

— Ah bon, fait-il, peu impressionné. Un de plus.

— Je l'ai regardé et je suis tombée sur quelque chose.

— À savoir?

— Une lettre d'un certain Jeremy Joshua Miller, qui habite dans la West 59th Street, à Manhattan.

Alan ne dit rien, mais je m'aperçois très bien que j'ai fait mouche. Son pouls s'est accéléré, je le sens au téléphone.

— Attends, je sors un instant, dit-il finalement.

Je l'entends traverser le brouhaha du bar, une porte s'ouvre, la sirène d'une ambulance hurle au loin, puis le bruit des conversations s'affaiblit.

— C'est bon, à présent. Tu disais donc que tu as trouvé une lettre, mais de qui?

— Jeremy Joshua Miller.

Je l'entends reprendre son souffle.

— Et alors?

— Je te la lis?

— Mais bien entendu.

— OK.

Madame,

C'est avec beaucoup de regret, non! avec consternation, que j'ai pris connaissance de votre dernière lettre. Bien que je comprenne parfaitement vos raisons, je voudrais néanmoins vous prier de reconsidérer l'affaire. Vous feriez de moi un homme heureux, plus heureux que tout ce que vous pouvez imaginer. Je vous en prie, appelez-moi à tout moment (dans plusieurs années si nécessaire) dans le cas où vous changeriez d'avis. Mon offre est irrévocable, comme vous en persuadera peut-être le chèque ci-joint qui n'est qu'un modeste acompte.

Votre très obligé et dévoué,

J.J. Miller

— J J. Miller, dit Alan, poussant entre ses dents un sifflement admiratif. Je savais bien qu'il était mêlé à cette affaire.

— Pourquoi ça?

— Il possède l'une des plus importantes collections d'art moderne des États-Unis et, du vivant de Byron encore, il était l'un de ses acheteurs les plus zélés. Il y a plusieurs semaines de ça, j'ai cherché à entrer en contact avec lui, à plusieurs reprises, mais, apparemment, il ne parle pas aux journalistes. On m'a envoyé balader de manière si abrupte et obstinée que j'en ai presque été étonné, mais je commence à comprendre pourquoi…

— À savoir?

— Il est en possession du tableau.

— Ouais, je crains de te décevoir, mais je crois que ton pressentiment te trompe.

— Qu'est-ce qui te le fait croire?

— Il n'a pas le tableau.

— Comment peux-tu le savoir?

— Le chèque, dis-je, détachant le morceau de papier de la lettre à laquelle il est fixé par un trombone. Un chèque de cinquante mille dollars.

— Et alors?

— Il est encore ici.

— Il n'a pas été honoré?

— *Nope*!

— Tu es sûre?

— C'est l'impression que ça donne, en tout cas.

Alan reste muet, mais j'entends ses méninges fonctionner à trois mille tours minute.

— Je ne m'y fierais pas, finit-il par dire.

— Non?

— Non! Que Dorothy n'ait pas déchiré le chèque ne signifie pas qu'elle n'en ait pas reçu un autre de Miller. Un chèque représentant le montant intégral de la vente. Le tableau doit bien se trouver quelque part, non ?

— Tu vas donc rencontrer ce Miller?

— Moi, non ! Je ne pense pas qu'il accepterait soudain de parler avec moi.

— Qui, alors ?

— Tu es prise demain ?

— Euh… non, pas que je sache, dis-je, mon cœur commençant à faire des galipettes.

— Alors, tu es prise maintenant.

— Moi?

Je sens tout à coup la paume de mes mains devenir humide.

— Toi. Exactement, *sweetheart.*

22

— Désolé, Mr Miller n'est là pour personne, dit le portier en uniforme bordeaux derrière le comptoir en marbre et laiton, me gratifiant d'un sourire froid.

— Mais c'est vraiment important, dis-je, en rendant à l'homme un sourire peut-être un peu trop implorant – le rendre plus souverain m'est impossible.

Le luxe du hall d'entrée, la morgue du portier, le fait que j'essaie d'entrer chez l'un des plus importants collectionneurs d'art du pays ; tout cela n'est pas de nature à me donner une inébranlable confiance en moi. De plus, passer de trois semaines de calme total dans les Hamptons à la frénésie d'une métropole de huit millions d'habitants a de quoi abasourdir n'importe qui.

Il y a quelques heures encore, je buvais avec Ted le café du petit-déjeuner, accompagné des cris des mouettes et du bruissement du ressac, sous la caresse d'une brise marine. C'est lui qui m'a conduite à la gare, traversant la localité aux rues encore vides. Sur la place, il m'a promis de m'attendre au même endroit dès que, ayant terminé ce que j'avais à faire à New York, je lui aurais téléphoné mon heure de retour.

Quelques minutes plus tard, je me retrouvais directement dans la 5e Avenue, assaillie par le bruit et la circulation. J'avais oublié le tohu-bohu des rues de Manhattan. Ou bien, le niveau sonore a-t-il augmenté considérablement depuis mon séjour ici, quand j'étais enfant ? Cependant, dans le hall, cela va mieux. Nous pourrions nous entretenir normalement, le portier et moi, si sa voix n'était pas plus forte et envahissante que nécessaire.

— Bien sûr, miss. C'est toujours important, répond-il en jetant un œil dans le grand livre devant lui, histoire de paraître affairé. Malheureusement, Mr Miller ne reçoit personne. Personne, comprenez-vous ? Il ne reçoit pas, même lorsque c'est vraiment important. Le nom de De Blasio vous dit-il quelque chose ?

— Le maire de New York ?

— *Bingo*, lâche-t-il, condescendant, reportant à nouveau son attention sur son grand livre.

Intérieurement, je maudis Alan Ripley de m'avoir convaincue de me présenter directement à Mr Miller. Moi, j'aurais commencé par téléphoner. Cela n'aurait guère pu compromettre mes chances d'obtenir un entretien. Mais Alan était persuadé qu'au téléphone, je serais renvoyée d'assistant à assistant avant de me retrouver avec le premier.

— En revanche, a-t-il dit, si la nièce de Dorothy Webber est plantée devant sa porte, il serait stupide de sa part de ne pas la laisser entrer.

Ma foi, si quelqu'un se sent stupide ici, ce n'est pas forcément Mr Miller.

Bien que, à vrai dire, je n'aie pas encore sorti de ma manche mon principal atout : tante Dorothy.

— Le problème est toutefois différent. Car Mr Miller voudra me voir d'urgence, plus que je ne suis moi-même désireuse de le voir. Je suis, voyez-vous, la nièce d'une très, très vieille amie à lui, récemment décédée, et je suis ici pour…

Il me coupe la parole.

— La raison pour laquelle vous êtes ici est sans importance. Mr Miller n'est là pour personne. Et si vous saviez le nombre d'anciennes amies et de nièces qui ont prétendu, ici, que c'était Mr Miller qui voulait leur parler et non l'inverse, vous imagineriez quelque chose de plus original.

— Je n'ai rien imaginé du tout ! protesté-je.

— Je vous prie de m'excuser, ironise-t-il. Bien sûr que non.

Il se penche derechef sur son livre, dans l'espoir que je disparaisse. Mais je reste plantée là, indécise, mais toujours là. Je ne vais tout de même pas me laisser envoyer balader comme ça ! Bon, eh bien, si même les parents de ses amis ne peuvent se présenter à ce Miller...

— Je n'ai besoin que de cinq minutes.

— Désolé.

— Une minute !

Il me lance un regard noir.

— Trente petites secondes ? se moque-t-il, en soupirant et en tournant une page de son grand livre.

— Je suis venue exprès de Southampton, vous savez !

— De Southampton ? Oh, ma pauvre !

Puis il referme son livre et, sans me prêter plus attention, sans commentaire, il se retourne, il commence à trier le courrier contenu dans un bac en plastique posé sur un tabouret derrière le comptoir, mettant les lettres dans les casiers des divers appartements.

— Bien ! Enfin, manière de dire ! murmuré-je, faisant demi-tour et traversant le hall de marbre en direction de la porte tambour qui me recrachera dans la ville, comme on recrache un noyau de cerise.

Dehors, sévit toujours le trafic de la 5e Avenue. À mesure que j'approche de la sortie, les coups de klaxon, les crissements de pneus et le raffut se font de plus en plus forts. De l'autre côté de la rue, Alan est assis sur un banc dans Central Park. Il m'attend moi, mais il attend surtout un résultat. Je ralentis le pas et, à l'instant où je vais m'engager dans la lourde porte pivotante, je prends conscience que je ne peux pas décamper d'ici bredouille. D'une part, je ne veux pas décevoir Alan, car je suis l'unique chance qu'il a de découvrir ce qu'est devenu ce tableau. D'un autre côté, je veux savoir moi aussi. Pourquoi Dotty a-t-elle d'abord eu l'intention de vendre ce tableau à ce Mr Miller, avant de soudain se raviser? À qui l'a-t-elle vendu, si ce n'est à lui? Et pourquoi Mr Miller était-il à ce point désireux de cette peinture qu'il lui a envoyé un chèque au petit bonheur la chance, uniquement dans l'espoir qu'elle change un jour d'avis?

Et puis, Alan a raison. S'il existe quelqu'un que Miller risque d'accepter de rencontrer, c'est bel et bien l'héritière de la femme qui a refusé de lui céder un tableau qu'il voulait absolument. S'il n'a pas perdu son intérêt pour cette œuvre, il s'intéressera à moi. C'est certain.

Peu importe ce que dit le portier, il faut que je le persuade de m'annoncer. Comment disait Ted déjà? Les problèmes existent afin qu'on leur trouve des solutions.

Je ne me laisse pas pousser dans la rue par la porte, je termine le tour et me retrouve dans le hall. Le portier est toujours en train de trier son courrier, l'air aussi important que s'il rangeait et nettoyait les bijoux de la Couronne d'Angleterre.

— *Sir!*

Il se retourne.

— Encore vous?

— Oui, encore moi! dis-je, arborant un sourire dont je suis certaine qu'il ne s'effacera pas si facilement que ça, un sourire persuasif, un sourire américain.

Pourquoi n'y ai-je pas songé plus tôt? Nous sommes en Amérique, non? Et en Amérique, si on veut arriver à quelque chose, il faut être américain!

— Écoutez ! Je ne vous demande qu'une seule chose, et, avec la meilleure volonté du monde, je n'arrive pas à imaginer que vous me refusiez cette faveur. Je désire seulement que vous fassiez en sorte que Mr Miller sache qui est là et qui veut le voir. S'il vous plaît, informez-le que je suis la nièce de Dorothy Webber et que je vais l'attendre ici dix minutes exactement.

— *Sorry, Madam*, mais je ne suis pas habilité…

— Vous n'allez tout de même pas me dire que vous ne connaissez pas ce nom ?

Le portier s'immobilise et réfléchit.

— Ou bien, n'êtes-vous tout simplement pas habilité à décider quels visiteurs annoncer ou non à Mr Miller ?

— Si, si, je le suis bien sûr, mais…

Il rougit.

— Alors, qu'est-ce qui vous empêche de faire valoir cette prérogative ?

— Rien, mais…

— Ah bon ! Je savais bien que vous étiez celui qui pourrait m'aider !

Je lui adresse un sourire d'encouragement. Pas un encouragement timide, à l'européenne, mais le sourire d'un candidat à la présidence.

— Mais…

— Allons, dis-je, et je découvre son nom sur la plaque de laiton accrochée à son revers, allons Peter. Nous nous connaissons déjà depuis un bon moment, n'est-ce pas ?

— Mais je ne peux pas…

— Mais si, vous pouvez. Appelez et prononcez ce simple nom : Dorothy Webber. Vous verrez un peu ce qui se passe, croyez-moi !

Il ne manque plus que je pointe le doigt sur lui, pareille à l'Oncle Sam en personne !

Le portier me regarde et pousse un profond soupir. Puis il se lève.

— Il y a des gens, je vous jure! dit-il en hochant la tête, puis il disparaît dans un petit bureau à l'arrière de la réception.

Il y a bien un téléphone derrière le comptoir, mais il ne tient manifestement pas à ce que j'entende sa conversation. Peu importe, car, un moment plus tard, il est de nouveau là.

— On lui fait la commission, dit-il.

— Fantastique!

Je me fais l'impression d'être un cambrioleur de banque à qui on vient de remettre le butin et qui a soudain oublié la suite du plan. Le portier me montre de la tête des fauteuils en cuir autour d'une table basse.

— Allez vous asseoir et attendez.

23

À peine croyable ! Je suis dans la place.

J'ai un instant l'impression de me retrouver dans un vieux *James Bond* : l'assistant bien propre sur lui qui me prie d'entrer, l'ascenseur privé qui s'arrête devant une porte munie d'un code d'ouverture, la salle d'attente du gigantesque penthouse, avec ses vieux fauteuils en cuir et une vue extraordinaire sur la ville. Je dois de nouveau m'asseoir et attendre qu'un autre assistant, tout aussi propre sur lui que le premier, me prie de le suivre et, par un long couloir, me conduise dans une seconde salle d'attente où le mobilier semble plus cher encore.

Sur un mur, je reconnais une peinture de Paul Byron : l'entrée vide d'une tour. Je crois, du moins, que c'est de lui. Je remarque que le tableau est plus petit que ce que je m'imaginais, concernant les Byron. Il a environ la taille d'un plateau de service ou d'un plateau de petite table basse où ne tiennent guère qu'une lampe, un saladier de noix et quelques revues.

— Asseyez-vous.

J'attends ce qui me paraît une éternité, jusqu'à ce qu'un troisième assistant me mène enfin dans une autre pièce remplie de sièges. Au moment où je commence à me demander si je ne suis pas tombée, non dans le monde de James Bond, mais dans celui de Kafka, je m'aperçois que cette pièce est loin d'être aussi bien rangée et nettoyée que les précédentes : des revues traînent un peu partout, ça pue le cigarillo et, par-dessus le marché, on ne m'offre pas de siège.

— Mr Miller? dit l'assistant.

C'est alors seulement que je le découvre, un vieil homme qui fume assis dans un fauteuil roulant, devant la fenêtre d'où son regard porte sur New York, sur Central Park qui, vu de si haut, ressemble à une mince serviette verte entre les étroites gorges grises que sont les rues de la ville. L'homme fait avancer une roue de son fauteuil et nous fait maintenant face. Il a une voix terriblement fluette, mais ce n'est pas la seule chose qui lui donne l'apparence d'un fantôme. Il n'a plus, sur la tête, qu'un duvet blanc, rare et parsemé, et la peau de son visage, qui ne respire pas la santé, lui assurerait un rôle dans n'importe quel film de vampires. Il a sous le nez un tuyau en plastique transparent qui va jusqu'à une bouteille dans le dos de son fauteuil. La cravate assortie à son costume gris tombe directement de son cou sur son ventre, sans toucher la poitrine. Il a tout d'un point d'interrogation affaissé.

— *Miss Webber, sir*, annonce l'assistant.

Je ne corrige pas l'erreur de nom, afin de ne pas créer de confusion inutile. Il m'examine de haut en bas avec curiosité.

— Ah, dit-il d'une voix creuse, faisant encore avancer un peu son pneu, afin de se retrouver totalement face à moi.

— Je vous en prie, dit-il ensuite, en m'indiquant un siège juste devant lui.

— Merci, dis-je, m'approchant timidement.

— Asseyez-vous donc ! Je vous en prie.

Je prends place sans lui avoir serré la main. Il ne m'a pas tendu la sienne et je n'ai pas osé prendre cette initiative. J'ai gardé autant d'assurance que si le pape m'accordait une audience.

— *Hello*, lancé-je avec gaucherie.

— Café ? demande-t-il – une demande qui a tout d'une plainte.

— Volontiers.

Je n'ai pas envie de café mais je ne veux rien faire qui risque de le brusquer. Je n'y suis apparemment pas parvenue, car il me regarde d'un air contrarié.

— Vraiment ?

— Ce n'est pas indispensable, m'empressé-je d'ajouter.

— Café, répète-t-il avec un hochement de tête. Moi, je préférerais quelque chose de plus fort, ajoute-t-il, paraissant se redresser un peu dans son fauteuil.

— Du schnaps ?

L'exclamation m'a échappé. Il est à peine midi !

Mr Miller se met à rire et, soudain, sa voix a des accents presque humains. Humanoïdes, disons.

— Petite plaisanterie, dit-il avec un geste de dénégation, et il semble se recroqueviller de nouveau.

Puis, se redressant une nouvelle fois, tel un écureuil terrestre aux aguets passant la tête hors de son trou, il regarde autour de lui dans la pièce.

— Quoique… Un petit verre de champagne ne peut en vérité faire de mal, n'est-ce pas ?

— Certainement pas, dis-je, sans grande conviction, mais Miller semble se soucier de mon avis comme d'une guigne.

Peu après, nous avons lui et moi une flûte de champagne bien frais à la main. La flûte est si légère et d'un cristal si mince que j'ose à peine la poser sur la table basse. Entre nous deux, il y a un seau d'argent plein de glaçons ; la bouteille qui y repose est tournée vers moi, tel un canon.

— *Tchin tchin !* dit-il en trinquant avec moi.

Mon verre tinte et vibre mais ne se brise pas. Nous buvons une gorgée.

— Il est délicieux, dis-je, en posant précautionneusement mon verre.

— Du Ruinart. Ma marque préférée. D'ailleurs, ce fut aussi en son temps la cuvée maison de l'hôtel Hamilton.

— Vraiment? dis-je, heureuse de cette réminiscence de la vie de ma tante. Eh bien alors, ça vaut la peine d'oser un peu d'alcool!

Je bois une vraie gorgée. Maintenant que je sais, le liquide à bulles est encore meilleur et je m'imagine de manière très concrète l'art et la manière dont, au siècle dernier, on se bourrait la gueule.

— L'alcool vaut toujours la peine, dit Mr Miller en levant un sourcil.

— Il y a du vrai là-dedans. Mais je voulais juste dire qu'il est agréable d'apprendre qu'il y avait un aussi bon champagne au Hamilton.

— Votre tante avait bon goût.

— De toute évidence!

Je m'aperçois qu'il est parvenu en quelques secondes, sans paraître y toucher, à passer des propos légers de bienvenue au domaine des affaires. Cet homme va manifestement droit au but. Peut-être faut-il que moi aussi je passe aux aveux? Ce serait jouer franc jeu.

— Bien que… commencé-je.

— Bien que?

— Bien que, pour ne rien vous cacher, elle ne soit pas ma tante, mais une tante au deuxième degré. Et, toujours franchement, je ne la connais qu'au travers de ce qu'on m'a raconté d'elle. Je ne l'ai jamais rencontrée.

Je lui raconte l'histoire du détective qui m'a découverte en Allemagne et de la maison dans les Hamptons qui m'appartiendra bientôt.

— Je comprends, dit Mr Miller, qui paraît nerveux pour la première fois. Et qu'est-ce qui vous amène, Linn?

Après un temps d'hésitation, je décide de ne pas tourner autour du pot.

— Une lettre que j'ai trouvée dans les papiers de tante Dorothy. Et un chèque de cinquante mille dollars.

Mr Miller, d'un seul coup, est assis si droit qu'on s'attend à le voir sauter de son fauteuil et participer au marathon de New York.

— Vous me proposez le tableau ? demande-t-il, la voix rauque, les yeux fiévreux. Vous êtes ici pour cela ?

Effrayée, je secoue la tête.

— Non, non, je… je le recherche.

— Vous le recherchez ? s'exclame-t-il en s'affaissant de nouveau un peu, mais le regard toujours vif. Vous ne l'avez donc pas ?

— Non, hélas, non. Mais je voudrais savoir ce qu'il est devenu. Vous savez, à Sea Whisper Inn, il n'y est plus, s'il y a jamais été.

— Où est-il, alors ?

— Ma foi, c'est la question qui se pose. J'ai la quasi certitude que tante Dorothy l'a vendu.

— D'où vous vient cette certitude ?

— De la maison. Elle l'a achetée il y a vingt ans, peu après la mort de Byron. Sans ce tableau, elle n'aurait jamais pu se l'offrir.

— Je comprends.

— Avez-vous une idée de qui a pu l'acquérir ?

— Pas moi, en tout cas. J'aurais vraiment voulu le posséder, mais votre tante a malheureusement changé d'avis.

Il m'observe, de la gravité dans un regard où on peut encore lire de la déception.

— Pourquoi a-t-elle changé d'avis ? Reviens-je à la charge.

— J'aimerais le savoir. Le champagne était déjà au frais, en quelque sorte. Mais, le jour où l'acte de vente aurait dû être signé, j'ai reçu, inopinément, une lettre d'elle. Elle préférait soudain conserver le tableau.

— Et elle ne vous a pas écrit pourquoi?

Il dit «non» de la tête.

— Ni ce qu'elle comptait en faire?

Nouveau hochement de tête.

— Y a-t-il eu une offre plus avantageuse? Quelqu'un lui a-t-il proposé une plus grosse somme?

— Je ne le pense pas. Non que Byron n'ait pas déjà été une grosse pointure, mais, parmi les collectionneurs, j'étais à l'époque le seul qui misait sur lui, ce qui d'ailleurs le rendait d'autant plus attractif à mes yeux: il n'était pas dans toutes les salles de séjour et on n'était pas obligé de lécher le cul aux galeristes pour finir par n'obtenir que du second choix. Ah, ce n'était pas comme aujourd'hui, à l'époque!

— Je comprends, dis-je, et j'opine, l'air sérieux.

— Ah bon? s'écrie-t-il d'un ton qui, aussitôt, m'impressionne désagréablement.

— Et bien oui, dis-je, en le gratifiant d'un regard signifiant à peu près: *Ce n'est tout de même pas si difficile que ça à comprendre. Jadis, tout était mieux, on le sait bien...*

— Pourquoi, au fait, ce tableau vous intéresse-t-il autant? demande Miller, la voix soudain méfiante.

Je rougis un peu. Vais-je lui parler d'Alan et de son projet d'article? Ne risque-t-il pas, alors, de ne plus vouloir me parler? S'il apparaît que je ne suis en définitive que l'envoyée d'un journaliste, il ne m'offrira à coup sûr plus de champagne.

— Il s'agit tout de même de ma tante, non?

— De votre tante au deuxième degré, rectifie-t-il.

— Une tante au deuxième degré ne devrait donc pas avoir d'importance pour quelqu'un?

— Si, Linn, si. Bien entendu.

Il boit une gorgée et me détaille, comme s'il remarquait juste maintenant qui je suis en réalité. Je me sens mal et je dois me forcer pour ne pas glisser d'un côté puis de l'autre sur mon siège, tant je suis nerveuse.

— Savez-vous de quel tableau nous parlons, Linn? demande-t-il à brûle-pourpoint.

— Oui, un portrait de ma tante peint par Paul Byron.

— Exact. Mais savez-vous ce qu'est réellement ce tableau?

— Qu'entendez-vous par «réellement»?

— C'est un portrait de votre tante, de votre tante au deuxième degré, puisque vous y tenez. Un portrait. De Paul Byron.

— Exactement, dis-je, ne comprenant pas où il veut en venir.

— C'est donc un tableau important.

— Je le crois.

— Mais savez-vous pourquoi?

Pourquoi? Pourquoi ce pourquoi? Suis-je une historienne de l'art? Une conservatrice de musée?

— Savez-vous pourquoi un portrait de Paul Byron est quelque chose de si important? insiste-t-il, la tête inclinée.

Et soudain, en un éclair, je pige.

24

Quand la porte à tambour me recrache dans la rue, je suis comme assommée. Et je le suis toujours quand, peu après, je retrouve Alan sur son banc couvert de graffitis, en plein soleil. Il brûle d'impatience de savoir, mais il me faut encore un peu de temps pour rendre en paroles le chaos qui s'est installé dans ma tête. Voilà pourquoi je prétends qu'il me faut au préalable manger un peu.

— *No problem*, dit Alan.

Il me conduit dans un petit restaurant italien tout proche, dans lequel il est du dernier branché d'envelopper le pain dans du papier ayant déjà servi à emballer des pâtes, d'apporter de l'eau dans des bocaux à couvercle à vis et d'inscrire le menu sur un carton de pizza que, jusqu'à l'arrivée du garçon, il faut tenir comme on peut parce qu'il n'y a pas de place pour lui sur la table.

Nous commandons le menu du jour, de la salade au lard et des pâtes aux pois chiches. Le plat arrive si vite que je me demande depuis quand, tout préparé, il attendait sous une lampe chauffante, conditions idéales pour développer des colonies entières de germes infectieux. Mais Alan me ramène à nos moutons.

— Alors?

— Ma foi, dis-je en léchant ma fourchette avec délectation.

— C'était comment?

— Eh bien, dis-je en posant la fourchette.

Puis je lui raconte tout, depuis le début jusqu'au moment où Mr Miller, dans son fauteuil roulant, a voulu boire du champagne et a fait servir la marque maison de l'hôtel Hamilton. Mais Alan ne semble pas intéressé par ces détails.

— Comment était ce Miller? Savait-il quelque chose à propos du tableau? En as-tu parlé avec lui?

Il me harcèle de questions sans me quitter des yeux, dans l'attente de mes réactions.

— Il était au courant pour le tableau. Bien entendu. Il était sur le point de l'acheter à Dorothy, mais elle a fait machine arrière, comme nous le supposions.

— Et il sait pourquoi?

Je secoue la tête.

— Tu le lui as demandé?

— Évidemment!

— Et il n'a rien pu te dire de plus?

— Sur l'endroit où le tableau peut bien être, non.

— Sur quoi, alors?

— Il m'a soufflé une idée.

— Laquelle?

— Est-il possible que le tableau que nous recherchons soit l'unique portrait peint par Paul Byron?

Alan me regarde comme si je lui avais parlé en chinois.

— Redis-le!

Je le redis.

25

Il fait nuit quand nous montons dans l'auto d'Alan. Mais, à New York, que peut bien signifier le mot «nuit»? Quand je penche la tête en arrière et que je regarde la façade sous laquelle nous nous trouvons, j'ai l'impression que le ciel nocturne est illuminé et que l'univers brille de mille feux, comme dans un film de science-fiction. Cette ville ne dort en effet jamais. Il n'y a pas besoin d'être Frank Sinatra pour le ressentir. Et elle fait tourner la tête, surtout si on contemple trop longtemps le ciel et que, comme moi, on vient de boire beaucoup de champagne. Je vacille et je me dépêche de regarder la rue devant moi pour ne pas perdre l'équilibre.

— Allez, monte, dit Alan d'une voix douce, en me tenant ouverte la portière du passager.

— Tu es vraiment en état de conduire?

C'est la troisième fois que je lui pose la question ce soir. D'une part, je suis heureuse de ne pas devoir prendre si tard le train de retour pour Southampton; mais d'autre part, je trouve désagréable qu'il me ramène chez moi: ce sont deux heures de route à l'aller et, pour lui, autant au retour. Enfin, je ne suis pas certaine qu'Alan soit apte à prendre le volant. Nous avons bu une bouteille entière de champagne au dîner et, pour ma part, l'alcool m'a pas mal perturbée.

— Mais bien sûr que je suis en état de conduire. Cesse de te faire du souci. J'ai tout au plus deux verres dans le buffet, le reste de la bouteille, c'est toi qui l'as descendu.

— C'est vrai? demandé-je, jouant un peu les honteuses. Oh, mon Dieu!

— Ça va, ça va, rigole Alan. Tu l'avais bien mérité. Et, comme je te l'ai déjà dit, il n'y a plus de train pour Long Island à cette heure. En plus, c'est une voiture de fonction et mon patron est heureux quand je m'en sers de temps en temps pour des déplacements réellement professionnels – ou du moins, qui pourraient l'être.

Il me regarde avec insistance et je sens une étrange chaleur envahir mes joues.

— Bon, d'accord, je me rends! dis-je, et je me dépêche de monter dans la voiture pour échapper à son regard. Et pour mettre rapidement un terme à la discussion.

— Enfin!

Il lève plaisamment les yeux au ciel, puis il ferme la portière derrière moi et monte à son tour.

— C'est parti! dis-je en souriant.

Alan s'insère dans la circulation encore assez dense de la 5e Avenue et, pour la première fois depuis le déjeuner, nous nous taisons de concert au lieu de papoter et bavarder.

Nous avons passé tout l'après-midi ensemble, côte à côte, comme s'il était normal que nous passions tant de temps l'un avec l'autre. La distance qu'il y a brièvement eu entre nous, hier soir, était comme balayée. Sa présence proche m'était familière, familière et agréable. Nous avons d'abord dû accomplir une espèce de programme imposé car, Alan ayant pigé le truc des portraits, il a voulu vérifier si son hypothèse était bonne. Nous sommes donc allés au musée Guggenheim qui dispose de la plus grande collection de Byron de la ville, et où travaille un conservateur du nom de Jonathan McBride, l'un des grands spécialistes du réalisme américain en général et de l'œuvre de Paul Byron en particulier.

Alan l'avait connu lors de recherches antérieures, si bien que nous n'avons pas eu de peine à accéder à son bureau. Et, effectivement, Alan avait raison. De toute son existence, Byron semble n'avoir même pas peint une ombre humaine. On ne voit sur aucun de ses tableaux un petit doigt ou un orteil, sans même parler d'un visage possédant des yeux, un nez, une bouche et des oreilles.

— Pourquoi cette question, Alan? avait voulu savoir Mr McBride.

— Oh, juste comme ça, avait éludé Alan.

— Vous êtes sur la trace de quelque chose? avait répondu le conservateur. Ce serait bien entendu sensationnel!

— De fait, oui, avait concédé Alan. Mais j'ai bien peur qu'il n'y ait pas de traces.

— Non?

Alan a fait signe que non.

— Dommage. Tenez-moi au courant si vous trouvez quelque chose.

— Naturellement, Jonathan, c'est promis.

Nous sommes partis après avoir serré la main de l'expert.

— Pourquoi ne lui as-tu pas dit que le tableau existe vraisemblablement quelque part? demandai-je quand nous fûmes sortis du musée.

— Parce que je ne veux pas que cette histoire devienne publique dans un premier temps. C'est mon histoire. La nôtre. Je veux la raconter. Merci à toi de m'aider ainsi, Linn.

Je ne sais pourquoi, mais mon cœur a fait un bond en l'entendant dire «la nôtre». Je me suis soudain sentie partie prenante de quelque chose, enfin certaine d'être sur la trace d'un événement important… et, d'un seul coup, mon cœur est reparti. C'est vraiment notre histoire, non? Tante Dotty est ma tante. C'est moi qui ai trouvé la lettre de J.J. Miller. Et c'est encore moi qui ai rencontré ce même Miller. Sans moi, Alan n'en serait pas là de ses recherches.

Et je n'en serais pas là sans lui. Je n'aurais pas un instant soupçonné qu'un peintre célèbre avait fait le portrait de ma tante, probablement le seul être qu'il ait jamais peint. Qu'a-t-il pu voir en elle? Qu'est-ce qui, en elle, l'a fasciné? Depuis que je suis au courant de cette histoire, ces questions tournent en moi comme de petites machines. Ma tante dissimulait un secret et, plus nous nous approchons de ce secret, plus il grandit.

— Mais c'est tout naturel, répondis-je avec modestie, alors que je me rengorgeais de fierté.

— Non, ce n'est pas naturel. Tu sais, journaliste, on est sans cesse seul en piste. C'est donc réconfortant de savoir qu'on a à ses côtés quelqu'un qui vous soutient.

Je feignis de fouiller dans mon sac à main afin qu'il ne me vît pas rougir. J'étais en effet dans les mêmes dispositions d'esprit que lui, en définitive. J'étais heureuse d'avoir quelqu'un à mes côtés. Et j'aime qu'on ait besoin de moi. Comme tout le monde sur cette basse terre.

— Tu sais quoi? dit-il soudain, changeant de sujet. Notre rédaction a emménagé depuis peu dans le nouveau World Trade Center. Ça te plairait d'y venir?

— Ah, mais certainement. Formidable!

C'est ainsi que nous avons passé ensemble le reste de la journée. Il me montra les bureaux de sa rédaction au vingt-huitième étage du nouveau gratte-ciel, me présenta à ses collègues («Une aide incontournable dans mon projet Byron»), avant de me conduire à son café favori, non loin, où la propriétaire, l'appelant par son nom, nous offrit des muffins sortant juste du four pour accompagner notre café au lait.

Nous sommes ensuite allés dans une vieille boutique empoussiérée de Soho où l'on trouve des livres anciens et des cartes scolaires de jadis, puis Alan m'a montré «son» immeuble, «son» resto et le boulanger juif chez qui l'on trouve les meilleurs bagels du quartier. Nous avons flâné une éternité dans les rues et, un instant, j'ai pu penser que j'étais ici chez moi et nulle part ailleurs: en plein New York, aux côtés d'Alan. Sentiment ô combien agréable!

Quand, la soirée venue, il ne me montra pas comment rejoindre Penn Station, j'en fus presque heureuse. Il me proposa d'aller encore manger un morceau chez un petit français, pas loin. On nous servit des œufs brouillés aux truffes, du homard et quantité de champagne, le tout sur le compte de la carte de crédit professionnelle, comme me l'assura Alan avec un clin d'œil («Tu es en effet ma principale assistante de recherche!»). Nous avons donc bu et parlé de la pluie et du beau temps, de tout et de n'importe quoi.

Il est d'autant plus étrange d'être à présent assise à côté de lui, dans cette auto, et de ne presque plus rien avoir à dire. Notre silence n'a, au demeurant, rien de désagréable; il est plutôt semblable à un cocon autour de nous, à un nuage qui nous protège. Et plus nous restons assis ainsi, silencieux, plus je suis à mon aise. N'est-ce pas merveilleux de pouvoir se taire en compagnie? N'est-ce pas la preuve de l'intimité? C'est ce que tout le monde dit!

La nuit, autour de nous, est de plus en plus noire, le paysage de plus en plus campagnard, même si l'obscurité voile la vue. La radio, tout bas, joue du jazz, Alan freine et accélère sur un rythme qui nous berce. Au bout d'un moment, je me sens si calme et sereine que je suis presque triste d'apercevoir, à la lueur blanche des phares, l'entrée de Southampton et, un peu plus tard, de tourner dans l'allée menant à Sea Whisper Inn. Qu'en dépit de notre silence, ces deux heures de trajet aient passé si vite est à peine croyable.

Le break de Ted est dans l'allée. Une heure inhabituelle pour lui, mais je n'ai pas le temps de me poser des questions à ce sujet, car Alan, après avoir arrêté son moteur et éteint les phares, dit, d'une voix aussi rauque que s'il n'avait plus parlé depuis des années :

— Nous voilà arrivés.

— Merci encore de m'avoir raccompagnée, dis-je à voix basse.

— Encore une fois, tout le plaisir a été pour moi, vraiment.

— Et remercie également ton chef.

— De quoi?

— Du champagne, du repas, de la voiture de fonction!

Alan a un signe de dénégation.

— En réalité, je voulais te raccompagner.

Je ne dis rien, heureuse que la nuit soit si noire qu'il ne me voie pas rougir encore. Je suis heureuse aussi de ne pas lui avoir proposé de passer la nuit dans une des chambres vides de la pension. Quand nous avons quitté Manhattan, je me disais que ce serait un geste gentil. Il est tout de même minuit passé, et il ne reverra pas son lit avant deux heures du matin. Mais je suis devenue hésitante.

Car ce ne serait pas seulement un geste gentil. Après une pareille journée, le champagne et notre intimité silencieuse dans l'auto, ce serait aussi un geste assez explicite. Le prier d'entrer dans cette situation, lui préparer un lit, lui sortir une serviette, la brosse à dents des invités, voire un T-shirt pour la nuit, me paraît quelque peu… inconvenant. Ce serait franchir une barrière. Et il est parfois très opportun qu'existent des barrières.

— Encore merci, finis-je par dire, avec l'impression que le rouge de mes joues ne pâlit pas.

— De rien, cela m'a fait plaisir.

Nous nous taisons à nouveau, mais cette fois, il n'y a plus l'ombre d'un soupçon de sérénité en moi. J'ai le cœur qui bat si fort que ça me fait presque mal, et je me demande avec désespoir comment je vais réussir à sortir de la voiture le plus vite possible sans me montrer impolie.

— Puis-je encore te demander quelque chose, Linn ?

— Bien sûr !

— Pourrais-tu une nouvelle fois passer la pension au peigne fin ? Et vérifier si l'un de tes locataires ne saurait tout de même pas où est passé ce tableau ?

— Pas de problème, je le ferai.

— Il existe peut-être encore un indice. Ce serait vraiment quelque chose de dingue, tu sais. Regarde s'il ne se trouve pas d'anciens extraits de comptes ou des avis bancaires, un acte notarié ou autre chose de ce genre. Cette histoire n'a pas encore connu son tournant décisif, mais je suis certain que nous le vivrons.

— C'est sûr, dis-je.

Je suis vexée, quelques secondes, de l'entendre à nouveau parler de l'aide qu'il attend de moi, au lieu de trouver les mots qui conviendraient à l'intimité qui a régné entre nous. D'un autre côté… C'est *notre* histoire, non ? C'est quelque chose qui nous unit.

— Merci, dit-il, et, comme je ne réponds rien, il se penche vers moi si vite qu'effrayée je tourne la tête, et qu'un baiser dont je ne suis pas sûre de l'endroit où il aurait atterri m'atteint quelque part entre le coin de la bouche, le nez et la joue.

Instantanément, je rougis d'un degré supplémentaire et j'ouvre la portière dans un geste réflexe.

— Bon, m'empressé-je de dire.

— Bonne nuit, dit-il.

— Toi aussi.

Une seconde, je flotte entre terre et ciel avant que mes jambes ne retrouvent un peu de force. Je sors et referme la portière. Alan met le moteur en route, recule et vire. Je ne me retourne pas vers lui tant j'ai peur qu'on s'aperçoive de ma confusion dans la lumière des phares. Car j'ignore pourquoi j'ai eu cette réaction de panique. N'ai-je pas pleinement profité de cette journée avec lui? N'ai-je pas souhaité secrètement que cela se passe ainsi? Et pourtant, je prends la fuite, je grimpe les marches du perron quatre à quatre et j'enfonce précipitamment la clé dans la serrure… pour me retrouver face à Ted, sur le point de partir.

— Ted, dis-je, en rougissant une fois de plus.

— Ah, de retour? demande-t-il, l'air étrangement las.

— Oui, c'est Alan qui m'a ramenée.

Soudain, je me rappelle ce dont nous étions convenus. Que je l'appellerais quand je saurais l'heure de mon train de retour pour qu'il vienne me chercher à la gare.

— Je comprends, le journaliste…

— Le journaliste, oui. Désolée de ne pas t'avoir appelé. La journée a été si agitée que j'ai oublié.

Ted ne répond pas, il ne me regarde pas, il regarde au dehors dans l'obscurité. Et moi, je regarde par terre, je fixe le damier noir et blanc du carrelage sous mes pieds. Pourquoi la situation est-elle soudain chargée de tension? Pourquoi ai-je l'impression d'avoir commis une lourde faute?

— As-tu mangé là? demandé-je, parce que je ne supporte pas le silence entre nous et que je ne trouve rien d'autre à dire.

— Ornella m'a invité. Elle savait que je devais te ramener de la gare et nous nous sommes dit que le mieux serait que je reste ici pour le dîner.

— Je suis désolée, dis-je, et, dans mon embarras, je me mords la lèvre inférieure. Vraiment navrée.

— Bon, ce n'est rien, finit-il par dire.

— Ça a tout de même été sympa?

— Bien sûr. Les autres se sont couchés avec les poules et nous avons eu au moins de nouveau l'occasion de bavarder en paix.

Nous nous regardons en silence. J'ai soudain le sentiment qu'il aurait mieux valu passer la soirée ici plutôt que dans un restaurant de Broadway. Ted comptait manifestement sur ma présence, et moi, écervelée que je suis, je lui ai fait faux bond. Alors qu'il nous avait tant aidés ces derniers temps. Alors, que sans jamais se plaindre, il avait joué tout à la fois les artisans, les avocats et les chauffeurs, sans attendre ni merci ni honoraires. Il avait toujours été là pour moi depuis que nous avons lié connaissance, il y a quelques jours. Et, à peine un type plus ou moins séduisant entre-t-il en scène, que je le laisse en plan.

— Je suis une parfaite idiote, dis-je d'une voix penaude. Je te prie de me pardonner.

— C'est bon, c'est bon. J'espère que le voyage a au moins eu des résultats.

— Bien sûr! dis-je en haussant les épaules, geste si incongru que je me sens plus bizarre encore.

— Tant mieux! Eh bien, je me tire.

— D'accord. À demain?

— Bien sûr. Ou plus tard, c'est selon.

26

Ou plus tard, c'est selon.

Ces mots résonnent dans ma tête comme dans une église vide. La porte se referme derrière Ted et je l'entends descendre les marches et rejoindre sa voiture. Il démarre, fait demi-tour et, par le fenestron dans la porte, je vois les yeux rouges des feux arrière de son break se rapprocher, puis la voiture bondir en avant et disparaître à toute allure.

Je me sentais si bien, quelques minutes plus tôt! Cette journée à Manhattan, le champagne, le trajet en voiture dans la nuit… Et maintenant, je me sens coupable, même si Ted ne m'a rien reproché. Pourquoi ai-je malgré tout l'impression qu'il est un peu vexé? Pourquoi un fossé semble-t-il s'être creusé entre lui et moi? Pourquoi ai-je mauvaise conscience? Et pourquoi ai-je peur que, comme moi, il ait regardé par le fenestron et nous ait vus, Alan et moi, converser assis dans l'obscurité, puis Alan se pencher et m'embrasser?

Et pourquoi me soucié-je de ce que Ted a vu ou pas vu? Ce devrait être la seule question à me poser, non? Car rien ne nous lie, après tout. Il a sa vie, et moi la mienne. Tout ce qui unit, c'est sa mère qui, du fait du hasard, habite provisoirement sous le même toit que moi, et à qui il vient volontiers donner un coup de main, à l'occasion – ce qui a eu pour conséquence que nous nous rencontrions de temps à autre.

Savoir s'il se préoccupe de qui me ramène à la maison, baisers ou pas, ne devrait pas m'inquiéter! Pas plus que de savoir ou non ce qu'il pense de moi.

Étrangement, cela semble l'avoir rendu soucieux. Sinon, pourquoi aurait-il réagi de la sorte? D'un seul coup, je suis bizarrement inquiète et la douce lassitude qui m'avait enveloppée tout à l'heure dans la voiture s'est envolée. Au lieu d'aller me coucher, je passe à la cuisine – pas pour manger, car, après mon dîner avec Alan, je n'ai pas la moindre faim, mais sous l'effet de la tension, poussée par le besoin de chercher quelque chose, l'apaisement peut-être, ou une distraction, quelque chose enfin qui m'arrache à mon étrange humeur.

Dans la maison règne un silence de mort. Je trouve néanmoins Ornella assise à la petite table de la cuisine, devant un verre de vin blanc. À côté du verre, une bouteille de bière sans alcool. Certainement la bouteille de Ted. Il n'est pas homme à boire de l'alcool avant de prendre le volant, me dis-je, soudain presque honteuse d'être ainsi montée dans l'auto d'Alan.

— Salut, Ornella.

— Linn, ma chérie, dit-elle en tournant la tête dans ma direction.

— Encore debout?

— J'allais me coucher. Ted était ici.

— Je sais. Je l'ai croisé.

— Bien, très bien. Il se faisait du souci pour toi.

— Du souci? Pour moi?

— C'est le fils d'Eleonore, vois-tu. Il te voyait déjà tabassée, violée et dépouillée derrière des buissons de Central Park.

— C'est vrai? m'étonné-je, flattée. C'est gentil de sa part.

— Eh oui, c'est un gentil garçon. Tu veux boire quelque chose? Dans le frigo, il y a une bouteille entamée.

— Volontiers. Mais reste assise.

Je me verse un tiers de verre.

— Ça s'est bien passé ? s'enquiert Ornella.

— Oui. Mais fatigant. Et ce bruit !

— Pourquoi penses-tu que nous sommes partis à la campagne ? dit-elle en riant. Mille mouettes sont moins bruyantes que trois Américaines qui ont bu un petit coup.

— Il n'y a pas pire, l'approuvé-je en me resservant, avant de remettre la bouteille dans le frigo, mon humeur s'améliorant peu à peu. Alan et moi avons dîné dans un petit restaurant français. Il y avait peut-être sept tables, mais le boucan était tel que nous étions presque obligés de crier pour nous entendre.

— De vrais barbares ! Alan, c'est ce type d'hier ?

— Le journaliste, oui.

— Alors ? demande-t-elle en relevant les sourcils, l'air égrillard.

— Ornella !

— Qu'y a-t-il ? demande-t-elle, du ton le plus innocent qui soit.

— Qu'est-ce que tu vas chercher là ?

— Rien ! Absolument rien. Puis, l'œil aux aguets, elle demande : il y aurait donc matière à ça ?

Je soupire de manière théâtrale.

— Alan m'a invitée à manger et m'a ramenée en voiture, rien de plus. Et s'il l'a fait, c'est qu'il s'est senti obligé de me remercier.

— C'est bon, dit-elle et, un instant, j'ai l'impression qu'elle a tout autre chose en tête qu'Alan et moi.

— Que veux-tu dire par là ?

— Oublie ça. Est-il toujours à la recherche de ce tableau de Paul Byron dont tu m'as parlé ?

— Absolument. Mais il a disparu sans laisser de traces.

— En quoi cela intéresse-t-il tant cet Alan ?

— Eh bien… c'est le dernier tableau peint par Paul Byron.

— Tiens, tiens…

— Et c'est un portrait, ce qui est inhabituel chez ce peintre. Ce serait une véritable découverte s'il réapparaissait soudain. De plus, c'est un portrait de Dorothy…

— C'est ce que j'ai entendu dire, murmure Ornella, d'un air si songeur que je dresse l'oreille, me souvenant de ce que j'ai promis à Alan peu auparavant.

— Sais-tu quelque chose à son propos ?

— Non, pas réellement.

— Pas réellement ?

— Non, pas vraiment.

— Comment ça, pas vraiment ? Sais-tu quelque chose, oui ou non ?

— Ah, je ne sais pas, soupire-t-elle.

— Mais c'est quoi, alors ? insisté-je.

— Eh bien, ce ne sont après tout que des spéculations, soupire-t-elle une seconde fois.

— Des spéculations ?

Elle boit une gorgée et me regarde, l'air inquiet.

— Allez, vas-y, raconte ! Quelles sortes de spéculations ?

Elle soupire, une troisième fois.

— Eh bien, l'affaire entre Dotty et Paul.

— Quelle sorte d'affaire ? Je m'obstine : il faut tout tirer du nez de cette femme ! Tu veux dire que Paul Byron lui courait après ?

— Pas que ça !

— Mais quoi, alors ? Patty a raconté que Dotty n'avait eu personne d'autre que son George sa vie durant et…

— Ah, Linn, m'interrompt-elle. Qu'est-ce que Patty peut bien savoir ?

— Elle était sa meilleure amie !

— Sans doute, mon enfant. Mais Patty a toujours été une incorrigible sentimentale pour qui la terre n'a jamais été semée que de roses rouges.

Mais la terre *est* semée de roses rouges, ai-je envie de répondre, puis je m'avise que ce n'est pas vrai.

— Patty aime l'amour. Le grand amour romantique, l'amour exclusif, le véritable amour. C'est finalement elle qui a poussé Dotty à n'accueillir dans cette communauté que des gens ayant connu le grand amour et qui sont devenus des veufs malheureux.

Je ne pipe pas mot. Il me déplaît quelque peu qu'Ornella parle ainsi de Patty et surtout de ma tante. Je me suis tellement imaginé, ces derniers temps, combien ce devait être un sentiment fort d'aimer de manière aussi absolue et entière que Dotty avait aimé son George ! Et je ne suis pas prête du tout à voir écorner une romance.

Mais, à bien y réfléchir… Ce n'a manifestement pas été son unique romance, non ? Il y a eu aussi une romance entre ma tante et… Paul Byron.

— Tu crois vraiment qu'il y a eu quelque chose entre Byron et tante Dotty ?

— Je le crois, oui.

— Et qu'est-ce qui te le fait croire ?

— Va-t'en savoir, dit-elle, ambiguë.

Je lui lance un regard noir.

— C'est bon, c'est bon… Tu sais, Paul était alors une star sur la scène artistique new-yorkaise. Une petite star, peut-être, mais en bonne voie pour devenir une grande star. Il avait eu une série d'expositions assez réussies sur la côte Ouest, ainsi que d'autres, les premières, en Europe, à Londres et à Paris. Il a gagné beaucoup d'argent avec ses tableaux ; en plus, il avait l'air assez original, débraillé, provocateur, mal rasé, exactement ce que les femmes aiment quand elles sont attirées par les artistes. En tout cas, quelques-unes l'étaient par lui.

— Outre tante Dotty…

— Outre tante Dotty, bien sûr. Au début, au moins. Lui, en revanche, était fou d'elle. D'abord, peut-être, parce qu'il devinait qu'il ne l'aurait pas si facilement. Mais, le temps passant, il tomba dans une adoration littéralement maniaque. Quand il n'était pas en voyage, il traînait chez nous, au Hamilton, auprès de Dotty, à la réception, enamouré, prêt à tout oser pour la faire rire. Quand elle était occupée, il transitait temporairement en direction du bar, chez Patty, ou allait manger une assiette de pâtes chez Nino. Je crois qu'il ne s'est pas passé un jour sans qu'il aille déjeuner au Don Peppone. Uniquement afin de ne pas manquer Dotty. Au fil des mois, il a laissé une fortune à ce restaurant !

— Apparemment, son art lui laissait pas mal de loisirs.

— Eh bien, peut-être pas les premiers mois, mais, crois-moi, mon chou, plus tard, il a passé vraiment beaucoup de temps dans son atelier.

— Te voilà de nouveau bien équivoque, Ornella !

— Comme je te le disais, tous les autres ont toujours prétendu qu'il ne s'était rien passé entre Dotty et Paul et que cela avait été le drame de leur vie. Mais j'en suis moins certaine.

— Et pourquoi ?

— Un jour, Paul s'est remis à peindre, dit-elle, comme si peindre était une pratique sexuelle blâmable. Soudain, ils se rencontraient continuellement dans son atelier, avant le service, après le service et, parfois, au beau milieu du service, même si ces prétendues séances duraient alors moins longtemps.

— Bon, mais c'était un peintre, tout de même, non ? Moi, en tout cas, je ne vois rien d'incroyable à ce qu'un peintre veuille peindre quelqu'un.

— Ma foi, dit Ornella en me regardant avec insistance, c'est aussi ce que disaient les autres. Moi, par contre, je ne l'ai jamais cru.

— Et pour quelles raisons?

— *Darling*, me dit-elle d'un air compatissant, d'abord parce qu'on n'a jamais découvert sur aucun des tableaux de Paul ne serait-ce qu'un orteil de Dotty.

— Eh bien, il existe un tableau d'elle. Alan l'a vu, de ses yeux vu.

— Et deuxièmement, dit-elle, imperturbable, je t'ai déjà dit que j'ai travaillé au Hamilton comme femme de chambre, n'est-ce pas?

— Oui, bien sûr.

— Or, depuis quelques chambres du quatrième, on a une très bonne vue sur l'atelier de Paul Byron.

— Comment? Tu les as observés? Ornella!

— Je nettoyais les fenêtres! se défend-elle.

— Ah bon, on appelait ça nettoyer les fenêtres, dans le temps?

— Crois-moi, tu n'as pas idée de la vitesse avec laquelle les fenêtres se salissent à New York!

— Et alors? Qu'as-tu vu? Encore plus de saletés, peut-être?

— Disons que ce bon Paul ne manquait pas de couleurs sur son pinceau, ou qu'il avait beaucoup de cordes à son arc!

— Ornella, je ne te crois pas! dis-je, horrifiée.

— Mais puisque je te le dis! Rien que d'y penser, j'en rougis encore!

Loin de rougir, bien entendu, elle me regarde droit dans les yeux, amusée.

— Donc, ils ont couché ensemble, dis-je, m'efforçant de résumer l'affaire le plus prosaïquement possible.

— Et comment!

— Souvent?

— Sans arrêt.

— Pourquoi, alors, Patty n'a-t-elle rien su de cette histoire? Et personne d'autre non plus? Pour quelles raisons ont-ils tenu leur liaison secrète?

— Eh bien, je suis la plus mal placée pour répondre, dit Ornella, un instant silencieuse, avant d'ajouter: À moins que tu ne me le demandes...

— Alors?

— Alors... Elle réfléchit. Alors, puisque tu me le demandes, ils avaient de bonnes raisons de garder secrète leur liaison. Paul était marié et avait une fille qu'il ne reverrait sans doute plus si l'affaire s'ébruitait, et sa femme le quitterait. Il avait déjà, à l'époque une mauvaise réputation, et sa femme le surveillait comme le lait sur le feu. Et Dotty...

— Oui, qu'en était-il de Dotty?

— Dotty, pendant des dizaines d'années, n'avait cessé de parler de son George. Amour malheureux par ci, chagrin infini par là... Elle n'avait jamais laissé un homme s'approcher d'elle à moins d'un millimètre. Et cette perte d'un grand amour expliquait pourquoi tout le monde acceptait cette attitude stupide. En secret, on l'admirait même pour une fidélité à George aussi indestructible. Connais-tu la nouvelle de Brian McCourt dans laquelle une femme se couche sur la tombe de son mari et meurt?

— Non, je ne la connais pas.

— Tu devrais la lire. McCourt s'est inspiré de l'histoire de Dotty.

— Je l'ignorais.

— Eh bien, moi aussi. Mais ce que je voulais te dire, c'est que Dotty s'était tant complue dans le rôle de la grande amante prématurément veuve, qu'être surprise au lit avec un joyeux compagnon aurait fait tache. Surtout si le gars en question était un coureur!

Ornella me regarde d'un air satisfait et boit une nouvelle gorgée de vin. Je m'aperçois que, durant toute la conversation, j'ai gardé le mien à la main sans boire une seule goutte. Je me rattrape donc.

Si ce que raconte Ornella est vrai, cela expliquerait pourquoi Byron a peint Dotty. Et s'il est vrai qu'il avait une famille et que leur histoire était secrète, cela expliquerait aussi pourquoi il a offert le tableau à Dotty : il ne voulait pas qu'il tombe sous les yeux de sa très chère épouse. Et Dotty, pour la même raison, a aussi gardé le secret, veillant à ce que personne n'apprenne son existence.

— Dotty savait-elle que tu étais au courant ?

— Non, je ne le crois pas. Je me suis en tout cas efforcée de ne rien laisser paraître. Je n'avais pas envie de passer pour une fouineuse.

— Cela veut donc dire que personne n'est au courant. Vraiment personne ?

Elle hausse les épaules.

— En tout cas, il ne me vient personne à l'esprit. Bien sûr, j'ignore ce que Paul a pu raconter à ses amis, j'ignore ce que savait ou non sa femme. En définitive, personne ne voulait savoir : que Dotty, sainte parmi les saintes aux yeux de tous, s'abaisse à arpenter le territoire des bas instincts ? C'était proprement impensable !

27

— C'est bien ce que je m'étais dit, constate Alan, satisfait, quand je termine mon récit.

J'entends, en arrière-plan, les claquements rythmés du clignotant. Il s'est garé sur la droite afin de pouvoir parler avec moi sans être dérangé par la conduite.

Comme chaque fois que je téléphone et que je ne veux pas me servir de mon portable, je suis derrière le comptoir de l'entrée et j'ai sous les yeux les fauteuils et les tables basses qui, au clair de lune, gisent un peu partout. On dirait un troupeau d'animaux en train de dormir.

— C'est vrai?

— Eh bien oui, ça tombe un peu sous le sens, non? Un peintre qui peint une femme sans en parler à qui que ce soit… Un peintre qui offre à une femme un de ses tableaux dont on ne trouve ensuite plus trace… Pourquoi, à ton avis, est-ce que je m'intéresse tant à cette histoire? Pourquoi intéresse-t-elle autant le *New Yorker*? Juste en raison d'un tableau qui a disparu quelque part? Non, sérieusement!

En dépit des kilomètres qui nous séparent, je crois voir ses yeux étinceler, et c'est bien ce qui me vexe un peu. Je me dis que, bon, il a raison, et que savoir où se trouve un tableau disparu n'est peut-être pas d'un grand intérêt. Mais alors, pourquoi m'a-t-il raconté que c'était précisément cette histoire qui l'intéressait? Pourquoi ne pas m'avoir dit qu'il suspectait une histoire d'amour? Une liaison se jouant dans le monde des artistes? Je me sens un tantinet flouée.

— Tu aurais pu me confier d'emblée le genre d'histoire qui t'intéressait, dis-je, sans élever la voix.

— J'aurais dû, oui. Désolé, répond-il, lapidaire.

— Moi qui pensais que c'était *notre* histoire!

— Ça l'est, Linn, ça l'est.

Mais j'entends, au son de sa voix, qu'il en va bien autrement. J'ai soudain le sentiment qu'une seule chose l'anime: son grand article. Je ne compte pas. Et je pressens autre chose. Cette idée surgit si brusquement que je prends presque peur, comme si elle avait toujours été là et que je n'en prenais conscience que maintenant: je ne suis plus d'accord avec l'histoire qui le passionne.

Certes, j'ai été, au début, fière qu'il veuille écrire un article sur ma tante, ensuite l'appétit est venu en mangeant et ma curiosité a grandi. Mais, à présent que j'entends Alan discourir avec tant de froideur et sur un ton professionnel de cette histoire dont je croyais qu'elle nous était commune, je me dis que nous n'avons pas à fouiller dans la vie de Dotty et à révéler au grand jour une liaison soigneusement cachée. Est-ce pour cette raison qu'il ne m'a pas parlé de son soupçon? Savait-il que cette tournure ne me plairait pas?

— Ce n'est pas l'impression que j'ai!

Ma constatation est, elle aussi, lapidaire.

— Linn, dit-il d'une voix conciliante, crois-moi, je t'en prie.

— Qu'est-ce que tu comptes faire, à présent?

Je reste prudente, comme s'il subsistait une chance qu'il dise qu'il allait mettre un terme à ses recherches et enterrer l'affaire.

— Je vais demander à Ornella de me raconter tout ça, à moi, personnellement.

— À Ornella?

— Eh bien oui, j'ai besoin de témoignages de première main. Je me vois mal te citer alors que tu n'as même pas connu Dotty.

— Mais je ne suis pas certaine qu'elle voudra te raconter cette histoire !

J'ai brusquement mauvaise conscience de l'avoir divulguée. Ornella ne l'a-t-elle pas tue pendant des années, des dizaines d'années ? M'en parler, à moi, n'était-il pas une marque de confiance ? Et moi qui, à peine était-elle disparue dans sa chambre, cours au téléphone appeler le *New Yorker* !

Chapeau, vraiment !

Je voudrais être à cent coudées sous terre quand je pense avec quelle naïveté je me suis laissé embobiner par le charme d'Alan. J'ai même, quelques instants, été toquée de lui. Cela m'a aveuglée. Si je m'écoutais, je me giflerais d'avoir été crédule à ce point. Qu'est-ce que je me suis figuré ? Qu'il m'en aimerait mieux ? Qu'il tomberait amoureux de moi ?

— Elle te l'a bien racontée, à toi ?

— Oui, mais je ne suis pas le *New Yorker*, tu ne crois pas ?

— Demande-le lui, Linn. Je peux passer à n'importe quelle heure, la nuit, le matin, à sa convenance.

— Je vais essayer, dis-je tout en décidant de n'en rien faire.

Cela a déjà été assez moche de divulguer son secret ! Je ne vais pas, en plus, lui demander de le raconter à la presse.

— Essaie, oui. Et si elle fait des manières, c'est moi qui lui parlerai.

— Très bien, dis-je évasivement. Et qu'as-tu, sinon, l'intention de faire ?

— Tu veux dire, à part parler à Ornella ?

— Oui.

— Je vais appeler Cynthia Byron.

— Cynthia Byron?

Je sens un tiraillement dans ma poitrine. Je n'ai encore jamais entendu ce nom, mais je me doute bien de qui il s'agit. Et mes doutes sont confirmés.

— La fille de Paul. Depuis la mort de sa mère, elle travaille à Boston comme illustratrice, avec un succès mitigé. Elle a presque été plus désagréable encore que J.J. Miller quand j'ai essayé de prendre rendez-vous avec elle.

— Pourquoi voulais-tu avoir un rendez-vous avec elle?

— Je suis journaliste. Tu avais oublié? J'écris un article sur son père. Je voulais jouer franc jeu et lui donner l'occasion d'être partie prenante dans l'image que je donnerais de son père. Mais, comme je te l'ai dit, madame n'a pas accepté de me parler.

— Pour quelles raisons?

— Je l'ignore, dit-il et je crois voir son haussement d'épaules indifférent. Les femmes, tu sais…

— Qu'est-ce que ça a à voir avec son sexe?

Je suis mécontente d'entendre Alan parler de quelqu'un avec autant de dédain. Ses parents ne lui ont-ils donc jamais appris que dire du mal d'autrui, c'est déjà dire du mal de soi? Et puis, n'est-il pas compréhensible qu'on n'ait pas envie de parler d'affaires de famille avec un journaliste?

— Peut-être qu'elle n'a tout simplement pas envie de se voir jetée en pâture au public?

— Peut-être, dit-il, et je l'entends arrêter le clignotant. Pourtant, quand on a un père aussi célèbre que le sien, il n'est pas possible de fuir totalement l'exposition publique, tu sais! En outre, je m'imagine fort bien que son point de vue puisse changer quand elle aura appris l'histoire de son père et de ta tante.

— Tu veux la lui raconter?

— Je vais en faire un article pour le magazine du journal, Linn! Elle sera de toute façon au courant, et c'est mon devoir de journaliste de lui donner, au préalable, l'occasion de s'exprimer à ce sujet.

— Mais…

Je ne sais que dire. Je suis submergée par une vague de pitié. Je ne connais certes pas la fille de Byron. Peut-être est-elle, effectivement, une pétasse. Mais, même si c'est le cas, personne ne mérite d'apprendre, après la mort de son père, qu'il était volage. Je m'imagine ouvrant la porte à un journaliste ayant l'intention de s'épancher, dans les colonnes du *Bild*, sur la vie sexuelle secrète de Papa, et j'ai la tête qui tourne… Pour quelle raison, au fait? Est-ce la peur? Le dégoût? En tout cas, ce serait pour moi comme si quelqu'un pissait sur sa tombe sous mes yeux. C'est une impression que je ne souhaite à personne, notamment à Cynthia Byron. À l'évidence, je me suis un peu trop empressée de prêter main-forte à Alan. J'ai manqué de prudence. Il lui est donc totalement indifférent de divulguer des secrets qui ont été préservés durant de si longues années?

— Tu pourrais ne pas écrire sur cette liaison, dis-je, profil bas.

— Comment?

— Je veux dire que Paul et Dotty avaient leurs raisons de la garder secrète, non? Il faudrait peut-être les respecter.

— Et laisser tomber l'histoire, sans plus? s'exclame-t-il d'un ton sec.

— Pourquoi ça? Tu peux tout de même écrire à propos du tableau, non? Tu as maintenant assez de preuves qu'il a existé. Et peut-être aussi qu'on retrouvera celui qui l'a en sa possession, quand l'histoire sera publique!

— Linn, si tu permets… Tu dis des bêtises. Cette liaison, c'est le cœur de l'histoire.

— Dans ce cas, l'histoire est sans valeur.

— Sans valeur?

— Sans valeur, oui. Il n'est pas possible de s'épancher sur la vie amoureuse d'autrui, surtout dans la presse.

— Tu n'es donc pas une lectrice assidue des articles sur la vie amoureuse des célébrités?

— Non, je ne le suis pas.

— Ah non? dit-il d'un ton suffisant.

— Du moins, pas s'il en résulte en priorité des dégâts. Ce qui sera le cas. Si tu balances publiquement que Paul trompait sa famille et que, dans le dos de sa femme, il en baisait une autre, sa fille sera blessée. Cela blessera aussi les amis de ma tante qui apprendront que Dotty leur a menti durant tant d'années. Et bien d'autres encore, sans doute! Faut-il donc dévoiler tous les secrets? Ne peut-on de temps en temps laisser les choses suivre leur cours?

J'ai d'un coup l'impression que ce qui s'est passé entre Paul et Dotty est un trésor inestimable, quelque chose qu'il faut absolument protéger des propos et des regards d'inconnus. Je regrette profondément d'avoir laissé Alan Ripley entrer dans cette maison. Un bref instant, je regrette aussi d'avoir écrit à la presse, avant qu'il ne me revienne à l'esprit qu'Alan a surgi ici sans aucun rapport avec mon envoi de mails.

— On peut, c'est sûr. Mais on n'est pas obligé. Et le journaliste que je suis n'est pas payé pour garder des secrets. Surtout avec une affaire de cette dimension. Linn, ne sois donc pas naïve.

— Je ne suis pas naïve!

— Alors, ne sois pas stupide! s'énerve-t-il. Sans blague, quand je t'entends, j'ai beau bien t'aimer, j'ai l'impression d'entendre une dinde.

— Et moi, un trou du cul.

— Bon, ça commence à bien faire.

— Oui, c'est bien mon sentiment aussi, dis-je, amère. Tu veux savoir? Tu n'apprendras plus rien de moi. Que ce soit bien clair! Tu feras tes recherches pour ton passionnant article tout seul.

— Et tu sais quoi? rétorque Alan. C'est sans doute ce que j'aurais dû faire dès le début.

— Nous sommes alors exceptionnellement d'accord.

— On peut le dire.

Puis nous terminons là notre conversation, sans que je puisse dire qui raccroche le premier.

28

Ce n'est pas dans le sommeil que je plonge peu après, mais dans un nuage noir, rempli de mauvaise énergie. Je somnole sans vraiment trouver le repos. Je suis mécontente d'avoir déclenché une brouille entre Alan et moi, mais je n'ai pu faire autrement. Je suis quelqu'un de patient, trop patient peut-être, mais je ne peux lui permettre de donner en spectacle la vie de ma tante de manière aussi froide.

Je suis aussi mécontente de moi : Alan a eu en tête, depuis le début, de dégoter une histoire assez scandaleuse pour faire la une du *New Yorker.* C'est la pratique des journalistes, quelle que soit leur gentillesse ou celle qu'ils affectent. N'est-ce pas d'ailleurs le rôle qu'il s'est donné ? Paraître gentil afin d'obtenir une telle histoire ? N'est-ce pas pour cela qu'il m'a accordé tant d'attention ? Afin que je l'aide dans son enquête ? Et ne me suis-je pas laissé couillonner par lui, par son charme ? Je me sens soudain aussi niaise que le jour où, j'avais douze ans, le chouchou des filles de la classe a feint d'avoir le béguin pour moi, uniquement pour ensuite se moquer devant toute sa clique du fard que j'avais piqué.

Mais bon, j'ai maintenant pigé et je ne l'aiderai pas. Je ne vais plus rechercher d'indices pour son grand article, je vais laisser Ornella et les autres en paix. Bien sûr, j'aimerais moi aussi connaître la vérité sur Paul et Dotty, mais si le prix à payer est de fouiller dans le linge sale d'autrui, de se servir de ce qu'on trouve pour faire du tort, je peux sans peine y renoncer! Je vais essayer de dormir et de me concentrer ensuite sur l'essentiel. Sur mon cœur toujours meurtri, par exemple, que j'ai un peu perdu de vue ces derniers temps. Sur ma petite personne. Sur les retraités. Et sur la bonne marche de la location, bien entendu. Pour laquelle nous n'avons pas avancé d'un pouce depuis vingt-quatre heures.

Je me tourne sur le côté, fermement décidée à oublier Alan et à m'endormir enfin, quand mon portable se met à vibrer sur la vieille table de chevet. Comme chaque nuit, je l'ai mis en mode silencieux, de peur de recevoir un appel d'Allemagne. Mais Annika sait quand elle peut m'appeler et, sinon, personne d'autre ne s'est manifesté.

Je suis brusquement tout à fait éveillée. Je prends le téléphone, le numéro d'Alan apparaît sur l'écran. Dans mon zèle intempestif, je l'avais aussitôt enregistré dans mes contacts. Il brille si fort que j'ai l'impression qu'on me braque une lampe de poche en plein visage. Je me retrouve en quelque sorte sous pression et, avant que je me décide à ne pas accepter l'appel, je le prends.

— Oui, dis-je sèchement, pas trop fort, pour ne réveiller personne dans la maison.

— Linn? interroge-t-il à voix basse.

Je grommelle, peu accueillante.

— Linn, je suis désolé.

Je ne pipe mot.

— Linn, j'ai réfléchi. Tu as totalement raison. On ne peut écrire d'articles inutilement humiliants, du moins tant qu'il ne s'agit pas de politiciens ou de magnats de l'économie ou d'autres bonshommes de cet acabit. Écoute, je trouverai bien une idée pour mon histoire et je l'écrirai de manière à ce qu'aucun des protagonistes ne soit perdant.

— Vraiment ? dis-je, méfiante.

— Vraiment ! Linn, je voudrais te parler ! Je t'en prie ! Je suis devant votre porte.

Quand, une heure plus tard, je me glisse dans le lit à côté d'Alan qui ronfle doucement, le jour commence à poindre et les premiers oiseaux gazouillent. Je me demande comment j'ai pu admettre qu'Alan atterrisse dans mon lit, ou plus exactement sur mon lit, car il est allongé, habillé, sur la couverture. Quand je lui ai ouvert, il m'a paru préférable d'avoir notre conversation dans ma chambre et de ne pas perturber le sommeil des occupants des pièces du rez-de-chaussée. Une fois que nous avons été chez moi, il s'est mis à son aise sans détours, ôtant son pull-over et s'allongeant à moitié sur le lit, comme si nous nous connaissions depuis une éternité et que nous ne nous étions pas disputés. Il m'assura à plusieurs reprises qu'il était navré d'avoir donné l'impression de vouloir porter tort à autrui, me promettant de ne rien commettre qui soit contraire à l'éthique, rien qui soit douteux, qui puisse nuire.

— Sommes-nous de nouveau amis ? demanda-t-il, en me tendant la main.

Sans la prendre, je me contentai d'un sourire bienveillant.

— Assurément, dis-je, bien que peu convaincue.

D'un côté, il paraissait sincère, assis là et s'excusant, et dans d'autres circonstances, j'aurais certainement pris sa main et couru le risque qu'il se passe quelque chose entre nous. Mais, d'un autre côté, j'étais toujours rongée de doutes que je ne parvenais pas à refouler.

Maintenant qu'il s'est endormi, je me mets dans le lit, plus exactement sous la couverture sur laquelle il est allongé. Je prends un des oreillers et lui tourne le dos, tout au bord du matelas, de manière à ce que mes genoux touchent le bois du lit et profitent un peu de l'air frais de la nuit. J'aurais bien sûr pu aller dans une autre chambre, mais j'aurais dû faire un lit. Les chambres sont en effet prêtes à accueillir nos premiers clients, mais pas les lits – ce dont Ornella est la principale responsable, ayant prétendu que, dans les hôtels, la discipline feng-shui exigeait de ne faire un lit qu'en fonction de l'hôte, ce qui excluait de le préparer à l'avance.

Et puis, je suis lasse. La journée a été longue et éprouvante, comme les journées précédentes l'ont été aussi. Malgré ma position, à peu près aussi confortable que sur un banc des bords de l'Isar, mes yeux se ferment au bout de quelques secondes. J'ai juste le temps de sentir la main d'Alan se poser sur ma cuisse et la caresser avec douceur à travers la couverture. Avant que j'aie eu le temps de m'interroger sur ce geste, de me sentir menacée, importunée ou flattée, je sombre dans un sommeil infiniment profond.

Quand je me réveille, il me faut un instant pour m'orienter : je suis allongée de travers et mon dos me fait si mal que je crois, une seconde, qu'un camion m'est passé dessus cette nuit. Me retournant, clignant des yeux, j'aperçois la couverture sur laquelle se dessine encore l'empreinte du corps d'Alan, et son pull-over par-dessus le marché. Je me rappelle alors qu'Alan s'est endormi ici et que je me suis couchée à côté de lui, sans me demander si j'avais envie de dormir dans le même lit que lui ou non. Mon Dieu, que je devais être fatiguée !

Tandis que je hoche la tête, mécontente de moi, un très vague souvenir m'effleure : sa main qui me caresse avec douceur. Je ne sais s'il était alors éveillé ou si ce fut un geste inconscient, dans son sommeil. Il y a en effet des gens qui, en rêve, mâchent bruyamment, rient ou serrent contre eux leur ours en peluche. Je ne suis d'ailleurs pas sûre de n'avoir pas tout simplement rêvé cette caresse. Mais en tout cas, vu le caractère inconscient, spontané, machinal du geste, il y avait là comme une volonté de réconciliation. C'est toujours ça !

Depuis combien de temps est-il réveillé et où a-t-il disparu ? Je crois entendre du bruit dans la salle de bains, mais il s'avère qu'il ne s'agit que du ronflement d'un vieux collecteur. On doit être en train de faire la vaisselle dans la cuisine au-dessous de ma chambre. Je m'assieds et, par précaution, je jette un œil par la porte ouverte : la salle de bains est vide.

Je me sens soudain nerveuse : se serait-il levé pour rejoindre les seniors à la table du petit-déjeuner ? À cette idée, j'ai le cœur qui s'affole car ça me revient tout à coup à l'esprit : Ornella !

Je pêche mon portable. Il va être dix heures. Je n'ai pas dormi très longtemps, au fond. Mais Ornella est en général debout dès huit ou neuf heures… En d'autres termes, Alan a déjà eu largement le temps de l'embobiner ! Je me mords la lèvre tout en réfléchissant, puis je bondis du lit. Je suis tentée de laisser tomber la douche mais, me sentant sale et mal réveillée après une nuit aussi courte, je décide de me rincer en vitesse. Je me lave les dents en moins de quatre secondes, je le jurerais, et six secondes me suffisent pour m'habiller. En franchissant le seuil, je tends l'oreille mais ne perçois que des bruits confus qui prouvent que la maison est éveillée depuis un bon moment : des pas dans l'entrée, une porte qui claque, le gargouillement du lave-vaisselle. Mais je n'ai pas eu le temps de bouger que quelque chose me saute aux yeux.

La porte de la chambre de Dotty est grande ouverte. Ce qui ne se produit jamais.

Je retiens mon souffle et je sens une boule se former dans mon ventre. J'entre dans la pièce :

personne! Les tiroirs du secrétaire sont fermés, les livres sont bien rangés sur leurs étagères, les cadres des photos n'ont pas changé de place, tout est comme la dernière fois. Ouf! J'ai eu un instant la certitude que l'énigme de la disparition d'Alan serait résolue en l'espace de quelques secondes, mais, à l'évidence, je me suis trompée. Tant mieux.

Au moment où je sors, mes yeux tombent sur la petite armoire murale. Sa porte est entrebâillée. Ce n'est qu'une mince fente, mais elle ne m'échappe pas. Ce n'est pas moi qui ai mal refermé cette porte! La boule est de nouveau dans mon ventre, dure et douloureuse.

Alan! Il est venu ici!

Les caisses dans l'armoire n'ont pas l'air d'avoir été touchées, mais j'ai néanmoins l'impression qu'il y a quelque chose. Ont-elles été malgré tout interverties? Les couvercles ont-ils été bien remis? Le livre, sur l'étagère, a-t-il été correctement replacé? Alan ne dormait-il donc pas le moins du monde quand il m'a caressé la jambe? A-t-il attendu que ma respiration devienne régulière pour, profitant de l'obscurité, se faufiler ici et fouiller la pièce en toute tranquillité? S'est-il délibérément levé aux aurores?

D'un seul coup, je crois le journaliste capable de tout. De tout. Y compris d'avoir simulé le repentir quand il a compris qu'il ne remettrait plus jamais les pieds dans cette maison si je mettais à exécution ma menace de ne plus l'aider. Je suis convaincue que je dois me méfier de lui. Et comment!

Je ferme sans bruit la porte de l'armoire et je me hâte vers l'escalier, car je repense soudain à Ornella. Ai-je encore le temps d'empêcher le pire?

Tandis que je descends les marches, j'entends des bribes de voix. Les voix d'Ornella et d'Alan. Il lui a mis la main dessus. Merde!

— Hello ! s'écrie Alan avec un sourire méchant en me voyant. Bien dormi ?

— Bonjour, Linn, me salue à son tour Ornella, radieuse. Tu as manqué le petit-déjeuner de justesse, que c'est bête ! Mais il y a encore du yaourt maison dans le frigo.

— Délicieux, ce yaourt, ajoute Alan. Aux cerises !

Du yaourt ? Aux cerises ? Serais-je tombée dans un film ?

Je lance à Alan un regard perplexe, mais je n'arrive pas à déceler s'il feint que tout soit dans l'ordre ou si c'est à tort que je le suspecte d'avoir cuisiné Ornella. A-t-il juste pris le petit-déjeuner avec elle ? Et de quoi ont-ils parlé ? Que lui a-t-il raconté ? Et que lui a-t-il fait raconter ? Ornella n'a pas l'air particulièrement émue. Elle ne donne pas l'impression d'avoir dû livrer quelque chose qu'elle ne voulait pas dire. Je l'interprète plutôt comme un bon signe.

— Merci, je n'ai pas faim, dis-je.

— Tu n'es pas malade, j'espère ? s'inquiète Ornella.

— N'importe quoi ! dis-je d'un ton bourru.

Je n'ose pas lui demander quand ils ont entamé leur petit-déjeuner commun et ce qu'ils ont bien pu se dire.

— Buvons encore un thé ensemble, proposé-je. Je peux le préparer.

— Il faut hélas que je parte, vraiment, dit-il d'un ton de regret en me regardant, avec l'air innocent de l'enfant qui vient de naître. Mais je reviendrai, promis.

— Ah bon ? dis-je. Quand ?

— Ce sera toujours un plaisir, dit Ornella. Quand vous en aurez envie, Alan.

Nous regardons de concert Alan monter dans sa voiture, faire demi-tour, descendre l'allée de gravier et disparaître. Ornella lui fait des signes quand il prend la direction de Manhattan. Prend-on ainsi congé de quelqu'un qui vient de vous arracher un secret bien gardé? Ou qui a tenté de le faire? Pas vraiment, non?

— Quel homme sympathique, dit-elle encore. Réellement. Très sympathique. Tu aurais pu nous dire qu'il passerait la nuit chez nous.

— Cela a été pour moi aussi une surprise.

Mais je n'ai pas envie de parler de moi et d'Alan, plutôt d'Alan et d'elle.

— Et alors? La surprise a-t-elle été agréable? demande Ornella d'un air espiègle.

Irritée, je soupire et lève les yeux au ciel.

Juste à cet instant, une autre voiture s'engage dans l'allée : le break de Ted. Il a dû voir partir Alan, ce qui, en dépit de mes bonnes résolutions, me contrarie. Et d'être contrariée me contrarie encore plus. Je devrais tout de même cesser de me faire des idées au sujet de Ted. C'est stupide! Alan, Ted… qu'est-ce qu'il m'arrive? D'ordinaire, les hommes ne parviennent pas si aisément à me troubler.

— Regarde qui arrive! s'écrie Ornella, en levant le bras pour un nouveau salut. Oh, mais c'est la fête aujourd'hui. Tant de visites! Houhou, Teddy!

La voiture stoppe. Ted descend.

— Hello, Ornella, dit-il joyeusement, mais quand ils se portent sur moi, ses yeux paraissent sombres et son sourire se fige un peu.

Il a donc vu Alan. Ou bien est-ce moi qui me fais des idées? En quoi cela l'intéresserait-il?

— Salut, Ted, dis-je d'un ton amical.

— Hello, Linn.

— Dis donc, tu te languis de nous? s'étonne Ornella.

— Beaucoup, dit-il en lui souriant.

— Que se passe-t-il? s'enquiert-elle à brûle-pourpoint.

— J'apporte des nouvelles.

Il parle d'un ton glacial, à croire que ce n'est pas des nouvelles qu'il apporte mais une lettre de réclamation. Et il me regarde.

— Pour moi ? J'espère qu'elles sont bonnes.

— Pas trop, dit-il en me regardant droit dans les yeux, sans ciller.

— Ne me fiche pas la frousse, dis-je, en souriant néanmoins, car j'ai peine à imaginer que des nouvelles apportées par Ted puissent être si mauvaises qu'il faille avoir la frousse.

Il garde pourtant l'air grave.

— Je suis navré, dit-il.

— Allez, crache le morceau, implore Ornella.

— Je viens de recevoir une lettre du tribunal successoral. La procédure d'héritage est terminée.

— Comment ?

Si nous étions en train de tourner un film et que j'avais un vase Ming entre les mains, je le laisserais tomber. Mais j'ai les mains vides.

— La procédure d'héritage. Elle est achevée.

— Si vite ? Je croyais que ce genre de choses prenait des mois, s'étonne Ornella.

— Moi aussi, dit Ted, l'air sinistre.

— Alors ? demandé-je.

— Alors ? demande Ornella.

— Quelqu'un a manifestement accéléré le processus.

Ornella et moi, nous nous regardons.

— Cunningham ?

Ted hausse les épaules.

— Sans doute. Sinon, je ne vois pas qui d'autre aurait intérêt à te faire entrer plus vite en possession de ton héritage.

— Et ça veut dire quoi, dans l'immédiat ? demande Ornella.

— Que Linn doit remplir quelques formulaires.

— Et après? demande Ornella.
— Après, c'est inscrit au cadastre.
— Et après? demandé-je à mon tour.
— Après, tout ça, ici, t'appartient, à toi toute seule.

29

Je n'aurais jamais cru que cela irait si vite. Quelques formulaires, quelques signatures, un peu d'attente devant un bureau, une demi-heure devant un autre, puis un rendez-vous chez un notaire que connaissait Ted depuis ses études à Berkeley et qui m'a expédiée rapidement et sans tralala – et me voilà, le même après-midi, sur le siège du passager du break de Ted, une boîte à outils entre les pieds, une serviette à la main, avec des documents me certifiant la pleine possession du Sea Whisper Inn, à Southampton.

J'ai voulu poser ces papiers sur le tableau de bord, mais Ted roule si brutalement qu'ils ne tiennent pas et qu'ils glissent, tantôt à droite, tantôt à gauche, comme sur une barque en plein roulis. À chaque virage, ils tombent sur le plancher où je suis obligée de les ramasser en jurant, pour les rassembler et les remettre en ordre.

Je ne devrais pas jurer, n'est-ce pas? Je suis tout de même entrée en possession d'une maison dans les Hamptons, une propriété en bord de mer, avec parc et accès privé à la mer, qui, quoi qu'il arrive, m'enrichira de quelques millions de dollars, me permettant de m'offrir des choses dont je n'avais même pas idée jusque-là. Je devrais être heureuse, acheter une bouteille de champagne et le boire au goulot, ici, dans la voiture.

Mais je n'arrive tout simplement pas à être heureuse. Cela ne tient pas à ce que je me retrouve devant le problème de devoir vendre la maison et de ne pas savoir ce qu'il adviendra des occupants. Cela n'a rien à voir non plus avec le fait que, dans très peu de temps, je devrai rétribuer Mr Cunningham et verser des sommes folles au fisc. Ni au fait que mon aventure ici, dans les Hamptons, touche à sa fin. Non, cela a à voir avec Ted. Je suis moi-même surprise de devoir me l'avouer. Avec son attitude à mon égard, depuis que je lui ai demandé s'il m'accompagnerait dans mes démarches administratives.

Il a gardé toute la journée ses distances. Il m'a, certes, aidée à remplir les formulaires, il a attendu avec moi devant les bureaux, m'a pilotée de l'un à l'autre et retour, mais ce n'était pas le Ted que j'ai connu qui m'accompagnait. C'était un homme qui donnait l'impression d'être déconcentré en même temps qu'affairé, un homme qui ne répondait à quasiment aucun de mes sourires et qui, durant tout ce temps, était assis à côté de moi comme le défenseur d'une accusée lors d'un procès. Un homme accompagnant sa belle-mère subissant une gastroscopie, parce qu'il ne s'est trouvé personne d'autre pour la ramener ensuite chez elle.

Est-ce encore en raison du lapin que je lui ai posé avant-hier à cause d'Alan?

J'aimerais le lui demander, mais je ne sais comment m'y prendre. Lui dire qu'il ne s'est rien passé, c'est sous-entendre qu'il est intéressé, que je l'intéresse et, implicitement, qu'il a envie de tromper sa femme avec moi. C'est évident, non? Et puis, est-ce que j'ai envie, moi, de lui laisser penser que je me sens tenue de lui rendre des comptes? Non, je n'en ai pas envie.

La meilleure solution, me semble-t-il, est de me taire et d'agir comme si de rien n'était. Me taire et serrer sous mon bras les documents qui font de moi la propriétaire d'une maison qui entraîne ma vie dans un tourbillon, comme le vent entraîne un tas de feuilles mortes ou une pile de vieux papiers. Il s'est passé tant de choses durant ces trois semaines, et, à part Patty et Ornella, je n'ai eu d'autre compagnon que Ted, qui maintenant me bat froid. Mais aurais-je pu permettre qu'il mette sa famille en péril pour une femme qui, tôt ou tard, repartirait en Allemagne? Permettre que sa femme et son fils rentrent un jour chez eux et découvrent une inconnue se trémousser sur ses genoux? Non que je sois certaine que cela se serait passé ainsi, qu'il éprouve pour moi le moindre intérêt. Mais ce dont je suis sûre, c'est que j'ai bien fait de rester, sagement et bêtement, sur le terrain de notre toute neuve amitié, sans risquer une petite embardée secrète. J'ai bien agi, j'en suis certaine. Peu importe ce qu'il éprouve.

Nous approchons enfin de l'entrée de Sea Whisper Inn. Je suis soulagée quand je découvre la haute haie et la clôture écaillée derrière lesquelles des pièces familières m'attendent où, je l'espère, je pourrai enfin réfléchir à tête reposée à ce que je vais entreprendre maintenant que cette maison est à moi pour de bon.

Car, à vrai dire, Ted ne devrait pas, en ce moment, être ma préoccupation première; je ferais mieux de commencer à compter, à faire des projets, à prendre des décisions. Ted n'a pas pour autant abandonné son style de conduite olé-olé et, au moment de tourner dans l'allée, il braque avec une telle brusquerie que je suis obligée de m'agripper à la portière pour garder mon équilibre. Le gravier gicle, la voiture tangue un peu. Une fraction de seconde plus tard, un coup de frein brutal me projette vers l'avant. La voiture s'immobilise et je regarde autour de moi, découvrant le motif d'un arrêt aussi brusque: deux autos sont garées devant la porte d'entrée. L'une est celle d'Alan, l'autre un monospace bleu clair d'où Alan et un deuxième homme sont en train de décharger deux lourds sacs noirs.

— Qu'est-ce qu'il fout de nouveau ici, celui-là ? demande Ted, l'air sombre – et, au son de sa voix, ma gorge se serre.

— Aucune idée, dis-je, m'efforçant de garder un ton neutre, alors que je voudrais tant, en cet instant, qu'Alan n'eût jamais fait irruption dans ma vie.

Sans lui, Ted ne serait pas tombé dans cet état bizarre qui mine notre amitié.

— Eh bien, tu ne vas pas tarder à l'apprendre, dit-il.

— Tu n'entres pas ?

— J'ai aussi un vrai boulot, tu as oublié ?

— Oh, je sais, je suis désolée, dis-je en restant assise, comme clouée sur mon siège.

— Le mieux est que tu descendes ici : si j'avance, je n'aurai pas la place de tourner.

Comme je ne réagis pas, Ted passe la marche arrière. On ne peut être plus éloquent.

— Merci encore mille fois, dis-je en prenant la serviette. Pour m'avoir conduite et pour ton aide.

— Ce sera toujours un plaisir, dit-il mais d'une voix aussi indifférente que s'il me débarquait en pleine pampa.

Et c'est bien ce qu'il fait. Il attend, sans arrêter le moteur, que je sois descendue, puis il dévale l'allée en marche arrière et s'engage si sèchement sur la route que je ferme les yeux, m'attendant à entendre un grand choc. Mais il n'y a pas de choc. J'entends au contraire Ted accélérer et disparaître en direction de Sag Harbor. Et moi, je pars aussi de mon côté, la serviette aux papiers à la main, ne sachant plus très bien où je vais en réalité – dans la maison qui m'appartient, ça, je le sais, mais ignorant ce qu'il adviendra d'elle et qui sont mes amis, qui mes ennemis.

Et je tombe sur Alan qui semble n'avoir attendu que moi.

— Linn! s'exclame-t-il, en expédiant d'un geste vers la maison l'homme qui l'accompagne. J'arrive de suite, dépêche-toi! lui crie-t-il.

Puis il descend à grands pas l'allée de gravier à ma rencontre.

— Déjà de retour? Je suis content de te voir!

Il veut m'embrasser sur la joue gauche, puis sur la droite, mais j'ai un geste de recul.

— Qu'est-ce que tu fiches ici?

— Oh, rien de spécial, dit-il en fuyant mon regard.

— Rien de spécial? dis-je en regardant, derrière lui, son accompagnateur traîner dans la maison plusieurs sacs. Qui c'est, ce type? Et qu'est-ce qu'il fabrique ici?

— Oh, c'est…, il s'interrompt et hoche la tête, comme s'il ne s'agissait que d'une chose sans importance. C'est juste Jack.

— C'est un photographe? Je suis abasourdie.

— Quelque chose comme ça, oui.

— Quelque chose comme ça?

— C'est un collègue du *New Yorker* qui est venu prendre quelques photos.

— Un photographe, donc.

— Si tu y tiens…

— Chez moi? Sans que tu m'en aies demandé l'autorisation?

— Il veut surtout faire des photos d'Ornella.

— D'Ornella?

De stupéfaction, la voix me manque une fraction de seconde, puis je me souviens que ce matin j'ai été interrompue alors que j'avais l'intention d'empêcher Alan de le faire.

— Tu as interviewé Ornella? Sans te mettre au préalable d'accord avec moi?

— Tu m'aurais donc aidé?

— Bien sûr que non! dis-je, les mains sur les hanches.

— Eh bien, tu vois? Alors qu'elle a très volontiers parlé avec moi de toute l'histoire.

— Volontiers? Volontiers? Où est-elle?

— Au salon. Jack est en train de préparer une prise de vues vidéo. La rédaction en chef a eu l'idée d'illustrer l'article à la une sur la page d'accueil.

— Tu n'es qu'un beau salopard, lui lancé-je au visage, en me ruant à l'intérieur de la maison pour mettre un terme à ce qui se passe. Ornella?!? Ornella?!?

Ce n'est pas l'Italienne qui se précipite sur moi, mais Patty, et je n'ai pas besoin d'un second coup d'œil pour voir qu'elle est hors d'elle.

— Ah, te voilà enfin! Linn! Peux-tu m'expliquer ce qui se passe ici? Cet horrible journaliste n'arrête pas, depuis des heures, de poser des questions idiotes, d'ouvrir les armoires, les tiroirs et les portes des chambres! Il se comporte comme si nous étions ici des hôtes, comme si la maison était à lui!

— Il ouvre les tiroirs?

— Il est même allé dans ta chambre!

— Et vous ne l'en avez pas empêché?

— L'empêcher? Mais comment?

— En le lui interdisant, dis-je, étonnée qu'une femme aussi chevronnée que Patty puisse se révéler aussi vulnérable.

— Il a dit qu'il avait ton autorisation! Et que vous enquêtiez ensemble sur cette histoire! répond-elle, me lançant un regard noir. Et voilà qu'il cuisine à présent cette pauvre Ornella qui, hier matin, envoûtée par son charme sans doute, s'est laissé arracher la promesse de lui parler d'une prétendue liaison que notre bonne Dotty aurait eue avec Paul.

— Elle lui a parlé de la liaison? dis-je, plus comme une constatation que comme une question.

— De la prétendue liaison? Oui. Et à présent, elle le regrette amèrement.

— Où est-elle?

— Au salon, où ton ami et collègue essaie depuis des heures de l'amener à mentir et à raconter cette histoire devant la caméra. Ce que la pauvre ne veut naturellement pas. Mais il ne la laisse pas partir. Il affirme qu'une loi sur la presse l'oblige à lui parler!

— Une loi sur la presse?

Je la regarde en hochant la tête d'indignation. J'ai un bachelor audiovisuel et je sais qu'aucune loi, au monde, ne peut obliger quiconque à parler avec un journaliste.

— Qu'est-ce que c'est que cette connerie?

— C'est ce que je lui ai dit, mais elle est terrorisée et au bord des larmes parce qu'elle a le sentiment d'avoir commis une bêtise irréparable.

Ornella! Au bord des larmes! J'ai l'impression que le sol se dérobe sous mes pieds et que tout ce à quoi je pourrais me rattraper me glisse entre les mains. Est-ce cela que j'ai voulu quand je me suis laissé embrigader dans cette histoire? Mais que se passe-t-il donc ici? Et comment se fait-il qu'Alan se révèle soudain être un salopard effronté ne respectant rien, rien de rien?

— Mais Alan était à l'instant encore dehors, dis-je dans mon désarroi, comme si cela était le signe que Patty se trompait peut-être.

— Ils font une pause afin qu'Ornella puisse se concentrer. Mais vraiment, Linn, quels que soient vos projets…

— Je n'ai absolument aucun projet, Patty. À part…

— À part quoi?

— C'est ce que tu vas voir, pas plus tard que tout de suite.

30

— Hé ho!

C'est moi qui crie en direction d'Alan qui, ayant opéré un demi-tour avec la voiture, s'apprête à accélérer. Son collègue photographe a déjà filé, apparemment pressé d'échapper à la tempête qui s'est abattue sur lui.

— Qu'y a-t-il? demande le journaliste par la vitre ouverte.

— Tu as oublié ça dans mon lit, dis-je en lançant son pullover sur le pare-brise, dans l'espoir de l'obliger à descendre de voiture.

Je ressens le besoin de rendre son départ le plus désagréable possible. J'ai envie de lui faire mal, après tout ce qu'il m'a infligé: capter ma confiance pour ensuite en profiter, se glisser dans mon lit à l'improviste afin de fouiller la maison, tromper mes amis, et qui sait quoi encore. Mais comment réagit-il? Il actionne nonchalamment les essuie-glaces qui poussent le pull-over de côté, si bien qu'il lui suffit de se pencher un peu pour le saisir du bout des doigts et le tirer à l'intérieur du véhicule.

— Merci, dit-il avec un sourire juvénile, si enjôleur que je ne suis pas loin d'exploser de rage.

— Ce ne fut pas un plaisir, dis-je, l'air renfrogné.

Nous restons un moment à nous regarder droit dans les yeux.

— Linn, dit-il comme s'il s'adressait à une gamine de maternelle.

— Quoi?

Il arrête le moteur et descend de voiture. Il vient vers moi mais reste à distance prudente.

— Linn, vraiment... Je me demande ce que tu cherches.

— Pardon?!?

Je reste abasourdie qu'il puisse penser que tout est au mieux dans le meilleur des mondes. Il a trahi ma confiance, il m'a menti dans le seul but d'enquêter sur une histoire qui recouvre des secrets. Les secrets d'autrui. Et même si tout cela ne s'était pas produit, je n'aurais pas trouvé supportable son attitude face à l'histoire de Dotty et de Paul.

— Cette histoire sera publiée, Linn! Ne sois pas stupide! Si tu m'aides, tu pourras au moins influer sur son contenu! Ne joue pas au plus con! Laisse-moi faire mes photos et mes interviewes, travaille avec moi et, quand tout sera passé, tu ne seras pas obligée de me revoir.

— Tu serais en train de t'enfoncer dans des sables mouvants sous mes yeux que je ne te viendrais pas en aide.

— Linn!

— Fous le camp!

Il soupire, se retourne et flanque un coup de pied à un pneu avant de se mettre au volant.

— Tu l'auras voulu! me lance-t-il par la vitre, tandis qu'il démarre.

Puis il accélère si brutalement qu'il creuse de profondes ornières dans le gravier.

— Pauvre connard!

Je fais demi-tour pour regagner la maison, mais avant d'arriver à la porte, j'entends une autre voiture prendre le virage de l'entrée. Je n'ai pas besoin de me retourner pour savoir qui c'est. Pas en un jour comme celui-ci, où les emmerdements s'enchaînent et où les problèmes s'accumulent autour de moi. Un véritable siège !

— Linn !

Je reconnais la voix familière.

— Quelle chance que je vous tombe dessus !

Je cherche s'il y a encore quelqu'un, dans ce bas monde, à qui je sois redevable d'un sourire, et je décide que non.

— Mr Cunningham, dis-je avec lassitude en me retournant vers lui.

— Linn, ma chère. Je passais par là, par hasard, et je me suis dit…

Il s'arrête au milieu de sa phrase et me regarde, radieux.

— Vous vous êtes dit quoi ?

Mais il n'a pas besoin d'en dire plus. Je sais fort bien ce qu'il veut. Cela commence par le mot « un » et finit par « million et demi de dollars ».

31

La mer clapote, aussi paisible que l'eau d'une pataugeoire à la piscine. Il n'y a pas un souffle d'air. Le soleil qui, dès la première heure, est déjà haut au-dessus de l'horizon, enveloppe le monde d'une chaleur épaisse. Depuis mon arrivée, il y a quatre semaines, je n'ai encore jamais vu l'Atlantique si calme, bleu comme en plein été, inoffensif et débonnaire. Je connais bien entendu la morsure glaciale qui vous scie les chevilles quand, au bout de quelques mètres dans l'eau, on s'enfonce et qu'on sent les courants sous-marins : les choses ne sont pas ce qu'elles paraissent être. Mais comment voir d'emblée ce qu'elles sont ?

Je retrousse un peu les manches de mon corsage et j'examine mes avant-bras qui sont aussi bronzés que si j'avais derrière moi quatre semaines de plage, quatre semaines de vacances durant lesquelles on n'a rien d'autre à faire qu'observer le contraste de plus en plus marqué entre le blanc de la plante de ses pieds et le noir du dessus. Vacances où rien ne se produit, sinon que vos cheveux deviennent de plus en plus hérissés, de plus en plus blonds.

Mais je n'ai pas eu quatre semaines de vacances à la plage. Pas de vacances du tout, même. Ce ne fut pas non plus une aventure. Plutôt une leçon.

Une leçon de vie.

Clignant une dernière fois des yeux face au soleil, je décide de faire demi-tour et de rentrer à Sea Whisper

Inn, d'où je suis partie voilà une heure pour m'occuper à autre chose qu'à rester assise au salon, à attendre que le soir vienne et que klaxonne devant la porte le taxi qui m'emmènera à la gare où je prendrai le train pour l'aéroport. Cette nuit, je retourne à Munich.

Ma valise est prête dans l'entrée. Avant l'enregistrement, je rencontrerai, avec Mr Cunningham, Mr Komarov qui, par chance, a réussi à organiser son retour de Moscou, de manière à ce que nous puissions nous voir à l'aéroport avant mon vol. Nous signerons alors le contrat de vente.

Oui, exactement : nous signerons le contrat de vente. Tout a été négocié et préparé. Je n'ai plus qu'à apposer mon nom au bas du document, et ce sera réglé. Je vais donc vendre la maison. J'en ai le cœur brisé, mais je n'ai pas le choix. Il n'y a pas d'alternative, on peut tourner le problème dans tous les sens, c'est comme ça. Il me faudrait de l'argent pour conserver la maison mais je n'aurai d'argent que si je ne la conserve pas. Un cercle vicieux parfait.

Il n'y a qu'une issue, brutale et rapide.

J'avais certes l'intention de grappiller le maximum de temps possible et de repousser la vente, afin d'offrir aux occupants quelques semaines encore dans leur environnement familier. Mais il s'est produit ce que je n'avais pas envisagé : quand il devint clair que la maison serait vendue, que son avenir était scellé et que les pensionnaires ne bénéficieraient que d'un sursis de quelques semaines tout au plus, leur moral s'est effondré, au point que je me suis rendu compte qu'il ne se relèverait pas de sitôt.

Peu importait qu'ils puissent rester deux, six ou dix semaines. Ils avaient peur, peur de l'avenir, et je devinais que cette peur ne passerait pas avant que l'avenir n'ait commencé. Il est inutile d'épuiser le délai de trois mois pour le versement de la commission de Mr Cunningham. Et puis, à quoi bon prolonger la belle et si ancienne vie dans cette belle et si ancienne maison, quand la fin est de toute façon en vue? À quoi bon pratiquer la respiration artificielle sur un malade condamné? Quelques semaines de plus ou de moins? Ils ne profiteraient pas de ces semaines. Je pouvais tout aussi bien débrancher les machines et laisser les choses aller selon leur cours.

Je toucherai dix millions de dollars pour la maison, c'est ce que Mr Cunningham a négocié. Et, sur mon insistance, il a obtenu que les occupants puissent rester aussi longtemps qu'on n'aurait pas trouvé pour eux une nouvelle résidence. Komarov en a chargé un agent immobilier qui recherchera une jolie location de remplacement. Hier après-midi, il est venu ici un jeune gars en costume blanc fripé, avec une serviette qui débordait de propositions. La plupart étaient beaucoup trop chères, mais il s'est néanmoins trouvé une ou deux maisons au loyer plus ou moins accessible. Elles ne sont bien entendu pas en bord de mer, et bien moins vastes et confortables que Sea Whisper Inn. Mais qui sait? L'agent vient juste de commencer à chercher, et il trouvera peut-être quelque chose de plus « cosy » encore. Une maison avec assez de place pour cuisiner et vivre, dans laquelle Frederic pourra installer son piano et Maxwell poursuivre ses travaux. Patty, au moins, envisage l'avenir dans un esprit positif, absolument positif.

C'est du moins ce qu'elle dit.

Ah, merde!

Merde, merde et remerde!

J'accélère le pas, sans m'apercevoir que mes pieds s'enfoncent profondément dans le sable. Je suis triste, insatisfaite, furieuse, car il n'y a rien de positif depuis qu'il est certain que je vais vendre la maison. On a l'impression qu'une épaisse et lourde chape s'est posée sur Sea Whisper Inn, une chape qui obscurcit et étouffe tout, une chape qui laisse à peine la place de respirer. Ces vieilles gens, qui m'ont chaleureusement accueillie il y a un mois, ne font plus guère attention à moi. Pire! Ils ont commencé à ranger leurs chambres, à trier par le vide, mais, quand je leur propose de les aider, ils refusent d'un geste las. Eleonore ne fait plus de scones, Patty ne me propose plus de Manhattan à la grenade et, hier soir, au dîner, une seule bouteille de vin blanc a suffi pour nous six. C'est Eleonore, précisément Eleonore, qui en a bu le plus. Ornella et Patty ont à peine touché leur verre.

Les dîners surtout sont douloureux, pour moi en particulier. J'ai parfois l'impression de n'être tolérée que comme un hôte importun, l'impression que tous seraient soulagés si disparaissait la femme qui a mis Sea Whisper Inn en vente. Je sais qu'aucun d'eux ne dirait une telle chose, tous comprenant très bien que je n'ai pas d'autre choix. On ressent toutefois ce qu'éprouvent les gens en réalité, en dessous du seuil où la raison continue de régner.

Moi, en tout cas, je le ressens. Durant toutes mes années passées dans des familles d'accueil, j'ai développé des antennes très sensibles. Je remarque quand je suis la bienvenue. Je remarque quand il est temps de se rendre invisible. Et je remarque aussi quand il est temps de se retirer.

Ce temps est venu, de nouveau, comme souvent dans ma vie. Et je ne peux même pas en vouloir à quelqu'un. Je n'en ai jamais voulu à qui que ce soit quand, un jour, quelque part, je n'avais plus ma place. J'étais triste, oui. Et pas moins déçue. Mais rancunière? Jamais. J'ai appris à regarder de l'avant plutôt que ruminer. Et c'est ce que je vais faire cette fois aussi. Il y a de bonnes chances que j'y parvienne sans grande peine, car, indépendamment de ce que l'Amérique s'est révélée un bide pour moi, indépendamment des sentiments mêlés qui seront les miens quand je quitterai ce pays dans quelques heures, je ne partirai pas sans rien: j'aurai assez d'argent pour un nouveau départ. Je débarquerai à Munich et je me ressaisirai comme je me suis toujours ressaisie. Et, dès que j'aurai retrouvé mon équilibre, je persuaderai Annika d'ouvrir avec moi ce fameux salon de thé. Qui sait comment la vie continuera alors? Un salon de thé, ce n'est peut-être pas une famille, mais, avec Annika et quelques clients sympas, ce pourrait devenir quelque chose d'approchant. Non?

Lorsque j'arrive à l'escalier menant à Sea Whisper Inn, je ne grimpe pas aussitôt les marches, je contemple encore un instant le chemin que je viens de parcourir. Une mouette se pose devant moi et déambule sur le sable. La côte, les dunes, les maisons, les escaliers et les haies, le sable: tout m'est devenu, ces dernières semaines, aussi familier que le contour de l'ongle de mon pouce. Il est néanmoins plus qu'invraisemblable que je revoie ce spectacle un jour.

Je vais quitter ce pays, cette maison, ces vieilles gens. Sans doute, oui. Certainement.

Je croise les bras, je regarde la mer et je sens mon cœur se serrer. J'aimerais que les vagues se lâchent, qu'elles mugissent, qu'elles se dressent, écumantes, qu'elles me noient les yeux sous le sel et l'eau, qu'elles m'agressent, m'accusent, me demandent des comptes. Cela répondrait bien mieux à mes humeurs que le tiède clapotis d'une baignoire. Mais la mer ne se déchaîne pas, elle ne m'assaille pas. Elle est là, sans plus, léchant le sable.

N'ai-je pas voulu tout bien faire? Et tout n'est-il pas pourtant allé de travers? Si! C'est bien ce qui s'est passé! Je voulais sauver la maison de ma tante, elle est vendue. Je voulais trouver une belle issue pour ses occupants, ils vont devoir emménager dans une maison miteuse. Je voulais être aimée, me faire des amis, et je me sens seule comme je ne l'avais plus été depuis longtemps. Alan s'est révélé être un infâme salaud. Et Ted?

Ah! Parlons de Ted! Depuis une semaine, c'est à peine s'il m'a adressé la parole. Pour être honnête, sa froideur me blesse presque davantage que le silence des vieilles personnes. J'avais secrètement espéré que la tension qui s'était dressée entre nous se dissiperait quand il s'avérerait qu'Alan n'était pas un amant caché, bien au contraire. Il a tout de même obtenu pour moi une ordonnance de référé contre Alan.

Un tribunal de New York a interdit au *New Yorker*, officiellement et sous peine de sanctions, de faire usage de ce qu'Alan s'est procuré chez moi durant mon absence. Il ne peut reproduire de photos ni faire état des vieux documents qu'il a subtilisés dans la chambre de Dotty. Et, sans ces documents, le magazine ne peut publier qu'un texte rempli d'affirmations et de spéculations, ce dont il s'abstiendra certainement.

Mais ensuite, je me suis décidée à ne plus me battre plus longtemps pour la maison, à la vendre, et depuis lors… Ted a de nouveau repris ses distances avec moi. Je sais : il est évident, même pour moi, que, dans cette situation, il est difficile de ne pas voir en moi l'Allemande débarquant un jour pour vendre son héritage, sans se préoccuper du reste du monde. Mais ne pourrait-il pas au moins essayer? Se dire que j'ai tout fait pour que cette histoire connaisse une autre issue? Je m'y suis vraiment efforcée, et je tenterais encore n'importe quoi s'il existait une autre possibilité. Mais il n'en existe pas. Aussi loin que la vue puisse porter.

En réalité, je n'ai pas du tout envie de partir. Il y a fort longtemps que je ne me suis pas sentie aussi bien qu'ici, entourée et bienvenue. En réalité, j'ai une envie folle de rester en cet endroit, avec ces personnes. Et il est d'autant plus blessant que tous me donnent le sentiment que je suis celle qui s'est détournée des autres, et non l'inverse.

Je lève la tête vers les dunes où des touffes d'herbes aux feuilles hérissées et tranchantes font songer, en plein soleil, à de petits animaux récalcitrants. Je les vois, elles aussi, pour la dernière fois de ma vie peut-être. Je grimpe les marches usées par les intempéries. Le sable, sur le bois chaud, est si fin qu'on le voit à peine scintiller.

Par la fenêtre de la dépendance, j'aperçois Frederic qui n'est pas assis à son piano ou devant son secrétaire, mais qui se tient à côté d'un carton de déménagement, devant sa bibliothèque murale. Un ouvrage ouvert à la main, il le feuillette puis le pose dans le carton. Hier, Ted a apporté un chargement de ces cartons afin que les pensionnaires puissent commencer à empaqueter leurs affaires, et que leur déménagement pour un quelconque nouvel abri ne soit pas trop stressant. Ils se sont tous montrés reconnaissants de cette initiative. Aucun d'eux ne semble vouloir passer trop de temps sur un bateau qui prend l'eau, certes lentement, mais indiscutablement.

Je donne un léger coup contre la vitre, non pour déranger Frederic, mais comme ça, juste un signe pour lui montrer que je suis heureuse de le voir. Quand le vieil homme maigre se retourne, il se contente de me lancer un regard gêné avant de se replonger dans le livre qu'il tient entre ses mains.

Je soupire. Il y a longtemps que des adieux n'ont pas été aussi pénibles pour moi. Un instant, j'ai pourtant eu le réel sentiment que nous pourrions devenir amis, ces vieilles gens et moi. Je me suis sentie de temps à autre comme chez moi auprès d'elles, accueillie, acceptée et intégrée. N'était-ce qu'une illusion?

Je suis venue ici en tant qu'étrangère, en tant qu'héritière de la maison où ces gens vivaient, et s'ils se sont au début méfiés de moi, ils n'avaient pas tort.

En revanche, ils ont eu tort d'abandonner leur méfiance. Car il s'est passé exactement ce qui devait se passer : je vends la maison et les prive de leur chez eux. Je sais que je n'y peux rien. Même si j'avais renoncé à l'héritage, ils n'auraient pu la conserver, elle serait revenue à l'État, qui n'est pas connu pour sa propension à la générosité envers les personnes âgées. Je n'avais pas d'argent, pas d'issue. Je ne suis finalement même pas parvenue à louer une chambre, une seule nuit, pour renflouer un tant soit peu la caisse commune de ces pauvres gens. Quoi d'étonnant à ce qu'ils se montrent aussi déçus ?

Le bonheur sur Long Island ? Un doux foyer dans les Hamptons ? *Come on*, Linn. Tu n'as encore jamais eu de chez-toi. Tu reviens toujours là d'où tu t'es enfuie quand tes parents sont morts. Là où tu es seule.

32

C'est donc ça, le bruit de la tristesse ?

Je ne sais d'où me vient cette idée qui me traverse l'esprit quand j'entre dans la maison, mais un je ne sais quoi, dans les raclements et les froissements qui proviennent des chambres où l'on range et farfouille, me fait penser que la vie est comme une horloge et son incessant tic-tac, comme une machine qui ronge lentement le temps. Partout, dans les chambres, dans le salon et le jardin d'hiver, je tombe sur les trois caisses que je connais bien, attendant, les unes à côté des autres, d'être remplies : marché aux puces, conserver, poubelle.

Une dernière fois, je parcours la maison, je traverse la cuisine où Ornella examine, perplexe, un wok, se demandant dans quel carton le mettre, puis le jardin d'hiver où, dans le treillis vitré, les carreaux remplacés après la tempête sont si propres qu'on a l'impression que les trous sont toujours là. Dans le salon, un groupe de fauteuils et de canapés attendent que Ted les transporte, dans un camion de livraison, à la brocante. Dans la salle à manger, il y a encore, sous la table, des miettes de scones et de gâteau, de pain et de pizza, et de l'excellent parmesan du marché fermier. Miettes des temps heureux.

Je comprends soudain pourquoi les bruits du déménagement me rendent si triste. Ils me rappellent le départ de notre maison après le décès de ma mère.

Des semaines durant, je suis restée allongée dans ma chambre, écoutant mon père emballer tout le fourbi que ma mère avait accumulé avec amour, triant des objets, les changeant de caisses. Depuis, le bruit de papier d'emballage n'évoque pas pour moi l'idée d'un nouveau départ, mais celle de la perte ; il suscite en moi la douleur qu'on éprouve quand quelque chose se termine inexorablement.

Je rencontre dans l'entrée Patty qui réfléchit, penchée sur plusieurs classeurs étalés devant elle. Elle n'a que deux cartons à côté d'elle, l'un pour les documents importants, l'autre pour les vieux papiers. Seul le second semble se remplir : des piles de papier, des cartes géographiques, des prospectus s'y entassent, ainsi que des quantités de factures, de feuilles d'impôt, de quittances. Il me revient tout à coup qu'Alan, il y a une semaine, m'a demandé de rechercher si, dans les documents bancaires ou les extraits de compte des années 1990, ne se trouverait pas un indice quant à ce qu'est devenu le tableau de Byron. Mais les papiers que manie Patty ne paraissent pas dater de si longtemps et, d'autre part, je ne veux plus rien savoir d'Alan et de son foutu tableau.

Puisqu'il est question de cette affaire, je suis vraiment heureuse qu'elle appartienne au passé ! Personne ne parlera plus de la liaison de Dotty. Ni Patty, ni Ornella. Et moi, moins encore. Qu'y a-t-il d'intéressant dans le fait de savoir qui, il y a vingt ans, dans quelles conditions, a couché avec qui ? Ne peut-on simplement laisser les choses aller leur cours ? Le portrait de ma tante doit exister quelque part. Quelqu'un doit, en cette même seconde, peut-être éprouver du plaisir en le regardant. Je ne vais sans doute jamais découvrir qui est ce quelqu'un.

J'en suis un peu peinée, parce que j'ai le sentiment qu'une partie de la personnalité de ma tante me restera à jamais cachée. Mais si c'est le prix à payer pour laisser sa vie en paix, c'est bien ainsi. Ce n'est, après tout, pas mon affaire.

— Hello, Patty, dis-je, après être restée quelques secondes dans l'embrasure de la porte sans que la vieille dame s'aperçoive de ma présence.

— Oh, hello, Linn! s'écrie-t-elle avec un sourire.

Je ne saurais dire à quel point je suis heureuse que cette gentille Patty ne me donne plus le sentiment que j'ai fait quelque chose de mal. S'étant d'abord figuré que j'avais tenté de tirer profit du décès de ma tante, elle m'avait fait la tête un bon moment, mais, Dieu merci, ça s'est tassé. Bon, je vendais la maison, soit, mais elle ne s'était d'emblée fait aucune illusion, si bien qu'elle est quasiment la seule à considérer les événements avec une sérénité relative.

— Comment vas-tu?

— Oh, je ne sais pas, dis-je. Je me demande un peu ce que je vais devenir.

— Eh oui, répond-elle en me regardant avec compassion. Vivre entre deux époques et deux mondes.

— Est-ce que je peux t'aider?

— Non, tu devrais plutôt voir si tu n'as pas envie d'emporter quelque chose en Allemagne, un souvenir de la maison et de ton séjour ici. De ta tante Dotty.

Je hausse les épaules, indécise.

— Je ne vois pas quoi, Patty. J'ai emporté quelques livres que j'ai lus ici et dont quelques-uns sont dédicacés à Dotty. Ma valise est pleine.

— Quelque chose de petit, peut-être? me propose Patty en cherchant autour d'elle dans l'entrée. Une clé de chambre? Son regard tombe sur la coupe de fruits qui s'est sensiblement vidée ces derniers jours. Une pomme? Une banane?

— Merci, Patty, dis-je en riant.

— Un tableau, alors?

Elle montre le mur en face d'elle, les paysages accrochés au-dessus des sièges, que je ne trouve pas particulièrement réussis.

— Là, un de ces petits, là ! Nous ne pourrons de toute façon pas les emporter tous, où que nous atterrissions. Et un petit comme ça, tu pourrais facilement le mettre dans tes bagages à main.

— Je ne sais pas trop, dis-je, en cherchant moi aussi des yeux maintenant, examinant les aquarelles des dunes à côté de la porte d'entrée, les petites esquisses à l'huile accrochées sous l'escalier et représentant le jardin. En emporter une ? Pourquoi pas ?

— Ou celle-là, là-haut ? continue Patty, montrant le tableau à l'huile de l'entrée.

C'est celui qui a eu les faveurs d'Alan et qui m'avait aussi tapé dans l'œil quand j'étais entrée dans la maison, la toute première fois. On y voit Sea Whisper Inn depuis le parc, la terrasse, le jardin d'hiver, les espaliers des rosiers.

— Il me plaît infiniment, dis-je. Mais vous ne voulez pas l'emporter, vous ?

Patty hausse les épaules.

— Il y a tant d'autres tableaux montrant la pension. Si celui-ci te plaît, prends-le ! Il devrait même tenir dans tes bagages à main, non ?

— Sûrement, dis-je, soudain extrêmement heureuse de ce petit souvenir.

Ensemble, nous essayons de le décrocher, mais il est si haut que, sur la pointe des pieds, je ne le touche que du bout des doigts. En grimpant sur une chaise, je finis par ôter la toile d'un clou rouillé, lui-même véritable antiquité digne de figurer dans un musée. J'admire les fines traces de pinceau, l'art avec lequel les arbres et la pelouse, les murs et le toit sont couchés sur la toile. Le tableau, en bon état, n'est pas empoussiéré du tout, ayant été nettoyé la semaine dernière lors du grand ménage entrepris par Ornella et Patty.

— Je vais chercher quelque chose pour l'envelopper, dit Patty.

Elle disparaît dans le réduit où s'empilent les enveloppes, les classeurs, les agrafes et les papiers qu'elle a soigneusement conservés.

Tandis qu'elle farfouille dans la pénombre, je m'avance vers la porte afin de regarder au-dehors par le fenestron, voir le soleil, l'allée et le petit bout de rue par lequel je partirai d'ici dans peu de temps. On aperçoit encore des traces de pneus dans le gravier, laissées par Ted, Alan, Mr Cunningham, et j'ai un petit instant l'impression d'entendre le gravier crisser en moi, les souvenirs des derniers jours se gravant dans mon esprit pour y laisser une trace, une trace indélébile.

— Tiens, dit Patty en me tendant une grande feuille de papier bulle et un rouleau de ruban adhésif. Je savais qu'on en aurait l'utilisation, un jour.

— Je te fais de la place, dis-je, en poussant deux ou trois classeurs.

Patty étale la feuille et y pose le tableau, l'endroit face au papier. Puis elle replie les bords dans l'intention de les coller sur l'envers du tableau, avec des bouts de scotch.

— Attends, dis-je, en posant la main sur la sienne.

— Qu'y a-t-il?

— Regarde un peu ça, dis-je encore, en lui montrant la signature peinte sur la toile brune d'un mince trait de pinceau.

— Eh bien, quoi? s'étonne-t-elle, mais, au même instant, elle comprend elle aussi. Oh! s'écrie-t-elle seulement.

— Alors? dis-je.

— Tu as raison, ce n'est pas la signature de Dotty.

33

— Voyons voir un peu, dit Jonathan McBride en nous éloignant, Ted et moi, de l'appareil de radiographie.

Je jette à Ted un regard de côté, mais il paraît ne pas me voir, fasciné par l'étrange engin posé sur un système de rails et de supports dans lequel est inséré le petit tableau à l'huile de tante Dotty. Il n'est pas muni d'objectif ni de lentille et va néanmoins nous fournir une photo, une importante preuve. Nous l'espérons, du moins, car le collaborateur de l'Institut d'histoire de l'art, avec qui le musée Guggenheim travaille souvent, n'est pas certain du résultat.

En règle générale, la radiographie de peintures fonctionne bien mieux avec de très vieux tableaux qu'avec des tableaux plus ou moins contemporains. Notre espoir que la radio en cours nous apportera néanmoins une réponse se fonde sur le fait que l'Institut est spécialisé dans les cas semblables au nôtre, spécialisé en spectroscopie ultraviolets, en réflectographie infrarouge et autres procédés dont j'entends parler pour la première fois, mais qui, tous, servent à classifier les tableaux, à vérifier leur authenticité, à repérer si un tableau a été recouvert d'une autre peinture. La forensique en matière d'histoire de l'art, en quelque sorte. Non que nous soyons sur la trace d'un criminel, mais d'un petit événement qui pourrait faire pas mal de vagues dans le monde de l'art.

— Attention ! dit le collaborateur en blouse blanche, en appuyant sur une touche de son ordinateur. C'est parti !

L'appareil ronfle un peu, on entend un léger crépitement, et c'est le silence.

— C'est déjà fini ? demandé-je, surprise, et l'homme opine.

— Bon, on va voir ce que ça donne, dit-il, penché sur l'écran de l'ordinateur.

Ted, Jonathan et moi, nous nous serrons autour de lui. Je suis si heureuse que Ted ait été d'accord pour foncer à Manhattan et dénicher le conservateur du musée Guggenheim dans son bureau, que je ne trouve pas de mots pour le dire. Je n'aurais pas osé le lui demander, mais Patty a insisté pour que je l'appelle et que je ne perde pas un temps précieux dans un train de banlieue. Il a hésité un petit moment à l'idée de m'accompagner en ville. Mais il a accepté quand il en a appris la raison. Le trajet a été un peu drôle. Il y avait déjà plusieurs jours que nous n'avions plus été seuls, sans avoir rien de concret à nous dire, sans formalités à remplir. Mais, en dépit de mes craintes, nous ne sommes pas restés muets en route. Ce qui ne veut pas dire que nous ayons beaucoup parlé. Cependant, je sentais qu'il voulait lui aussi savoir ce qu'il en était de ce tableau accroché depuis vingt ans dans l'entrée de Sea Whisper Inn, sans que quiconque ait remarqué quoi que ce soit.

Et moi, en tout cas, je voulais savoir. Absolument.

— Alors ?

Je suis morte d'impatience tandis que l'ordinateur compose une image en noir et blanc qui ne se précise que lentement, morceau par morceau.

— Ça semble…, murmure Jonathan, puis il se tait en distinguant une image plus précise.

— Ça semble quoi ?

C'est toujours moi qui, ne tenant plus de curiosité, pose la question, alors que j'en vois autant que lui.

— Ça semble être un beau tableau, répond Jonathan qui le contemple d'un air admiratif.

— Ce serait lui? demande Ted.

Il n'a pas vu la photo d'Alan et ne peut donc découvrir que les surfaces claires et sombres, ainsi que les lignes qui composent l'image radiographique, ressemblent exactement à ce qui, sur la photo, restait flou et n'était guère reconnaissable.

— C'est bien lui, acquiescé-je. Et comment!

Un peu plus tard, nous sommes assis à l'étage supérieur, dans l'atelier d'un restaurateur qui, penché sur la radiographie, la compare avec la peinture à l'huile également posée devant lui. À droite, le tableau de Sea Whisper Inn peint par Dotty, ses murs et ses fenêtres, son toit et sa cheminée, sa terrasse, les arbres, le ciel, la lumière. À gauche, sur de délicates épaules, le visage pas particulièrement joli de ma tante qui, avec ses grands yeux et ses lèvres plutôt étroites, fait penser à un esprit d'un autre temps, surgi d'un univers parallèle en noir et blanc.

— Quel est l'idiot qui s'est livré à ça? murmure le restaurateur en hochant la tête.

— Ce n'était pas un idiot, dis-je à voix basse.

— Non?

— Non.

Le restaurateur me regarde un moment, comme dans l'attente d'une explication, mais je ne ressens pas le besoin de lui en fournir une. D'autant que je n'ai moi-même pas bien compris ce qui a amené Dotty à recouvrir d'huile épaisse le portrait que Paul Byron avait fait d'elle. Mais je peux affirmer avec certitude que ce ne fut pas un acte stupide. Au contraire. Je suis persuadée qu'elle a eu une bonne raison de ne pas le vendre à J.J. Miller en 1995, de le conserver et de le cacher, de manière à ce qu'il ne soit pas découvert. Quelle raison? Je ne peux naturellement que me livrer à des spéculations à ce sujet. A-t-elle eu des scrupules à fourguer ce cadeau? N'a-t-elle pas pu se séparer de la sorte des souvenirs qui l'unissaient à Paul Byron? N'a-t-elle pas voulu qu'un homme comme J.J. Miller la contemple à tout moment, à son gré? Je l'ignore, je n'ai pas la moindre idée sur ce point.

Le tableau lui-même nous en révèlera-t-il davantage? Jonathan McBride a déjà annoncé que, si mes soupçons étaient exacts et qu'un authentique Byron se trouvait sous ce tableau, son institut serait tout à fait à même d'effectuer le travail de réhabilitation. Mais je reste un peu hésitante quand il demande au restaurateur, d'une voix cachant mal son excitation:

— Alors, qu'en dites-vous? Combien de temps cela vous prendra-t-il?

Le restaurateur reprend sa loupe puis allume une lampe de forte puissance et tient le tableau de manière à ce que chaque aspérité, chaque trait de pinceau jette une ombre longue. Il examine soigneusement la surface, sans céder à la pression et à la fébrilité de Jonathan. Il relève les yeux au bout d'un moment.

— Ma foi, je ne peux le dire très précisément, mais à coup sûr, trois ou quatre semaines. Cela vous convient-il?

Jonathan me regarde.

— Vous tiendrez le coup aussi longtemps, Linn?

— Bien sûr, dis-je, bien que me sentant soudain mal à l'aise sur mon siège.

— Vous n'en semblez pas si sûre que ça!

— Non?

— Non, dit-il en éclatant de rire.

Je me racle la gorge.

— Je n'en suis en effet pas si certaine que ça, dis-je à voix basse.

En réalité, je trouve plutôt que tout va un peu trop vite : ce matin, Patty et moi avons découvert la signature de Paul Byron au dos d'une peinture à l'huile de Dotty et, cet après-midi, en présence de l'expert en chef d'un institut de recherche de l'Upper East Side, je dois décider si je fais enlever la peinture de Dotty afin de mettre au jour une œuvre inconnue de Paul Byron et aussi, par voie de conséquence, couche après couche, le secret de Dotty et de Paul. Or, n'ai-je pas exigé d'Alan que ce secret reste un secret ? Le monde doit-il réellement apprendre ce qui se cache derrière ces coups de pinceau ? Ne pouvons-nous pas tout simplement raccrocher le tableau et faire comme si nous ignorions tout ?

Probablement pas, je le pressens. Il en est sans doute des secrets comme du paradis : qui a un jour goûté aux fruits de l'arbre de la connaissance, ne peut revenir en arrière. Et pourtant, je sens en moi comme une lourde grille qui m'empêche d'effectuer les derniers pas me séparant de la mise au jour du secret.

— Et pourquoi ? me demande Jonathan d'un ton amical.

— Oui, pourquoi ? me demande à son tour Ted, d'un ton d'incompréhension.

— Parce que… je cherche mes mots.

Parce que l'idée me déplaît de mettre au grand jour quelque chose que ma tante s'est efforcée de cacher ? Parce que j'ai envoyé promener Alan pour son manque de respect et son goût du sensationnel, alors que je m'apprête à faire comme lui ? Parce que j'ai définitivement tiré un trait sur toute cette histoire, sur les États-Unis de manière générale ? Parce que je pressens que cette extraordinaire découverte artistique a de telles conséquences financières que mon existence va s'en trouver à nouveau bouleversée ? Parce que je pourrai rembourser toutes mes dettes et avoir le bonheur et la gloire de sauver Sea Whisper Inn? Comment expliquer tout ce qui me passe par la tête à un conservateur du Guggenheim, qui ne s'intéresse à cette découverte que pour des raisons professionnelles?

— Ah, je n'en ai pas la moindre idée, dis-je finalement avec un haussement d'épaules.

— Nous sommes en présence d'une découverte sensationnelle d'un point de vue de l'histoire de l'art, Linn, me presse Jonathan.

— Je sais…

— Mais elle restera lettre morte si nous ne pouvons faire en sorte que cette découverte ait lieu.

— Ça aussi, je l'ai compris.

Je lui lance un regard hésitant et il me regarde à son tour, l'air assez désemparé.

— Vous savez quoi? dit-il en se levant brusquement, le visage d'un seul coup couvert de taches rouges.

— Non?

— Nous allons peut-être faciliter votre décision, dit-il d'une voix rauque.

— Comment?

— Permettez-moi de donner un petit coup de fil, dit-il en sortant fébrilement son portable de la poche de sa veste.

Il quitte la pièce aux murs couverts d'imprimés remplis de tableaux et de listes, avec, sur la table en son milieu, toujours côte à côte, l'image radiographique de Dotty et la peinture de Sea Whsiper Inn. Je m'attends à le voir revenir d'une seconde à l'autre, mais plusieurs minutes s'écoulent.

— Qu'est-ce qu'il fabrique?

Ma question s'adresse à Ted qui, haussant les épaules, me jette un regard qui montre néanmoins qu'il est aussi nerveux que moi.

— On verra bien.

34

Le soleil brille, les oiseaux gazouillent, un homme d'affaires, assis sur un banc du parc, fait tomber des miettes de son bagel sur sa cravate. On entend au loin des cris d'enfants, une joggeuse aux lèvres « repulpées » passe devant nous, en respirant comme un soufflet de forge. D'un léger contact de la main, Ted me permet d'éviter une flaque de glace au chocolat fondue dans laquelle flotte un morceau de gaufre. Bien que l'air à Central Park soit plus pur que dans n'importe quel autre endroit de cette ville surpeuplée, montée en graine, puante, étourdissante de crissements et de grondements, je me sens aussi abrutie et étourdie que si je n'avais pas vu la lumière du jour depuis quatre semaines.

Bien sûr, peu après ma découverte, je savais que le tableau que je portais sous un bras dans les rues de New York, enveloppé dans du papier à bulle et un sac en papier renforcé comme un vulgaire objet destiné à une braderie, valait une fortune. Paul Byron est l'un des peintres les plus célèbres de l'après-guerre. Lors des ventes aux enchères dans le monde entier, ses tableaux atteignent des records de prix. Mais maintenant, Jonathan McBride m'ayant cité le chiffre que le musée Guggenheim serait prêt à payer pour le tableau non restauré, j'ai l'impression que mon cœur bat à un rythme que le reste du monde ne peut soutenir, comme si le monde n'était plus ce monde mais quelque chose qui lui ressemble un peu.

— Mais dis donc enfin quelque chose, m'apostrophe Ted, lorsque, en silence, nous marchons durant plusieurs minutes côte à côte, et que j'ai cependant l'impression de faire un bruit incroyable avec mon sang pulsant dans mes artères, mon cœur battant à tout rompre et mes terminaisons nerveuses qui bourdonnent et ronronnent dans tout mon corps. Six millions! N'est-ce pas totalement dément?

Je lève vers lui un regard perplexe.

— Tu es riche, Linn, tu te rends compte? Richissime! Pourquoi tu ne dis rien?

Je m'arrête et regarde Ted dans ses yeux qui, tels deux bleuets dans un champ de blé, illuminent son visage. Tous ces mots, démence, richesse, enthousiasme, n'arrivent pas jusqu'à moi. La somme qu'a citée Jonathan McBride me décontenance au point que j'arrive à peine à me rappeler mon nom.

— Linn!

Linn, c'est effectivement comme cela que je m'appelle. Mais le suis-je encore?

— Linn, qu'est-ce qu'il t'arrive?

— Je ne veux pas vendre le tableau, Ted, dis-je, avec une pointe de regret dans la voix.

— Hein? Il me regarde, abasourdi. Mais, au nom du ciel, pourquoi?

— Hélas, je ne sais pas moi non plus, dis-je.

Mais je lui parle ensuite de mes doutes, de ma conviction, depuis ma brouille avec Alan, qu'il y a des choses qui ne doivent pas être divulguées, des secrets qui ne sont destinés qu'aux oreilles et aux yeux de ceux qui les partagent, que je ne veux pas que le tableau nettoyé des coups de pinceau de Dotty paraisse dans la presse et non plus que, au fil des ans, des milliers de visiteurs du musée se pressent devant lui. J'ignore quelle somme devrait me proposer Jonathan McBride pour que cette idée me sorte de la tête, pour affaiblir ma conviction. Dix millions de dollars n'y suffiraient sans doute pas.

— L'argent ne fait pas tout, non? dis-je en conclusion. C'est toi-même qui l'as dit, tu t'en souviens? Quand nous étions au magasin de bricolage et de construction.

— Oui, je me souviens. Et je comprends bien que tu aies des doutes.

— C'est vrai?

Je lui suis reconnaissante de ce qu'il vient de dire parce que, un moment, j'ai eu le sentiment que personne au monde ne me comprendrait.

— Mais, d'un autre côté, non, dit-il en me regardant avec gravité. Tu n'es pas sotte, Linn, tu sais ce que tu pourrais faire avec cet argent. Six millions, Linn! Une somme pareille, c'est comme un signe du destin!

— Je pourrais payer Mr Cunningham, m'acquitter de mes impôts et conserver Sea Whisper Inn…

— Et il te resterait 500000 dollars pour tout rénover.

— Je sais.

— Et tu hésites quand même? Uniquement parce que cet hurluberlu d'Alan est un salopard? Tu parles sérieusement?

Désemparée, je hausse les épaules. Il me lance un regard las et triste. On dirait un chien abandonné par son maître sur une aire de repos.

— Je ne te comprends pas, Linn. Tu joues sans cesse les personnes honnêtes, morales et sincères, mais quand tu as l'occasion de l'être réellement, tu ne penses plus qu'à toi.

Je le regarde, horrifiée, mais il se détourne.

— Ted, dis-je, mais il s'en va, sans autre forme de procès.

— Ted! crié-je.

Mais il ne s'arrête pas. Je le rattrape et, bien qu'il ne fasse pas attention à moi, je marche à côté de lui. Il stoppe brusquement et me regarde d'un air interrogateur.

— Tu pourrais assurer à cinq vieilles personnes une fin de vie heureuse, Linn. Tu pourrais conserver dans les Hamptons une maison qui, dans dix ou vingt ans, le temps que le marché immobilier retrouve son équilibre, vaudra considérablement plus qu'elle ne vaut actuellement. Et il te resterait assez d'argent pour mener une vie confortable. Mais tu veux rentrer à Munich afin que personne n'apprenne que ta tante a eu une liaison avec un peintre? Allons, allons, Linn! Pour quelles raisons hésites-tu, en réalité?

Après un bref regard, il continue son chemin, il me laisse en plan. En temps normal, je lui courrais après, je le contredirais, je discuterais. Mais ce qu'il vient juste de dire a déclenché quelque chose en moi. Tempête sous un crâne!

Pourquoi est-ce que j'hésite, en réalité?

Il me faut quelques secondes pour apaiser mes battements de cœur et trouver la réponse. Est-ce que j'hésite parce que je suis honnête? Parce que je ne veux pas que le secret de ma tante soit mis au jour? Parce que je ne voudrais pas que la fille de Paul Byron apprenne que son père était infidèle? Est-ce vraiment le respect devant les faiblesses montrées par d'autres durant leur existence? Ou bien s'agit-il de tout autre chose?

Ted a raison: je pourrais sauver Sea Whisper Inn. Mais quelque chose en moi s'y refuse. Oui, mais quoi?

Je regarde le trottoir, absorbée dans mes réflexions et concentrée, si concentrée qu'un petit enfant tenant la main de sa nurse se plante devant moi et m'examine, l'air inquiet. La nurse l'entraîne, mais je suis toujours incapable de bouger. Je ne suis, au demeurant, capable de rien. Je n'entends plus les oiseaux chanter, je ne sens plus le soleil sur ma peau, ni la poussière dans l'air, je suis aveugle à ce qui se passe autour de moi.

Et soudain, je sais!

Je lève les yeux, je regarde autour de moi, mais Ted a bien entendu disparu depuis longtemps. Je prends la direction dans laquelle il est parti. Il ne peut être très loin et je suis sûre qu'il n'est pas parti en trombe dans sa voiture tant que mes bagages y sont. À mesure que j'avance, les idées se bousculent en moi. J'ai l'impression de me voir avec une netteté que je n'ai encore jamais ressentie, de toute ma vie.

Je pourrais sauver Sea Whisper Inn, mais je ne le fais pas, parce que je veux être sauvée, moi. C'est tout à coup pour moi d'une évidence aveuglante.

C'est très jeune que j'ai perdu mes parents. Ils m'ont laissée. Je suis restée seule au monde. Depuis, j'ai toujours attendu leur retour. Ou que quelqu'un reprenne leur rôle. J'ai attendu que quelqu'un me tende la main, me sauve, m'offre son affection, m'accueille chez lui. J'aurais tout donné pour cela. Et maintenant que c'est à moi de jouer les sauveteurs, à moi d'aider les autres, j'ai peur, je recule.

Mais pourquoi? Pourquoi ai-je un comportement aussi stupide? Parce que je suis blessée de ce que ces vieilles personnes se sont détournées de moi? Parce que je vais faire quelque chose et que je ne veux pas qu'elles m'aiment de nouveau uniquement en raison de cela? Parce que j'aspire à être aimée pour ce que je suis et que je ne supporte pas l'idée que je devrais d'abord mériter cet amour? Oui, c'est bien ça: je ne veux pas avoir le sentiment d'avoir acheté l'affection de mes semblables. Je veux être aimée indépendamment de ce que je fais.

Je me suis toujours enfuie quand j'ai eu le sentiment de ne plus être la bienvenue. Je ne suis pas habituée à lutter pour gagner l'affection. Et je n'ai jamais voulu devoir lutter pour être aimée. Je voulais un amour sans conditions. L'amour que te vouent tes parents – ainsi que, peut-être, de très rares autres personnes dans ta vie. Si tu as cette chance.

Je découvre enfin Ted. Il est debout, au bord de l'immense étang au cœur de Central Park que bordent les gratte-ciels, telles de gigantesques cimes de montagne. Il observe la surface de l'eau, le regard d'un oiseau qui couve, qui regarde au loin mais qui est replié sur sa tâche.

— J'aurais le sentiment de racheter les cœurs de ta mère et de ses amis, dis-je, sans l'avoir prémédité, à peine l'ai-je rejoint. Or je ne veux pas être celle qui a l'argent et qui joue les bons Samaritains. Je veux simplement être moi et aimée pour cela, et non parce que je me retrouve soudain en situation de résoudre leur problème.

Ted se retourne et me considère, non de manière hostile mais plutôt avec étonnement.

— Et tu penses vraiment qu'il en est ainsi? Qu'ils t'aimeraient parce que, grâce à ton aide, ils ne seraient pas obligés de déménager?

J'opine vivement du chef.

— Vois un peu combien ils sont déçus à mon propos. Et vois un peu combien toi tu l'es aussi!

Je m'aperçois qu'il rougit, et j'ai alors le sentiment que pouvoir enfin lui parler librement est une bonne chose.

— Je veux dire qu'au début, tu étais super sympa avec moi, mais, depuis qu'il est établi que je vendrais la maison, tu me traites comme si j'étais un requin londonien de l'immobilier. Et maintenant qu'existe une chance que j'arrange tout, tu es totalement disponible et…

— Et quoi ?

— Comme au début. Quand nous avons fait connaissance. Si gentil !

— Mais je *suis* gentil, dit-il, d'une voix si confiante que je ne peux m'empêcher de rire. C'est vrai ! J'ai toujours eu l'impression que c'est toi qui avais pris de la distance.

— Moi ?

— Oui, c'est toi qui m'as tenu à distance. Je pouvais t'aider tant que tu avais besoin de moi, mais dès qu'a commencé cette histoire du tableau et du *New Yorker*, c'est comme si tu avais fait une croix sur moi. J'étais juste bon à te conduire à la gare, mais tu m'as toujours fait sentir que je ne pouvais en attendre plus de toi.

À mon tour de rougir. Ted a raison. C'est bien ainsi que je l'ai traité.

— Je n'ai jamais pensé ça, dis-je, désemparée. Pardonne-moi, je t'en prie. Mais il faut aussi bien dire que… quelque part… on doit aussi être, comment dire, être réalistes, non ?

— Réalistes ?

— Eh bien oui, dis-je, en riant et en haussant les épaules avec embarras.

— Réalistes en quoi ?

— Il n'y a pas de place pour moi dans ta vie, quant à la mienne…

— Comment ça, il n'y aurait pas de place pour toi dans ma vie ? demande-t-il, sans crier gare.

Je ne réponds pas. Faut-il parler de ça maintenant ?

— Comment ça ? insiste-t-il.

— Ma foi, c'est assez clair, non ? dis-je en détournant le regard.

— Mais non, dit-il, ne comprenant toujours pas.

— Non ? Ce n'est pas clair que tu as une famille ?

— J'ai un fils.

— Et une femme.
— Exact, dit-il.
Je me demande pourquoi il ne peut pas simplement renoncer à ce sujet. Je ne veux pas parler de ça et donner l'impression que je mendie une place dans sa vie.
— Mais en fait, pas vraiment.
— Pas vraiment?
— Ce n'est plus vraiment le cas, dit-il.
— Comment ça?
— Nous nous sommes séparés.
Son regard se perd à nouveau sur les eaux du lac où quelques canards dérivent lentement.
— Qu'est-ce que tu dis?
— J'avais, vois-tu, abandonné mon boulot d'avocat afin d'avoir plus de temps à consacrer à ma famille, dans l'espoir aussi que notre ménage aille mieux. Mais il n'en a rien été. Lily est retournée en ville, ce qui signifie que je ne vois Tommy que les week-ends.
— Mais depuis quand?
Je suis surprise et effrayée, car je n'en avais absolument rien su.
— Depuis quelques mois déjà.
— Mais Patty m'avait dit…
Je préfère ne pas terminer ma phrase, mais il insiste.
— Qu'a-t-elle dit?
Je secoue la tête. D'un seul coup, je ne suis plus très sûre de ce que Patty m'a réellement dit quand nous avons parlé de la situation de famille de Ted. Elle m'a parlé de sa famille, ça oui, mais plus précisément? Peut-être que je n'ai pas bien écouté.
— Mais pourquoi ne m'en as-tu rien dit?
— À franchement parler, je n'ai pas eu l'impression que parler de mon ménage t'intéressait.
Je rougis.
— Je me disais que…

— C'est bon, c'est bon, dit-il.

— Non, tu sais, je…

Je veux tout lui expliquer, à quel point je suis douée pour me débrouiller avec moi-même, à quel point je suis douée pour faire comme si n'avoir pas de place dans la vie m'était indifférent, mais il m'interrompt :

— En outre, tu as raison, dit-il à voix basse. J'ai pris mes distances.

Je le regarde, ahurie, sans voix.

— J'ai effectivement pris mes distances avec toi quand il est devenu évident que tu vendrais la maison. Mais que pouvais-je faire d'autre ? Ton retour en Allemagne n'était plus, alors, qu'une question de jours. Devais-je te faire des avances ? Te persuader de ne pas vendre mais de rester chez nous ? Chez ma mère, Ornella, Patty et moi ?

Les mots « chez », « nous » et « rester » se déposent tout au fond de mon cœur, doux et légers comme des graines sur une terre fraîche et humide. C'est la réaction que provoquent toujours en moi ces mots. Qu'ils aient sur moi un tel effet, je n'y peux rien.

— C'est ce que tu aurais voulu ? demandé-je, en ouvrant de grands yeux, armant mon cœur dans l'attente d'une réponse qui va me décevoir.

— Mais, dis-moi, tu es vraiment si stupide ?

— Stupide ? Pourquoi ?

— Tu ne veux donc rien voir ?

— Remarquer quoi ?

Il penche la tête de côté et me regarde de telle manière que je n'ai qu'une envie : lui sauter dans les bras. Mais il me vient quelque chose à l'esprit, et cette idée me retient. À quelle conclusion étais-je parvenue récemment, le jour où je me suis promenée si longtemps sur la plage en songeant à Martin ? Oui, je m'étais dit quoi, au fait ? Voilà, ça me revient : je me suis rendu compte que je n'aimais pas Martin pour lui-même mais que j'aimais la vie avec lui. Que, plus que lui, j'aimais le fait qu'il m'offrait un foyer, une famille, un chez-moi. Ne suis-je pas en train de commettre une nouvelle fois la même erreur?

Est-ce que j'aime Ted? Je veux dire: est-ce que je l'aime vraiment?

J'ai en fait le sentiment que oui. Et pourtant, quelque chose me retient. Quoi?

Je crois que je le devine un peu. Je viens d'être tellement déçue que je crains de m'embarquer dans une nouvelle aventure, de me précipiter dans une histoire qui tôt ou tard finira en eau de boudin et, en définitive, me fera du mal. Je ne veux pas être encore une fois abandonnée.

Peut-être est-ce d'ailleurs là la véritable raison de la distance que j'ai mise jusqu'ici dans mes rapports avec Ted. J'ai peur des souffrances que la proximité avec d'autres êtres m'a jusqu'ici values.

— Il est possible que je sois un peu stupide, dis-je en regardant mes pieds.

— Ça ne fait rien, dit Ted, amical.

Je le regarde, perplexe.

— Ah bon?

— Non, absolument rien. Je dirais même que ça te rend d'autant plus ravissante.

Il me sourit en me tendant la main, un geste sans rien de compromettant, de menaçant, un geste qui ne risque pas de m'entraîner dans un mauvais pas. Un geste de simple camaraderie, d'acceptation de l'autre, de proximité. Je pourrais la lui prendre et nous pourrions faire quelques pas de promenade, tout simplement.

Mais cette main tendue me fait comprendre qu'il est impossible d'être proche d'autres êtres humains si on ne sort pas du bois. Pour être aimé, il faut s'abandonner aux autres. On peut certes être déçu et finir par être blessé, c'est évident. Mais ne pas déposer son armure par crainte d'être un jour blessé, c'est s'interdire de savoir ce que ressentent deux êtres qui ne font qu'un.

— Merci du compliment, dis-je d'un ton sec, mais sans pouvoir réprimer un sourire.

Ted me tend toujours sa main ouverte. Puis il l'avance un peu plus, me saisit le poignet et m'attire à lui. Son visage est maintenant juste devant le mien. D'un seul coup, je me sens mollir, mes genoux, mes chevilles, mon Moi toujours sur la défensive et dans le doute jusqu'ici.

— C'est ce que j'aurais dû faire depuis longtemps, dit Ted, dont les yeux brillent comme du feu.

— Oui, c'est ce que tu aurais dû faire, je confirme à voix basse, le cœur battant.

Il me regarde et, bien que le dernier des imbéciles sache ce qui doit maintenant se produire, j'ai le cœur qui s'affole. Les secondes qui suivent me paraissent plus palpitantes que le plus passionnant des polars : l'ombre de son visage sur le mien, la chaleur de son haleine, sa peau, ses lèvres qui touchent les miennes, sa bouche qui s'ouvre légèrement, ma langue qui s'insinue en elle, indépendamment de ma volonté et sans que je puisse l'en empêcher, sa main qui me prend la nuque, rude et tendre à la fois.

Mais, avant que nous sombrions totalement dans notre étreinte et que nos deux corps ne fassent plus qu'un, le portable de Ted sonne, si fort et si insistant que nous nous repoussons l'un l'autre comme des oiseaux effarouchés, comme si notre baiser avait été un impair, comme si nous venions juste de nous apercevoir quelle erreur il avait été.

— Allô? dit-il avant de me passer l'appareil. C'est pour toi.

Je sais aussitôt qui m'appelle sur le portable de Ted. Soit quelqu'un de Sea Whisper Inn, ce qui est invraisemblable parce que le portable n'existe pas encore dans l'univers de ses occupants, soit Jonathan McBride, à qui Ted a laissé sa carte de visite afin qu'il puisse me joindre sous un numéro local.

— Jonathan?

— Linn, me demande le conservateur d'une voix amicale. N'avez-vous toujours pas pris de décision?

J'ai peine à croire que ce type soit si pressé. Tout à l'heure déjà, au musée, il aurait voulu que je lui dise oui sur-le-champ et il avait été plus que contrarié de m'entendre demander au restaurateur de remettre le tableau dans son papier bulle et solliciter un délai de réflexion. Et voilà qu'au bord de cet étang, à dix minutes à pied du Guggenheim à peine, je devrais déjà lui rendre une réponse? Il y a une heure encore, je ne me serais pas crue capable d'une telle promptitude, mais c'est sans peine aucune que j'ouvre la bouche et que je laisse tomber une simple syllabe.

— Si, dis-je en regardant Ted dans les yeux. J'ai pris une décision.

— Laquelle?

Je l'entends retenir son souffle. Ted semble lui aussi nerveux, il scrute mon visage comme si ma mimique pouvait me trahir.

— Je dois malheureusement vous décevoir!

— Vous ne voulez pas vendre le tableau?

— Ne m'en veuillez pas.

Le visage de Ted reflète l'indignation, une indignation sincère qui ne s'efface pas lorsque je termine la conversation avec le conservateur et que je me tourne vers lui.

— Ne m'en veuillez pas? répète-t-il, désemparé. Tu veux donc conserver le tableau? Tu veux faire comme si de rien n'était et repartir en Allemagne?

Il cligne des yeux comme jamais encore je ne l'avais vu faire. Il lutte contre les larmes, je le sens. Et je sens que j'ai envie de le prendre dans mes bras et de lui dire que tout va bien se passer.

— Calme-toi, lui dis-je doucement.

— Me calmer ? Tu peux me dire comment m'y prendre ?

Il se détourne de moi et regarde de nouveau en direction du lac, étale et lisse comme un miroir. Lisse et calme, Ted ne l'est pas du tout ! Ses épaules se soulèvent et s'abaissent. Même de derrière, je vois combien il est exaspéré.

— Je vais vendre ce tableau, dis-je.

— Ah bon? Ce n'est pas ce que j'ai entendu.

— Mais pas au musée Guggenheim.

— À qui, alors ?

— Suis-moi.

35

Je ne sais ce que c'est, mais, quand j'entre à nouveau dans l'immeuble de la West 59th Street, quelque chose a changé. La porte tambour est inexplicablement plus légère à manier et, quand j'explique mon problème au portier, il ne prend même pas la peine d'engager une discussion. Quelques minutes après un coup de fil, l'assistant est là, dans le hall d'entrée, et nous ne faisons qu'un arrêt riquiqui dans le salon ayant vue sur la ville avant d'être introduits auprès de Mr Miller.

Une lourde porte de bois s'ouvre sans bruit et je me retrouve devant le même spectacle qu'il y a une bonne semaine : un vieil homme fumant un cigarillo dans un fauteuil roulant devant la fenêtre d'où, l'air triste à croire qu'il a perdu quelque chose de précieux au-dessous de lui, il contemple Central Park.

— Linn, dit-il à notre entrée dans la pièce, se tournant vers nous. Quel bon vent vous amène ?

Sans perdre mon temps en palabres, je pose le tableau sur la table devant lui. Le tableau et la radio juste à côté. Je lui montre la signature au dos. Il retient son souffle, avale sa salive, plusieurs fois et, bien qu'il s'efforce de le cacher, je vois ses mains trembler. Il reste toutefois impassible, tente du moins de rester impassible. Il fait appeler quelqu'un qui examine les deux objets de plus près. C'est une jolie blonde aux lunettes strictes qui tourne la peinture dans tous les sens et fait subir le même examen à la radio. Au bout d'un moment, elle adresse un signe d'assentiment à Miller et disparaît. Alors seulement, je dis ce que j'ai en tête.

— Quelle somme avez-vous envisagé de me demander? interroge-t-il alors, sans y aller par quatre chemins.

Bien que n'aimant pas parler argent, répugnant même, en temps ordinaire, à négocier une augmentation de salaire de quelques euros, je force ma nature.

— Six millions de dollars? se fait-il répéter.

J'acquiesce. Je pourrais peut-être demander plus, mais à vrai dire… à vrai dire, c'est la somme dont j'ai besoin.

On a un instant l'impression que Mr Miller hésite. Mais il fait alors un signe à son assistant, qui se retire pour préparer le contrat de vente.

— Et apportez-nous une bouteille de champagne, lui crie-t-il.

Peu après, nous nous retrouvons devant une bouteille de Ruinart, comme précédemment. Le collectionneur ouvre son chéquier et se met à remplir un chèque. Je vois les nombreux zéros se succéder comme des perles sur un collier. Je l'interromps soudain :

— Excusez-moi !

— Qu'y a-t-il? demande-t-il, levant la tête.

— Je suis désolée de vous infliger cette peine, mais pourriez-vous me verser la somme en deux chèques? L'un de 1,5 million et un deuxième correspondant au montant du reste? Il faut en effet que je rembourse quelqu'un.

— Bien entendu, dit-il, en déchirant le premier chèque en petits morceaux qui volètent et tombent sur la table basse.

Peu après, j'ai en main deux chèques.

— Merci, dis-je en les rangeant dans mon sac à main, avec autant de précautions que s'ils étaient faits de porcelaine fragile.

— Trinquons, dit Ted.

— Absolument, dit Mr Miller. Auriez-vous l'obligeance… ?

— Volontiers, répond Ted en ouvrant avec dextérité la bouteille, remplissant les trois flûtes et nous tendant la nôtre.

Nous trinquons, muets, aucun de nous n'étant capable de dire quoi que ce soit qui convienne à la situation. Il n'y a d'ailleurs pas grand-chose à se dire, je le sens quand Mr Miller pose son verre, auquel il a à peine touché, pour se vouer au tableau posé comme un vieux livre sur ses genoux. Il le caresse de la main avec autant de douceur que s'il caressait un corps de femme.

— Je suis tellement heureux d'enfin le revoir, finit-il par dire. Je vous ferai signe dès que les restaurateurs en auront terminé.

— Oh oui, n'y manquez pas.

— Promis, dit-il solennellement. Puis il ajoute : Vous savez, Linn, je ne pense pas qu'un seul des habitués de l'hôtel Hamilton ne soit pas, à l'époque, tombé amoureux de Dotty Webber. Je l'ai été, la partie masculine des clients du Don Peppone l'a été, et qui sait dans combien de chambres de l'hôtel on a rêvé d'elle, nuit après nuit. Tous étaient sous le charme de Dotty, vraiment tous. Et tous l'étaient de manière sincère, j'en jurerais. Mais quand, il y a vingt ans, je l'ai vue là, devant ma porte, avec son tableau, j'ai su que les sentiments que nous autres avions éprouvés pour elle n'étaient que des sentiments d'écolier.

— Que voulez-vous dire par là ?

Mais, d'un petit geste, il élude ma question.

— Vous verrez bien.

— Quel type étrange ! dit Ted quand, un peu plus tard, la porte tambour nous projette de nouveau dans la rue, où le soleil couchant nous douche de ses rayons d'or.

— On peut le dire, oui, je lui réponds avec un sourire.

Nous sommes face à face, très près l'un de l'autre, et mon cœur se remet à battre la chamade. Depuis le moment où Jonathan McBride m'a appelée dans Central Park, il ne s'est plus rien passé entre nous deux, à l'exception de petits contacts involontaires.

— Oui, dit Ted.

— Oui, dis-je.

Puis nous ne disons plus rien. Mais pas parce qu'il n'y aurait plus rien à dire. Tout bouillonne en moi. Quels mots peut-on trouver pour exprimer ce sentiment ?

— Nous avons été interrompus tout à l'heure, finit par dire Ted à voix basse.

— Exact.

Il s'avance tout contre moi, pose la main sur mon cou, à l'endroit précis où mon pouls bat, tel le cœur d'un colibri. Puis il se penche – et à l'instant où ses lèvres fermes et douces touchent les miennes, c'est mon portable qui sonne, cette fois.

— Merde, dis-je, les joues brûlantes.

— Vas-y, prends, dit-il en enlevant d'un geste nerveux une mèche de cheveux de son visage.

— OK, et, sortant mon portable, je jette un œil sur l'affichage. Oh, merde, je l'avais complètement oublié, celui-là !

— Qui est-ce ?

— Je te le donne en mille !

Ted me lance un regard interrogateur, mais, sans répondre, je m'empresse de décrocher.

— Mr Cunningham ! m'écrié-je avec la voix d'une gaieté forcée d'une présentatrice des résultats du loto.

Dieu du ciel, jamais de la vie ! Comment pourrais-je vous oublier ?... Non, je vous prie de m'excuser, je suis navrée de vous avoir fait attendre si longtemps, Mr Komarov et vous. Mais, voyez-vous, j'ai dû au tout dernier moment très légèrement changer mes projets. Qu'est-ce que cela veut dire ? Ma foi, comment pourrais-je exprimer ça ? Pourrions-nous peut-être nous rencontrer brièvement ? À Manhattan ? Vous savez, j'ai ici avec moi, pour vous, quelque chose qui devrait fort vous plaire.

36

— Linn, en veux-tu encore un?

La voix de Patty m'arrache à mes pensées et, un peu ahurie, je lève les yeux.

— Comment?

— Est-ce que tu veux un autre Manhattan à la grenade?

— Oh oui, très volontiers. Merci.

— Et puis, rejoins-nous à la table. Tu nous manques!

— D'accord, je viens.

Je mets un petit moment à me lever du banc fraîchement recouvert d'un vernis blanc, sous le vieil érable du jardin. Il y règne une telle paix que je veux encore en profiter un peu. Le soleil de fin d'après-midi peint sur l'herbe de la pelouse de longues traînées d'or, une brise légère apporte un souffle d'air marin et si, retenant sa respiration, on prête l'oreille, on entend la mer murmurer et chuchoter tout bas.

Sur la terrasse, Eleonore et Maxwell dressent la table pour le dîner, Ornella mettant la dernière main, dans la cuisine, à un menu somptueux, tandis que Patty mixte sa deuxième tournée d'apéritifs à la grenade qui, rouges et doux, sont, par ce beau temps chaud, aussi délicieux aux lèvres qu'un baiser furtif. Ted ne va pas tarder à passer afin d'examiner, avant le repas, dans la salle de bains d'Ornella, un robinet qui goutte depuis longtemps et qui, maintenant, n'arrête pour ainsi dire plus de couler. Je suis heureuse de sa venue, mais peut-être que le mot « heureuse » n'est pas le bon. Je suis impatiente de voir comment iront les choses quand nous nous reverrons.

Ces derniers jours, il y a eu une tonne de choses à faire : j'ai bien entendu payé Mr Cunningham et ouvert un compte sur lequel j'ai placé l'argent des droits de succession, mais j'ai aussi entrepris sans attendre la restauration de la maison, afin que les travaux puissent commencer avant l'automne. J'ai engagé des électriciens qui changeront l'installation, passé commande à une entreprise de plomberie qui vérifiera l'état de la tuyauterie et, le cas échéant, changera les radiateurs. Une autre entreprise s'occupera de repeindre et d'étanchéifier portes et fenêtres. Enfin, un parqueteur viendra poncer les sols de toute la maison. Eleonore a déjà commencé à râler, se plaignant du bruit et de la poussière alors qu'il n'y a pas encore le moindre petit trou de percé, mais je sais qu'en réalité elle est enchantée, tout autant que les autres. Ils me font sentir chaque jour combien ils me sont reconnaissants, chacun à sa façon. Et, contrairement à mes craintes, cela n'est pas le moins du monde désagréable. Il est si gratifiant d'avoir fait quelque chose de bien, pas juste pour moi mais aussi pour les autres

Je vais rénover en personne la chambre qu'habitait autrefois Dotty, dans laquelle je vais emménager. Ted m'a promis son aide ; il m'accompagnera pour mes achats de peinture et de tout ce qui sera nécessaire. Il apporte ce soir un appareil à décoller les papiers peints qu'il a loué. Par ailleurs, en vidant la pièce, j'ai fait une découverte intéressante, une ancienne lettre du tribunal successoral de Munich qui apprend à Dotty que son père, avare et dur de cœur, avait économisé une forte somme dont sa mère avait d'abord hérité, et qu'elle avait léguée à sa fille. La lettre date de 1995, l'année de la mort de Paul Byron, l'année où Dotty a acheté Sea Whisper Inn…

Puisqu'il est question de Dotty, nous attendons ce soir un hôte supplémentaire. Mr Miller a appelé ce matin pour m'annoncer qu'un petit bakchich lui avait permis de dégager de sa gangue le portrait de ma tante en moins d'une semaine, et qu'il me proposait de me le montrer. Je crois qu'il pensait que je ferais le trajet jusqu'à Manhattan, ce que j'étais presque disposée à accepter, quand je me suis dit que ce serait beaucoup plus sympa que tous le voient. Ceux qui avaient leurs propres théories à propos de Paul et de Dotty, ceux qui ne voulaient pas croire qu'il pouvait parfois y avoir dans la vie un deuxième grand amour.

Je l'ai donc invité à dîner. Il a d'abord été un peu interloqué : il y a de bonnes chances qu'il n'ait pas quitté son penthouse depuis des années. Ensuite, ayant surmonté ses hésitations, il a presque semblé heureux de sortir de sa tour, de venir au grand air, dans un endroit où il y a de la terre, des arbres et de l'herbe.

37

La nuit est tombée sur Long Island, sur cette île singulière et singulièrement belle qui s'étire devant la côte comme une digue toute en longueur, un rempart, un mur entre la mer et New York, entre rêve et réalité. Nous aussi, nous nous trouvons en quelque sorte entre ces deux mondes : un peu éméchés, mais bien éveillés, transportés de joie mais avec toute notre tête, rêveurs mais bien dans l'instant présent. Même Ted et Mr Miller ont dans les yeux l'éclat que seuls peuvent leur donner des photophores et des lanternes lors d'une longue soirée d'été au bord de la mer. Il est magique de savoir qu'on est ici au bon endroit, au bon moment. Le seul qui ne réussit visiblement pas à s'abandonner à ce sentiment, c'est Donald, l'assistant de Mr Miller. Il est toujours assis devant son verre de vin, un peu raide, ne sachant pas bien s'il va devoir ramener son patron à Manhattan ou s'il doit se disposer à passer la nuit seul dans l'auto.

Car il est arrivé à Mr Miller ce qui ne peut se produire que lors de soirées comme celle-ci. Il s'entretient depuis des heures avec la seule Patty. La vieille dame semble apprécier. Elle rit et pouffe comme elle n'a plus dû le faire depuis ses dix-huit ans. Eleonore et Maxwell sont eux aussi plongés dans un long dialogue, tandis que Frederic contemple en souriant, les yeux dans le vide, la flamme du photophore devant lui, donnant l'impression de réfléchir à quelque chose de beau, un chant, un rêve, un poème. Et Ornella? Elle a disparu dans la cuisine, occupée à remplir des pichets d'eau et des carafes de vin. Qu'ils soient tous aussi absorbés me convient bien, car ainsi aucun d'eux ne remarque notre manège, à Ted et à moi. Nous nous sourions par-dessus la table, un sourire un peu gêné et chaste, et n'osons même pas nous toucher du bout des doigts. Pourtant, sous la table, nos pieds se font depuis un bon moment des choses que j'aimerais bien faire très vite avec mes mains, avec ma bouche, avec tout mon corps. Pourquoi n'en ai-je pas l'audace? Je ne sais pas très bien, mais je crois que je suis un peu embarrassée vis-à-vis d'Eleonore. Et puis, pour l'instant, je trouve d'ailleurs très agréable le fait qu'aucun de nos vieux amis ne sache que Ted et moi… avons une telle intimité.

— À quoi penses-tu? me demande-t-il, alors que, depuis quelques minutes, je ne dis rien, les joues brûlantes, mes yeux fixant la flamme d'une bougie chauffe-plats posée devant moi dans un cornet en papier.

— Au tableau.

Il est dans le hall d'entrée, dans un coffret en bois fabriqué spécialement pour lui.

— Tu veux le regarder une nouvelle fois?

— Oui, dis-je en rougissant.

Nous nous levons. L'assistant de Mr Miller fait aussitôt mine de se lever à son tour. Il semble se considérer comme le garde du corps du tableau. Mais son patron le prend par la manche.

— Pas de problème, dit-il. Ils ne vont pas faire au tableau ce que je ne ferais pas moi-même, n'est-ce pas?

— Ne vous inquiétez pas, dis-je, je veux juste y jeter un dernier regard avant sa disparition à jamais dans votre collection privée.

Il me dévisage d'un air compatissant. Puis une idée lui vient.

— Que diriez-vous d'une copie, Linn? Qu'en pensez-vous?

— Ce n'est pas nécessaire.

— Non? s'étonne-t-il. Je croyais qu'un lien très fort vous reliait à ce tableau, d'autant que vous ressemblez beaucoup à votre tante.

— C'est exact, mais je ne vais pas pour autant passer ma vie à le contempler. Je l'ai ici, dis-je en me tapotant le front. Ça me suffit.

— C'est la bonne manière de faire, dit Miller en riant. Si j'y parvenais moi aussi, j'épargnerais une sacrée somme. Malheureusement, j'ai la manie de toujours vouloir posséder ce qui me tient à cœur.

— Une chance pour moi, dis-je en souriant.

L'intérieur de la maison garde encore la chaleur de la journée. J'ouvre la veste tricotée que j'ai passée par-dessus mon T-shirt. Dans la cuisine, Ornella est en train, tout à fait spontanément, de préparer un autre plat encore. Elle s'affaire en tout cas avec des couteaux et de la vaisselle. Nous nous faufilons sans qu'elle nous voie, gagnons le hall d'entrée par le couloir obscur, mais, au moment où je m'apprête à appuyer sur l'interrupteur du plafonnier, Ted me saisit le poignet.

— Attends, dit-il en allumant la petite lampe posée sur le comptoir, à côté du coffret.

Une faible lumière, douce et chaude, éclaire la pièce, une lumière qui dissimule plus qu'elle ne montre. J'ouvre le coffret et en sors la peinture. J'y vois une jeune femme chaleureuse, animée, amoureuse, une femme dont les épaules osseuses sont dénudées, ce qui donne la certitude qu'elle ne porte rien non plus sur le reste du corps. Elle n'est pas belle au sens habituel du terme, les yeux ne sont pas maquillés, elle a des lèvres minces et des rougeurs sur le visage.

Elle a néanmoins tout en elle de ce qui caractérise une femme, un être humain, un être vivant : gaieté et douleur, silence et expression, rires et pleurs, joie et tristesse, amour et vulnérabilité.

Et il y a effectivement quelque chose de moi en elle, une ressemblance plus sensible que visible. J'ai entre-temps vu beaucoup de photos de tante Dotty, mais aucune ne ressemble à ce portrait, ni de près ni de loin. Je crois avoir compris pourquoi. Un appareil photo ne saisit que ce qui se montre à lui, alors qu'un peintre peut rendre visible ce qui ne l'est pas. Du moins, Paul Byron l'a pu. Il a saisi et montré l'âme de ma tante, son cœur. Il a fixé dans ce portrait ce qui les unissait, elle et lui, ce qui ne pouvait pas ne pas les unir : leur amour, leur intimité, leur sincérité l'un envers l'autre. Tous les sentiments qu'ils ont tenus secrets. Même Patty qui, si longtemps, n'a rien voulu savoir d'un deuxième grand amour, a fini par devoir l'admettre. Quelle serait la réaction de la famille de Paul si on lui mettait ce tableau devant les yeux ? Ce regard d'un père sur une autre femme que la sienne ? Je l'ignore. Je sais juste une chose : le spectacle de fesses faisant des allers et retours sur des genoux ne serait que de la petite bière en comparaison.

J'ai vu autre chose encore dans ce portrait. Bien que ma mère et sa cousine ne se soient ressemblées en rien, il y a dans cette peinture un peu de ce qui unissait mes parents. Je crois que mon père avait ce même regard pour ma mère, le regard d'un amour absolu.

Je sens que Ted m'a posé une main sur l'épaule. Quand l'a-t-il fait ? Je ne sais pas. Ce que je sais, c'est qu'être là avec lui à contempler ce tableau, dans le silence et l'harmonie, est la chose la plus naturelle du monde.

— Devrai-je te peindre un jour de cette manière? me chuchote-t-il si délicatement à l'oreille que je sens plus que je n'entends les mots qu'il me dit.

Je pouffe malgré moi, parce que Ted m'a déjà avoué qu'il ne sait pas peindre, que son petit garçon démontre plus de talent en dessinant avec les doigts que lui avec le plus fin des pinceaux.

— Volontiers, dis-je néanmoins.

— Je pourrais au moins faire l'essai, murmure-t-il, et je sens que ce qui me chatouille le lobe de l'oreille, ce ne sont plus les mots qu'il prononce.

— Ah oui?

— Oui, répond-il en m'obligeant à me retourner de manière à ce que nous nous regardions les yeux dans les yeux.

Il a un regard d'une grande sincérité, d'une grande chaleur, tout entier centré sur moi et en moi. Jamais encore un homme ne m'a regardée de la sorte. Ni Martin, ni le bassiste et encore moins Alan lors de notre flirt. J'ignore naturellement ce que Ted voit en moi, mais soudain je me sens reconnue, ou presque. Dotty se serait-elle, elle aussi, sentie reconnue quand elle était avec Paul?

Tout à coup, qu'elle puisse voir ce qui va se passer entre Ted et moi ne me plaît plus du tout.

— Remballons-la, dis-je en posant le tableau dans le coffret.

Ted prend le couvercle et me le tend.

— Tu l'as assez vue? demande-t-il à voix basse.

— Je crois que oui.

— Tu veux qu'on aille dans un endroit où personne ne nous verra? demande-t-il, en m'embrassant si tendrement que j'ai toutes les peines du monde à ne pas me serrer contre son corps.

— Dans ma chambre? proposé-je, sans que mes lèvres quittent les siennes.

— Par exemple

— Ou sur la plage, dis-je en le prenant par la main.

— Ou sur la plage, répète-t-il, résigné à son sort.

— Viens, dis-je en lui faisant faire le tour de la maison.

Et, traversant le parc plongé dans l'obscurité, je le mène jusqu'à la rive, là où la mer, cessant de murmurer et de chuchoter tout bas, exulte soudain, triomphante, se déchaîne, déferle et gémit…

CHEZ LE MÊME ÉDITEUR

EMMA STERNBERG
UN COIN D'AZUR POUR DEUX

Une île de rêve,
deux cœurs en souffrance, et un amour inaccompli...

« Un été à Capri ? Recrute assistante pour travaux de documentation et de lecture. »

Lorsqu'elle tombe sur cette annonce, Isa saute sur l'occasion. Qu'a-t-elle à perdre ? Alex l'a quittée et son nouveau job lui fait amèrement regretter la librairie où elle travaillait.

À son arrivée en Italie, Isa découvre qu'elle a été engagée par la célèbre romancière Mitzi Hauptmann qui, à plus de 70 ans, a besoin d'aide pour rédiger ses mémoires.

En écoutant Mitzi lui raconter sa vie dans sa superbe villa surplombant l'azur, la jeune femme comprend bien vite qu'elle est hantée par un regret.

Il y a bien longtemps, elle a laissé filer l'amour de sa vie. Et s'il n'était pas trop tard ?

« Ouvrir ce roman, c'est comme partir pour Capri ! »
Passauer Neue Presse

« Une lecture estivale rafraîchissante. »
Mainhattan Kurier

ISBN 978-2-8098-2647-0 / H 60-9776-8-1905 / 22 €

PETRA HÜLSMANN
DES PAPILLONS DANS LE CŒUR

Fille perdue, cœur à prendre

La vie de Lena est à son image : nette et rangée. Jusqu'au jour où, à la veille de ses 30 ans, alors qu'elle s'apprête à se marier, son fiancé Simon lui annonce qu'il est tombé amoureux d'une autre. Comme si ça ne suffisait pas, elle est virée de son travail suite à une étourderie.

Mais il en faut plus pour abattre la jeune femme. Pourtant, ses espoirs sont battus en brèche : elle qui espérait s'épanouir dans une agence de relations publiques, trouve un poste dans la petite librairie de son quartier, tenue par Otto, un vieil homme bougon.

Malgré ses efforts, elle n'est pas non plus du genre à faire tourner la tête des hommes… ce qui ne l'empêche pas d'éprouver un sentiment incompréhensible à l'égard de son colocataire Ben, véritable tombeur doté d'un ego surdimensionné. Luttant contre cette passion qui la dépasse, elle entame une relation avec Jan, un écrivain, qui remplit tous les critères qu'elle attend chez un homme. En apparence, du moins…

Décidément, pas facile d'avoir trente ans.

ISBN 978-2-37735-299-9 / H 6099245 / 8, 95 €

Cet ouvrage a été composé
par Atlant'Communication au Bernard (Vendée)

Impression réalisée par
CPI France
en octobre 2020
pour le compte des Éditions Archipoche

Imprimé en France
N° d'édition : 561
N° d'impression : 3040991
Dépôt légal : janvier 2020